方祖燊全集

（八）

第十九卷·文學批評與評論上編

國家圖書館出版品預行編目資料

方祖燊全集 / 方祖燊著. -- 初版. -- 臺北市：
文史哲，民 85-88
冊： 公分
ISBN 957-549-044-4 (一套：平裝). -- ISBN 957-549-221-8 (第五冊：平裝). -- ISBN 957-549-222-6 (第六冊：平裝). -- ISBN 957-549-223-4 (第七冊：平裝). -- ISBN 957-549-224-2 (第八冊：平裝). -- ISBN 957-549-225-0 (第九冊：平裝). -- ISBN 957-549-226-9 (第十冊：平裝). -- ISBN 957-549-227-7 (第十一冊：平裝). -- ISBN 957-549-228-5 (第十二冊：平裝). -- ISBN 957-549-229-3(第十三冊：平裝)

089.86　　85013624

方祖燊全集・八

文學批評與評論集上編

著者：方祖燊
出版者：文史哲出版社
登記證字號：行政院新聞局版臺業字五三三七號
發行人：彭正雄
發行所：文史哲出版社
印刷者：文史哲出版社
臺北市羅斯福路一段七十二巷四號
郵政劃撥帳號：一六一八〇一七五
電話 886-2-23511028・傳眞 886-2-23965656
實價新臺幣四〇〇元
中華民國八十八年七月初版

ISBN 957-549-224-2

方祖燊全集・文學批評與評論集 目次

上編

第二輯

第三輯

下編

第四輯

第五輯

第六輯

第七輯

自序

金針度與人

許多人認爲作文是不需要講求方法，有才分的人不必人教，信手拈來，都是好文章；沒有才分的人，任憑你怎麼苦心傳授他繡花的針法，也不能造出什麼傑作。前人曾有詩句說：「鴛鴦繡罷從教看，莫把金針度與人。」有了好作品，可以請人欣賞，卻不要把作法告訴人；我想這大概不是怕人學去這套彩繡的訣竅吧，最可能的還是認爲教了也無用罷了。

「針法難教」，這未必是正確的看法。其實要想寫的文章漂亮動人，仍然著重於用心學習。曹子建的七步成詩，溫飛卿的八叉作賦，仍然是力學苦練來的。木匠是先從師傅那裏學會了彈繩染墨，畫規用矩，鋸鑿鉋削的基本手藝，然後才能進一步用靈巧的心思，配合成熟的工夫，設計出極漂亮的家具，完成了藝術的作品。因此寫作也需要講究技巧的。從適當的實用而富有啓發性的寫作教材之中，可以領悟出寫作的技巧，提高寫作表達的能力。我們教學學生作文，就應該講究方法，做到「金針度與人」的地步。當然每個人的領悟能力不同，習作的成績也有差別，不過勤能補拙，只要眞能夠將所學的技巧用心去應用出來，慢慢也就能夠寫出一些比較像樣子的好文章了。

盒美珠售

「韓非子」裏有一則「買櫝還珠」的故事。櫝是盒子。這是一個很有趣的寓言：從前有一個珠寶商；他把珍珠裝在小盒子裏待售。盒子是用細緻的木蘭木做的，又用椒桂香花薰了好幾天，一打開來就透出噴香的氣味，盒面又嵌著火紅的玫瑰片，奇綠的翡翠玉，裝飾得美麗極了。結果來買珍珠的客人卻看上了他的盒子，高價買走盒子，卻退還了珠子。墨子認爲寫文章，要是過分講究巧辯麗藻，把文章寫得美極了，就只怕讀的人喜歡他的文字，反而忽略文章的含意。這是「以文害用」，就跟這人賣珠子的一樣；所以墨子寫「兼愛」、「非攻」之類的思想性文章，都是質樸無華的。

這種觀念對後人寫作論說文有很大的影響；一般的作者寫論說文，大都只求簡潔精鍊，通暢明白，析理精微，立論嚴密，沒有可乘的縫隙，而不大注重詞藻的華美。桓範說：「作者不尙其辭麗，而貴其存道也；不好其巧慧，而惡其傷義也；故夫小辯破道，狂簡之徒，斐然成文，皆聖人之所疾矣。」聖人也反對用美文來寫論說文呢。

因此，古往今來許多人作的論說文，能勉強教我們看過一遍，就算不錯；就是看過，也不能教人記住，不半日就忘得一乾二淨；這可不浪費我們作家的思想！

在今天特別崇尚藝術講究美感的時代，商品的外觀與內容是同樣的重要，包裝與式樣也要精美，才能夠引人產生購買的欲望，再加東西本身的切實有用，那就非買不可。你看，連廁浴中的洗臉盆、馬桶、浴缸的式樣與色澤，不是都越造越講究美嗎？外觀美內容實用的東西，自然教人喜歡，買的就多；所以外觀美只會提高作品的價值；小盒裝飾美，更能襯出珍珠的圓潤的光輝。我們寫作論說文，如珍珠的思想，又豈能沒有像寶石那麼美的詞采來表現呢！我總認爲一個作家不但抒情寫景要馳騁你的才華，寫論說文同樣也要用巧辯麗辭去寫，先能做到「理密如髮，藻爛似花」，這樣才能教人讀了一遍又一遍，你所說的精闢道理，也才能給人留下了深刻的印象與理解，而深植在人們心裏！

也許有人會問：漢朝辭賦家司馬相如、揚雄的文字不是都非常華麗嗎？他們都想藉賦論理諷諫皇帝，卻都因文字太美了，使人「覽其文而忘其用」，而不能達到目的；可見藻麗與實用是沒法調和的。其實，他們的失敗無關於文字的華麗，而是他們作賦的原來著重點，只是爲了要顯揚他們自己的才華，所以競作淫麗之詞，其中雖有些說理，只是一種點綴的筆墨罷了。其不能達到論理諷諭的目的，自在意想之中。古代作家如李斯、賈誼、曹丕、曹植、韓愈、歐陽修、蘇軾都寫過不少詞藻華麗而見解卓越的論說文，成了膾炙人口的傳世名作。

寫作論說文，至理與美詞要同樣的講究。理雖重要，但美詞可以加強至理的推廣。櫝美更能襯出珠珍，這該是現代人寫作論說文應有的新觀念。

（青年戰士報）

第一輯

文學批評之我見

一、文學批評的界說

文學批評是英文literary criticism的譯語。criticism是吹毛求疵的意思，後來轉化爲批評、評論。曹植說：「世人之著述，不能無病，僕常好人譏彈其文，有不善者，應時改定。」（見「與楊德祖書」）。像曹植這樣的虛心，喜歡人批評糾正他的文字，隨時改正的人，實在不多。一般作家總是認爲自己的文章好，別人的文章不行。魏文帝就說：「文人相輕，自古而然。」其實這是中外文人的通病。

因此，文學批評未必是很客觀的。再加一般人有很濃厚的「貴遠賤近」、「尊古卑今」的心理，對古代外國的作品，都給較高的評價；對當代本地的作家的作品，常常嗤之以鼻，認爲無可讀者。也有許多由於「是己非人」、「愛同憎異」的心理作祟，對自己不相識的，或流派不同的，或自己看不上眼的，或自己所妒忌的，或爲滿足自己狂妄自大的心態，寫起批評文字，則時常帶有惡意的破壞的攻訐。桓譚說：「凡人賤近而貴遠，親見揚子雲祿位容貌，不能動人，故輕其書。」（班固《漢書·

揚雄傳贊》引）。劉勰說：「班固，傅毅，文在伯仲；而固嗤毅，謂毅下筆不能自休。陳思論才，亦深排孔璋（陳琳）。」（《文心雕龍・知音篇》）。曹植譏評陳琳不會寫辭賦，卻自吹跟司馬相如作風一樣，「譬畫虎不成，反爲狗也。」（曹植〈與楊德祖書〉）。北魏時邢邵說：「江南任昉，文體本疏；魏收非直模擬，亦多偷竊。」魏收聽了反譏邢邵「常在沈約集中作賊，何以說我偷任。」（《北史・魏收傳》）。

葛洪說：「近人之情，貴乎合己，賤於殊途。」（《抱朴子・外篇・廣譬》）。一般文人對自己認識的親友、同派的作者，或由於人情的牽繫，或由於能力的欠缺，或由於門戶的私見，就往往不本於客觀批評之理，而作溢美不實的鑑賞與批評。因此，我們常見有一些作者自相標榜，彼此吹捧，甚至自我揄揚。許多平平常常的作品，也因有這種吹捧標榜，而名揚當世，風行一時。就是作品非常濫，文字至爲不通，內容莫名其妙，格調低下卑劣，在現今的文學界中，也少有嚴正的批評。

在西方，文人對文學批評起先也沒有好感，總認爲是帶有惡意的挑剔攻擊。criticism，在英文裏有to find fault with的意思。fault就是過錯，去找出作品的錯誤。但在西方文學批評，也往往不能客觀、公平正確。再加上作家的創作，時常走在時代的前面，批評家常依據舊原則舊標準去作批評，東挑西剔，所以時常引起詩人作家的不滿，罵批評家是補鐵匠，越補越爛，是冒充法官的屠夫，是蠢驢，是蛀蟲，是市井之徒。那知什麼是藝術呢？

曹植說：「有南威之容，乃可以論於淑媛；有龍泉之利，乃可以議於斷割。」也就是說要當一個文學批評家，必須具有高度的寫作與鑑賞能力，然後才能有所批評。這就像有南威的美貌，才可以論列美女；有龍泉寶劍的鋒利，才可以議論如何斷割禽獸。批評，含有評量、判斷的意思。對作品價值，加以衡量，給適當的評斷。以粗求精，以淺測深，自然無法得到正確的批評。能夠欣賞它的佳處，才能說出它的好處；看都看不懂，一定沒有什麼好評。

歷史是最佳的批評者，壞作品自然經不起時間的淘汰，終歸泯滅，不會流傳後代；好作品，自然會得到最公正的評價，留存在後人所撰著的文學史中、後人所編錄的選集總集之中。所以歐陽修說：「文章如精金美玉，市有定價，非人所能以口舌定貴賤也。」（見蘇軾〈答謝民師推官書〉）因此，我們寫作批評文字時，應該排除人情關係，應該提高自己的文學修養，以客觀的態度，去作最公平的批評。這樣的批評文字，才有價值。這就是寫作文學作品的鑑賞與批評，最要堅持的一個基本原則。

二、鑑賞與批評

鑑賞，只欣賞作品的佳處；批評不像鑑賞，連缺點也一併作客觀的評價。作家情動於中，發為文章；讀者讀了文章，產生共鳴；我們雖然沒有見過作者，卻能看到作者的深心。劉勰說：「志在山水，琴表其情；形之筆端，理將焉匿？」（《文心雕龍・知音篇》）。

時人作家都希望有人對他的作品的優美，有深切的認識，能夠欣賞，給予讚美，心裏就得到滿足、安慰與鼓勵。但人的程度有高低。古語有「曲高和寡」；浮淺通俗，最受歡近；典雅深奧的作品，就不易博得大眾的喜歡了。並不是人人都有很高的鑑賞力，所以能夠寫出涉筆成趣，深有情意，好語如珠，雅俗共賞的作品，最容易得到大眾的喜愛。但我們要鑑賞別人的作品，自不能要求作家都寫得既俗且雅，合己心意啊！所以要想作文學批評家必須提高自己的鑑賞能力。

文學作品是作家透過文字表達他的情思，讀者讀作品必須先要深深理解文字的含義，有時還得「以意逆志」，才能體會出作者的情思，欣賞了作品的佳妙。文學作品的欣賞也是很不容易的。它不像音樂、美術、舞蹈、建築、雕刻，都可以單憑直覺去體會美與不美、好與不好。

鑑賞者能力的高低，對鑑賞的結果有很大的關係。作品讀得少的人，所見少，鑑賞力自然低下；讀得多的人，所見多，鑑賞力自然高超。美玉和燕石，珍珠和魚目，黃金和爛銅，蘭蕙和蕭艾，並不是人人一下子就能分辨清楚，更何況於鑑賞其佳妙、評定其價值呢？

大家對文學作品的喜愛，各有所偏好。有的喜歡魏晉南北朝的駢文，有的喜歡唐宋八大家的散文，有的喜歡晚明的小品。現在大、中學生，男生多喜歡論說散文，女生多喜歡抒情小品。少年多愛讀趣味性的故事，中年人多愛讀說理的雜文。有的愛文字的華豔富麗，有的愛自然質樸，有的愛瑰奇奧詭，有的愛幽怨纏綿，各有不同的喜愛。人們鑑賞意趣的不同，也常表現於所愛讀所欣賞的作品裏。像歐陽修喜歡朋友，就特別愛讀孔融：「坐上客常滿，樽中酒不空。」范仲淹爲人清嚴，喜歡談兵，愛讀韋應物：「兵衛森畫戟，燕寢凝清香。」（見惠洪《冷齋夜話・韓歐范蘇嗜詩》）。文學批評家也常常受自己偏嗜的影響，而局限了個人的見解與看法。如喜歡清幽的境界，就貶斥痛快淋漓的作品，爲憤激爲叫囂；喜歡蒼勁的風格，必厭惡宛轉悠揚的聲音，爲纖巧爲卑靡；殊不知道天地賦物，各有其性（說取薛雪《一瓢詩話》），每個作家作品必然不同，我們批評文學作品應該排脫個人的偏好，從作品本身的高下，加以探究，評介它的價值。

從鑑賞來說，也常常會將最好的作品忽略，將次等的貨色高擡。鍾嶸作《詩品》，將陶潛列爲中品，魏武列爲下品，就是將作品看低。陶潛的詩，自然沖淡，在崇尙豔麗雕琢的文風的齊梁，未能引起當時文學批評家劉勰、沈約、鍾嶸的特別注意；但梁昭明太子蕭統卻非常欣賞，認爲他「辭采精拔」、「獨超衆類」（語見蕭統的〈陶淵明集序〉）。一個人的作品，在不同的鑑賞家批評家的心目中，是有不同的評價。不過，一個作家也不必只爲了博取他人的喜愛，專去寫迎合當時讀者時潮的作品，應該寫自我喜愛的風味的作品。司馬相如認爲「賦」是「合纂組以成文，列錦繡而爲質」（見《西京雜記》）；他所作辭賦，也就極盡鋪飾誇張、華豔奪目的能事了。揚雄自己說，小時候喜歡沈博絕麗的文章（揚雄〈答劉歆書〉），後來好作雕金篆玉、辭采靡麗的辭賦。蘇軾說，他自己寫文章，「意之所到，則筆力曲折隨之，無不盡意」（見《春渚紀聞》）；他所作的散文，也就像行雲流水，舒卷自如，高妙自然極了。當然，作家也應該接納他人善意合理的評賞意見，提高自己的作品。

我們觀賞優美的文學作品後，自然會有一些深刻的印象與個人的觀感；若把這些印象與觀感寫了出來，只表示讚美褒揚的意見，沒有一點批評的意味在內的話，那就是鑑賞性的言論。鑑賞性的評論的寫成，有的根據作者直覺的印象，有的憑藉專門學術的準則，除了讚美外，還挑剔毛病的，那就是批評。鑑賞著重對作品好處的賞玩，目的在使讀者因你的鑑賞，而能更深入欣賞，因此好作品能夠更加流行，壞作品沒有人替它宣揚，自然淘汰，對作家盡了警勸之道。比起批評，鑑賞只說好，不說壞，可以說是隱惡揚善，隱劣揚優，不會傷害別人。

三、文學的類體與鑑賞批評

對各種文學作品觀賞的重點，並不一樣。我國的文學發展的徑路：

1. 詩歌（歌詩）
   - 詩歌（純詩）—新詩
   - 樂府（歌詩）—詞—散曲—歌詞
2. 散文
   - 散文—語體散文
   - 駢文
   - 小說（故事）—志怪軼事—傳奇—平話—章回—新小說
3. 辭賦（楚辭荀賦）—古賦—駢賦—律賦—散文賦
4. 戲曲
   - 雜劇（歌劇）
     - 雜劇
     - 傳奇
   - 話劇

舊文學有詩歌、散文、辭賦、樂府、小說、駢文、詞、戲曲（曲子）等八種。新文學有新詩、散文、小說、戲劇，此外還有兒童文學、報導文學等等。每種文學有它不同的形式與特質，寫評賞文字的方向與重點，當然也就不同。就拿現代文學來說，詩歌、散文、小說、戲劇因爲性質不同，觀賞評析點也就不同了。詩歌比較講究韻律、修辭技巧、意象意境。小說比較注意主題的表現、情節的安排、人物的描寫、故事的敘述。戲劇除主題、情節、人物造型之外，還要注意對話的生動，演員的表演，場景、燈光、效果各種問題。評賞散文應該特別注意的地方，在形式方面，像文句的長短齊雜、詞藻文采的修飾美醜、結構的緊鬆、體裁的分別、情調的諧和、語氣的抑揚，這都是形式問題、寫作技巧問題。在內容方面，指的是一個作家在作品裏，所寫的人事景物情理；還有透過文字所顯示出來的主題，作者的人生觀、生活與知識經驗，甚至作者所處的時代與社會背景等等，這都是作品的內容問題，作品的形式與內容，是從作者生命裏開放出來的花朵，形成一個作者特殊的風格。

我們讀一篇作品，讀一家作品，應該從形式與內容兩方面，用心靈去品味、咀嚼、觀賞、分析，才能把它佳處領略體會出來。朱熹說讀詩：「須沉潛諷誦，玩味義理，咀嚼滋味，方有所益。」又說：「須先將詩吟詠四五十遍，方可看註；看了又吟詠三四十遍，方有見處。」（語見魏慶之《詩人玉屑》）。嚴羽說：「讀騷之久，方識眞味；歌之抑揚，然後爲識。」（見《滄浪詩話・詩評》）。他們認爲在朗誦吟詠、品味咀嚼之間，用我的心靈去體會作者的境遇，去揣知作者的情思，終能獲得眞情實意，然後自然能夠寫出它的佳妙了。

四、作家與文學批評

我們知道作家的才華有高低，學問有深淺，性格有剛柔，情感有眞僞，思想有正邪，氣質有高雅粗俗，說話有簡鍊囉嗦，做人有嚴肅幽默，行爲有端正浪漫，辭采有華麗質樸，寫作技巧有老練新銳，對文體有專長，思路有理亂，人生的遭遇有得志失意，所處的時代與環境有動亂與安定的不同，這些都會表現在作品之中；所以他們的作品有精鍊簡潔，繁富華麗；通順暢達，委婉曲折；豪邁雄放，溫柔敦厚；精闢透徹，淺薄空洞；眞摯誠懇，矯情假意；深入淺出，艱澀隱晦；嚴謹肅穆，浮誇詼諧；纖巧浪漫，典雅方正；……種種不同的意味與風格。我們要說出某一位作家作品的好處，不只是細讀他的作品，還要注意研究他的事蹟，才能作更深入的鑑賞與批評。

我曾經研究過曹植、陶淵明、李白、杜甫、王維、李商隱、蘇軾、徐志摩八個詩人的作品，使我了解作者的生活遭遇、心境性格、所處時代、個人才藝、寫作技巧，和他作品的成就與風格，有密切的關係。像曹植詩，由造語綺麗轉變成眞樸委婉，就是由於他從受父親(曹操)的寵愛，到受哥哥（魏文帝曹丕）的猜忌壓迫，受姪兒（魏明帝曹叡）的禮遇而不受重用，這種轉變所造成的。陶淵明詩的自然閒適，恬澹有味，就是由於他愛好自然，淡泊名利，心境悠閒，生活達觀所造成的。李白詩的豪放飄逸，實在是因爲他性格豪邁，生活狂放來的。杜甫詩的沈鬱、橫逸、綺麗、精鍊、淺俗、有味，是因爲他讀書多，遊歷廣，時代亂，感受深來的。王維詩秀雅清逸，寫景如畫，跟他深研禪理，喜歡畫畫有關。李商隱詩的瑰麗隱藏，跟他善作駢文，好用麗詞有關。蘇軾詩的超曠卓絕，揮灑如意，淡而實美，自然有味，跟他才思橫溢，學識淵博，寫詩如寫散文，喜歡陶潛與白居易有關係。徐志摩詩的詞采絢爛，注意格律，清新靈活，跟他留學英國，受西方詩歌的影響有關係；所以我們撰寫批評的文字，還應該研究與作家有關的種種問題，才能寫出一個作家的眞面目和作品的成功的地方。

五、眞正的好作品

什麼樣的作品才是眞正的好作品呢？一個作家所以能夠享有不朽的盛譽，我歸納中外各家的說法，大概有下列幾點：

㈠**措辭高妙**：好的作品能使讀者驚嘆狂喜，將崇高思想、動人感情，恰到好處地描敍出來，在作品中具有一種不可抗拒的吸引力。

㈡**意味深長**：好的作品常常有餘味不盡的意致，往往能夠長久深深刻在讀者的心中，成爲人人愛讀、同聲讚揚的作品。

㈢**教人著迷**：好的作品能夠撥動我們的心靈，引起種種想像，教人著迷，改變我們的人生觀。

㈣**歷久不衰**：一個作家，不管生前如何轟動，受多少讚美，要是一死就名隨身滅，他的作品就不是最優秀的。由於故弄新奇，趕上時潮，丟些花槍，迎合讀者，都可以使作品風行一時；只有眞正有價值的好作品，才能得到後人的一致讚許。

㈤**沒有界限**：好的作品是沒有國家民族的界限的。像陶潛的詩傳到日本和歐洲，有英文、德文的翻譯；日本學者白河次郎把陶淵明詩和英國詩人華茲華士、德國詩人席勒等寫景詩做比較，認爲陶淵明詩爲世界第一。世界各國作家的許多好作品也傳入我國，好作品會不脛而走，流傳各地。

㈥**令人感動**：熱情的作品，常常會使一般人感情激動，如醉如癡，無法說出它的好處。但過於激動的感受，卻往往使人失去客觀的明辨；因此，才有一些作品今天剛受讚揚，明天即被遺忘；昨天受到藐視，今天重得佳評。但眞正的好作品，必定會令批評家感動。

㈦**能生美感**：凡是美的東西，都會教人產生快感。康德說：「一個判斷，只要夾雜著極少的利害觀念在內，就會有偏愛，就不是純粹的欣賞判斷，也就不能做個批評者了。」（說取康德《判斷力批判》上卷）美感是好的作品一個重要的條件，讀了厭惡不快，自然不會是好作品。

我們研究作品，批評好壞，一方面從深入的觀賞研究，來提高我們自己寫作的能力；這就是韓愈所說「沈浸醲郁，含英咀華」，求自己進步。一方面也希望作家能因我們的批評，有所改變，能精益求精；讀者也能因我們的評介，而知道作品的好壞。當然，也有些文學作家與批評家，藉批評推行他的文學觀念，建立他的文學理論，來指導寫作的也有。

（民國七十九年六月國立編譯館館本第十九卷第一期）

文學批評的方法

一、前言

文學批評是提供批評知識的一門學科，是依據個人的感受，或公認的理論去研究文學作品，區別其優劣，挑剔其毛病，欣賞其優美，分辨其高下，判斷其價值，以及作者的事蹟，並加以描述、解釋和評論。這些批評的理論大都是根據前人審美的經驗與說法逐漸發展出來的。

文學批評的功用與目的，大抵有下列十二點：

㈠表現人類愛美、審美的本性。
㈡評斷文學作品的價值。
㈢把優秀作品從衆多平庸作品中挑選出來。
㈣發現優秀作家的獨特手法與寫作技巧。
㈤介紹作家與作品，幫助讀者選擇書刊。
㈥促進人類美的創造與欣賞。

㈦解說作品的妙義，提高讀者閱讀的能力。
㈧幫助作家認識自己的作品，促使改善。
㈨建立寫作理論，促使文學進步。
㈩製造文學思潮，為新文學鋪路。
㈪揭示作品內容，改善社會風氣。
㈫幫助學者做研究文學的工作。

有人說：時間是最好的批評，壞的作品是經不起時間的篩選淘汰的，只有好的作品才能流傳後代的。這句話並不完全正確。像《龍圖公案》就是《包公案》，流行於世，只是因為人民喜歡鐵面無私的包青天的故事罷了，並不是這部書的藝術價值。許多好作品不傳多的是。所以文學批評在推介好作品方面，是很重要的。

過去，我國並沒有討論文學批評方法的專著，有的大都是一些詩人作家對所讀作品寫一些簡單評論，發表一些讀後雜感而已。像孔子讀了《詩經》就說：「《詩》三百，一言以蔽之，曰：『思無邪』。」（見《論語・為政》）。這是孔子從道德的觀點來概括三百首《詩經》的特點。孔子又說：「小子何莫學乎詩？詩可以興，可以觀，可以群，可以怨，邇之事父，遠之事君，多識於鳥獸草木之名。」（《論語・陽貨》）。孔子從實用的觀點歸納讀《詩》的好處，認為詩歌可以興寄情思，可以觀察民風，可以養成合群，可以抒寫怨望，近的可以奉事父母，遠的可以立身朝廷，還可以從讀詩中間多記一些飛鳥野獸、花草樹木的名字呢。像這類的讀後感式的評論文字，充塞於前人寫的文章之中，序、跋之中，史傳之中。到了齊、梁時代劉勰作《文心雕龍》、鍾嶸作《詩品》，才有比較完整具體有系統的評論文字出現。

我國歷代雖然有各種文學批評文字，出現詩話、詞話、曲話、劇說、文章與小說批注之中；但是對於怎樣撰寫批評作品方法的理論？過去卻不多見。西方文學批評的理論，跟我國差不多，過去也是散見於文學家、思想家、批評家的著作中；直到了十九世紀，被大家所共同認知的批評理論才逐漸發展起來。我國到了晚近受西方文學批評觀念的影響，才有一些教西洋文學的學者，把西方一些文學批評家的理論，如柏拉圖、亞里斯多德、霍雷斯、郎介納斯、蔣森、德萊頓、愛迪森、萊辛、柯勒律治、布倫退爾、阿諾德、克羅齊、龐德、艾略特、塔特、藍塞姆、福斯特介紹了進來，並且也引用一些例子。這樣的介紹仍然多半屬於《西洋文學批評史》的性質，這跟現在我國研究文學批評的學者，像羅根澤、郭紹虞、朱東潤、劉大杰等寫《中國文學批評史》作法是一樣的。這對於怎樣去研究文學作品？怎樣去欣賞文學作品？怎樣去撰寫批評文學作品的文字？能作的幫助可以說是很有限的。

我國有系統的文學批評理論，至今還沒有。我教中國文學批評多年，也寫過許多研究、批評文學的論著，也用過各種批評方法去撰寫，所以我很想就中國傳統的文學批評理論，和西方輸入的文學批評方法，和我個人寫作與研究的心得結合起來，建立一套中國文學批評的理論。

西方批評文學的方法比較科學、比較具體，比較學理化，用來教學效果比較大；但我國許多批評文學的理念，則比較適合於探究國人的作品；所以我一面引進西方文學批評的觀念，一面也儘量從我國歷代的文學評論，挖掘批評的方法與實例，撰寫這篇文學批評方法論。

二、文學史、文學理論與文學批評

文學史家的工作，就是研究某種文學的源流發展、產生背景、思潮流派、特質價值、作家生平、作品成就等等問題；文學理論家的工作，就是研究某種文學的寫作原理與技巧。文學批評家的工作，則在探討一種文學作品的藝術價值，評定其好懷，幫助讀者來閱讀欣賞，幫助作家走上正確道路。各有他們研討的範圍與界限，不過也有他們共通的地方。文學史家若不懂文學批評，對作家的成就與作品的價值，就無法作客觀確當的論介。文學理論家若不懂文學批評，也就無法知道某個作家之所以成功與失敗的地方，那也就無從探討寫作的原理與技巧了。文學批評家對作家與作品，對寫作的方法也都需要有充份的認識。批評文學作品，我們不能把渺小平庸的作者的地位提高，也不能使眞正的好作品埋沒無聞，應該嚴格認眞給他正確恰當的評價。對優秀作品給他稱揚，對拙劣作品給他指斥。作家當然也可以反駁批評家不同的意見，不當的評論。

純商業廣告性質的虛假批評、捧場批評、不實批評，不是本文所要討論的。

三、文學批評的標準

文學批評，是根據個人的愛好，或公認的審美的觀念，來衡量作品的價值，分別作品的優劣，寫成鑑賞或批評的文字不難，難的是根據什麼標準來衡量、來判斷呢！運用什麼方法來寫批評文字呢？對同一作品，各個人有各個人的看法，所作批評自然有見仁見智的不同說法。李贄(卓吾)和鍾惺（伯敬）都曾對羅貫中《三國演義》作詳細的批評，但二人對羅筆下的曹操、劉備的形象，卻有不同的說法。李卓吾很能體會出原作的精神，看出曹操這個形象的「奸詐」，又看出他是人豪；在評語中盛贊劉備的仁德，又看出他的仁德近乎僞。李卓吾認爲：「曹操謀刺董卓是有膽識才幹的人豪。」李卓吾評本第四回總評說：

孟德殺伯奢一家，誤(誤會)也，可原也；至殺伯奢，則惡極矣，罪大矣，可恨矣，更說出「寧使我負天下人，休教天下人負我」話來。讀史至此，無不欲食其肉而寢其皮也。不知此猶孟德之過人處也。試問天下人，……誰復能開此口乎？……至於講道學諸公且反其語曰：「寧使天下人負我，毋使我負天下人」……倘存心行事稍有一毫孟德者，是孟德猶不失爲心口如一之小人，彼曹反爲口君子身小人之罪人也。

至於鍾伯敬此處對曹操的評論，則說：

曹操殺董卓固是英雄本色。然卓死之後，操之行事，罪百於卓，則謂之以卓刺卓可也。

鍾又抄李卓吾部分的評語：「孟德殺伯奢……無不欲食其肉而寢其皮也」作爲批評，而刪其他評語，並且接著說：「李卓吾謂孟德之過人處，眞謬論哉。」完全從道德的觀點作批評，不像李卓吾對曹操的性格做了分析。再如第十一回，李評本說：

劉玄德不受徐州是大奸雄手段，此所以終有蜀也。蓋大貪必有小廉，小廉之名既成，大貪之實亦隨得也。奸雄舉事，每每如此，非尋常人所能知也。

鍾惺評這事說：

玄德不受徐州是大英雄手段，若遽受徐州，何能終有蜀乎？圖名者不貪小，英雄往往如此。

李說劉備是奸雄，鍾說是英雄，可見看法不同，卻有那麼大不同的評語。儘管文學批評家的意見不盡一致，但成功的文學作品仍有其普遍的價值，所以西方小說可以讓我國人一樣沉迷其中，也仍有其永久的價值，一千年前的文學作品，到一千年後一樣感人極深。《三國演義》至今仍是一部聞名於世的小說。文學在空間上、在時間上是不變的。為什麼會這樣？因為人的根本的情感、人性是不變的，思想的內涵也多半是大同小異的，恒久不變的。偉大的文學家所以偉大，也就在於他善於體會，能夠捕捉到眞實的人生體驗，人人所共有的情思，人人所共有的美感，把人人所共感興趣的事情寫了出來。

四、批評作品需要批評方法

不管文學批評是依據一些規律作判斷，還是依據個人的感受作判斷，我個人總認為要想撰寫文學批評，總要講究方法。英國森次巴力(Saintsbury)的《文學批評史》(The Criticism)提到批評的方法，有：主觀批評、客觀批評、歸納批評、演繹批評、科學批評、判斷批評、歷史批評、考證批評、比較批評、道德批評、印象批評、鑑賞批評、審美批評等十三種。我認爲單單這十三種是不夠的，又根據其他批評家的意見，以及我平常寫文學批評文章的經驗，歸納爲三十多種，從各種角度加以探討，建立這篇文學批評的方法論，使有志研究古今文學撰寫論著歷史，或欣賞、批評文學作品的時候，有一些幫助。把批評的方法作比較詳細的分類，對作品的評論會更精確。

我這裏所論介的各種批評文學的方法，其界說也許有些跟西方批評家原來的說法並不一樣；但這裏所要建立的批評方法理論，我希望對於研究、探討、批評我國新舊的各種文學，比較適合有幫助。我是站在這個立場來寫文學批評方法論的。若有些出入，還希望大家包容。

(一)文學批評的範圍——內在和外在批評

對文學批評的範圍，現代文學批評家有兩種不同的看法：一派認爲文學批評，只要從作品的本身下手，討論作品的形式與內容，以美國詩人、批評家艾略特（T. S. Elliot）爲代表，稱做「內在批評」；缺點有時會使批評陷入偏見和獨斷。一派認爲文學批評，還要注意到與作者作品有關的種族文化、社會環境、時代背景，應該從這三方面去研究，以法國批評家泰納爲代表，稱做「外在批評」。英國批評家聖次倍列（Saintsbury）認爲泰納這種批評論的最大缺點，是忽略去體味作品本身內在的意義與成就。實際，研究作家與作品，兩方面都應該兼顧到、注意到的。有人認爲文學是一種藝術，其最後價值的判斷，仍然在於作品本身藝術的成就，而認爲最理想的批評，應以內在批評爲主，外在批評爲輔。雖說研究文學作品，批評文學作品，主要的對象是在作品，但創造作品的作者也是很重要的，還有跟作者有關的種族文化、社會環境、時代背景，都在在框限作者創作的成就趨向。現在就內在批評與外在批評兩種方法，加以闡論：

1.內在批評

內在批評，就是批評家站在作者的立場來研討作品，像印象批評和鑑賞批評都含有內在批評的意味。在鑑賞與判斷的一刻，批評家的心靈必須和作家的心靈合而爲一，深入探討作家要想表現的是什麼？作者如何把它表現出來？以及作家運用什麼樣的形式、內容與技巧去表現它？

例如：張淑香在《李義山詩析論》中說：

面對這些詩句，我們馬上可以感覺得出來，其中所用的「動詞」的活力是如何強烈有效。如寫夜間室內之情景：「蠟照半籠金翡翠，麝熏微度繡芙蓉」，透過「半籠」與「微度」這兩個動詞片語，讀者馬上可以躍出文字之障，身入其境感受到整個具體的氣氛。「半籠」是動作，其主語是「蠟照」，賓語是「金翡翠」（錦被）；「微度」也是動作，其主語是「麝熏」，賓語是「繡芙蓉」（帳子）。以「半籠」來刻畫蠟照映射在錦被上的樣子。蠟照的散光度是很均勻柔和的。這樣的燭光，從帳子的外面，照進床裏的金翡翠錦被時，以「半籠」來形容這種情景，讀者立刻就感覺到床帳內那種溫馨的氣氛；同理，當擴散的麝香若有若無，隱隱約約地透進芙蓉帳裏來的時候，「微度」也使人感覺到香氣滲透的那種微細的動態，一種極靜中的動的把捉。此處的「度」字，與溫庭筠〈菩薩蠻〉的「鬢雲欲度香腮雪」，眞有同工異曲之妙。

張淑香從李商隱〈無題〉這兩個詩句，根據語法關係，來分析李商隱應用兩個動詞片語，就將夜晚的美麗，閨情的綺豔表現了出來，也將映在詩人心中意象情思表現了出來。這是從作品的形式評賞作品的內容，也是從作者用詞的技巧，評賞作者心靈中的意象。張女士引用帕萊恩（Laurence Perrine）的說法，認爲意象是來自詩人的經驗，經過想像力的統整後的一種「心靈圖畫」；或者如龐德（Ezra Pound)所說：「意象呈現了瞬間所得的整個感性與知性的複雜經驗。」我以爲意象，就是事物映現在作家心意裏的一種形相；這是經過作家運用靈思與美感，所創造出來的一種優美的形相。有些詩人心裏有了感觸，就把感觸直說了出來，並沒有在「意象」上做什麼工夫，例如：

> 驕人好好，勞人草草。蒼天蒼天，視彼驕人，矜此勞人。

這類古風流露著熱烈眞實的情感，而沒有完美生動的意象。

2.外在批評

外在批評，又稱「外緣批評」，就文學作品以外的問題，像作家的生平事蹟，所處時代，生活環境，氣質性向，心理意識，能力嗜好，加以研究探討。

把內外方面研究的成果連結起來，再來撰寫批評文字，必然會有更佳的成績。就讀者的立場來說，他們對於作家的事情知道得越多，越能夠提升他們欣賞的能力，也越能夠增加他們閱讀的興趣。傳記家常常用風趣的筆墨描述文人的外表形貌、個性事蹟、寫作風格、時空背景、甚至著作年表（包括出版年月、書局）。我讀過這類的評傳很多，常常覺得「文如其人」。正如孟子所說：「頌其詩，讀其書，不知其人，可乎？」（見《孟子・萬章篇》）。德國卡賴爾（Carlyle, 1795–1881）認爲詩是詩人的人格的表現，必先了解詩人的生平，然後才能了解他的作品，所以他批評歌德、批評席勒，完全是從傳記方面入手。批評家要解釋一部作品，當然要先研究作者的生活。像曹聚仁寫〈吳稚暉〉就有一段說：

> 吳稚暉還鄉，在小書攤上得到一部《豈有此理》（即《何典》），開頭便說：「不會『談天說地』，不喜『咬文嚼字』，一味『臭噴蛆』，且向人間『搗鬼』，放屁放屁，眞正豈有此理！」

又說：

> 後來他（指吳稚暉）寫給我一封長信，他說「他的文體，乃是以『放屁放屁，眞正豈有此理』之精神行之的。」這部坊間小說——《何典》，乃是一部敢於在孔老二的神位前翻觔斗的奇書；作者的見解，能否跳出儒者思想的掌心，又作別論。他的筆法，乃是揉合俗語與經典，村言與辭賦爲一爐的創格。其中有一節寫雌鬼與雄鬼睡一枕，上一句是「肉面貼著肉面」，十分村俗；下一句是「風光搖曳，別有不同」，卻又非常典雅。吳先生自己所謂放屁文學，也就是敢於運用最村俗的粗話，……替白話文學開出最寬闊的門庭。他畢竟還是陽湖派古文的嫡傳宗派，其得力於子史以及說部，而敢於對孔老二翻觔斗的，眞有了《何典》的「放屁」精神。（陽湖派，爲清桐城派的支派，惲敬、張惠言所倡）

我過去讀吳稚暉先生希奇古怪之極的文章，不知道他從何而來？現在讀曹聚仁的文章，才知道是因爲吳稚暉先生買了一部清張南莊的《何典》，偷了他「逢場作戲，隨口噴蛆，引得人笑斷肚腸根」的寫法。由此可見：介紹作家的一些事情，對於讀者是絕對有好處的，對於批評的功能也是更加有效的。

又如林語堂寫〈魯迅〉說：

魯迅這個人，文章實在犀利，可謂盡怒罵譏彈之能事，愈罵得好，他愈高興。我看見他嘲笑虐謔之時，張起一口黃牙呵呵大笑的情狀。記得罵潘漢年輩為「洋場孳少」四字就是他這類筆調。他機警的短評，一針見血，誰也寫不過他。平常身穿白短衫、布鞋、頭髮剪平，濃厚的黑鬍子粗硬蓋滿了上唇。一口牙齒，給香煙薰得暗黃。衣冠是不整的，永遠沒有看過他穿西裝。顴高，臉瘦，一頭黑髮黑鬍子……。

林語堂把魯迅喜歡罵人的聲態，寥寥幾筆，就刻畫了出來，再加上一些形貌與穿著的描寫；現在，當我們在讀到魯迅利如匕首的雜文的時候，當然就更加深了理解與感受。又如溫源亭寫〈胡適〉說：

胡適一副相貌，天平高，兩眼大，光耀照人，毫無陰險氣，嘴唇豐滿，常常帶著幽默的蹤影。他的悟力極敏，你說上句，他已懂到下句了。笑聲是呵呵式的。適之所以不能成為詩人，就是這個緣故。在他呵呵笑的聲中，及他坦白的眼光中，我們看不見他的魂靈深處。他不像志摩，不會有沉痛的悲哀，與熱狂的情緒。在那眼光中，我們看出理智的光輝，那兀突不定的嘴唇，也老是閃過機智者會心的微笑。這樣是不合做詩的。所以他的散文，也是清順明暢，像一泓秋水一般，晶澈可愛，卻很少波瀾曲折，闡理則有餘，抒情則不足。人還是規矩人，所以文也老實。布風說過「文如其人」，正是此意。因此他的思想，也是近於厚重穩健，非近於犀利急進，他的觀點是演化的非革命的。……（林語堂譯）

胡適是新文學創導者，提倡白話文，最早作新詩，有《嘗試集》。但他的詩不如徐志摩。他最成功的作品是議論說理之類的文章。溫源亭從胡適之先生天生開闊的相貌，敏捷的悟力，爽朗的笑聲，坦率的情性，機智的微笑，來說明胡適雖然努力寫詩，卻無法成爲詩人，他的散文也跟他的相貌、靈悟、個性有關，擅長說理，不善抒情，內容也偏於穩重。要研究批評文學作品，又怎能夠「單從作品、撇開作者」來立論呢？

上面所舉的三個例子，都是內在批評與外在批評，相融一起的批評。

㈡文學體類與文學批評——形式與內容批評

大家都知道西方文學批評和文藝思潮有關，一代有一代所標榜的主義：像十七世紀的古典主義興起之後，到十八世紀後半葉有浪漫主義繼而代之，十九世紀產生寫實主義，十九世紀末至二十世紀初又有自然主義；浪漫主義又產生許多支派（如頹廢主義、感傷主義、享樂主義、象徵主義、唯美主義、神秘主義）稱做新浪漫主義，以對抗自然主義。二十世紀又有理想主義、人道主義、心理分析主義、未來主義、虛無主義、存在主義、超現實主義、前衛運動、現代主義、後現代主義、結構主義、女性主義等等。這些主義都有他們不同的理論，明顯的分野。西方的文學批評，大體是隨著文藝的思潮與派別，而演變而不同。我國的文學批評，經常與文學的體類的產生與變革，有聯帶的關係，批評的尺度與標準，恒常隨著文學體類的轉變而轉變。

從古到今，我國文學的種類，有詩歌、辭賦、樂府、散文、駢文、詞曲、小說、戲劇（歌劇與話劇）等八大類。各類各體的文學作品最大的不同是在形式，不在於內容；譬如描寫男女愛情，你可以用詩歌來寫，也可以用辭賦、樂府、散文、駢文、詞曲、小說、戲劇其他文學的體類來表現；文學作品的體類不同，形式就有很大的差異，寫作的技巧與方法，自然也就不一樣了。

大家都知道形式與內容是構成文學作品的兩大要素，孔子說：「文質彬彬，然後君子。」（見《論語・雍也》）。這雖然說的是君子的涵養，後來「文質彬彬」一語，轉化爲討論文學形式的優美與內容的實質的問題。像墨子注重言論的實用。《韓非子・外儲說左上》說：楚國有一個賣珍珠的人，做了木蘭的盒子來裝珍珠，先用香料薰過，綴滿了珠玉，又用紅玫瑰石裝飾，結果有人買了這個盒子，而退還了盒裏的珍珠。這可以說是善於賣盒子，不善於賣珍珠。許多人寫文章，詞采華麗，讀者喜歡他華麗的文辭，卻忘記他有用的內容；因此墨子並不注重論辯的技巧，文辭的華麗。但後代的作家認爲文辭和本質應該並重，形式與內容都好，才是最好的作品。

內容與形式

一篇作品動人的地方，有兩方面：一是內容充實，一是形式完美。內容，是作家給予作品的內在美，生命與靈魂的美；形式，是作家給予作品的外在美，軀體與外表的美。詞藻文采，音韻聲律，章句結構，寫作技巧都是形式問題；內容，就是作品中所包含的實質與意義，也就是由作家的情感、思想、人生觀、知識學問、生活經驗，所處時代背景、社會環境所構成的。內容等於作者生活、意識的結晶，是從作者生命裏開放出來的花朵，洋溢出來的光輝。

作家用他的感情去寫一首詩；他那點滴的感情，就是這首詩的內容。用他的生活感想去寫一篇散文；他那片段的生活雜感，也就是這篇散文的內容。用他朋友的愛情故事去寫一部小說；那件動人的愛情故事，就是這部長篇小說的內容。用一個神怪的玄想編寫一齣宗教劇；他那神怪無稽的玄想，也就是這齣宗教劇的內容。譬如：唐盧照鄰的〈曲池荷詩〉：

浮香繞曲岸，圓影覆華池，常恐秋風早，飄零君不知。

用芳香潔白的荷花，比況自己的才德，寄託他多病的感傷，恐怕短命，難以用世；所寫的這種感情就是它的內容。又如：宋周敦頤的〈愛蓮說〉，寫「蓮花之出污泥而不染」；今人謝婉瑩的〈蓮花〉，寫兩枝蓮花在風雨中掙扎相遮的情狀：就是這兩篇散文主要的內容。又如植物學寫蓮花說：

生淺水中，地下莖是藕，肥長有節，節間有管狀的空隙，葉大而圓，柄很長，抽出水面，夏日抽長花梗，開花豔麗，花色淺紅或潔白，形體很大，雄蕊甚多，花托呈倒圓錐形，有許多小孔，每孔內結果一，即蓮子。它的產地，散布於熱溫帶各地。

這段文字介紹了許多有關蓮花的習性、形態的知識，這也就是它的內容。又如陳少聰的〈水蓮〉開頭說：

趙宜的車子上了綺薩湖的浮橋，首先躍進眼簾的便是那一簇簇聚生在湖上的水蓮：白的、粉的、乳黃色的，一朵朵婷婷地托在濃綠的蓮葉上，穿插在水草浮萍之間，一環環地直向湖心漾開了去。趙宜的心不自禁地猛跳了一下。……

這篇分析人物心理，描寫人物潛意識的短篇小說，寫精神病科女醫師趙宜駕車前往小鎮，替羅根太太作心理治療的一件小事。當她看到了湖上的水蓮花，引發了她的一些感觸，也引發了這一篇故事的內容。

3.形式批評　4.內容批評

這幾篇作品同樣以蓮花做寫作的素材，所寫內容各自不同；不但內容不同，所採用的文體也自不同，有詩歌、散文、小說各類；因此，形式與表現的技巧，也自不同了。盧照鄰詩是五言絕句，全詩二十字，一、二兩句對偶，二、四兩句「池」「知」兩字押韻，前兩句寫景，後兩句寫情，用風起花零來寄託身病體弱的感觸。周敦頤的〈愛蓮說〉，是用譬喻來象徵理想中的人格。謝婉瑩的〈蓮花〉，借描寫風雨中蓮花的相遮相護，暗示人也應該互相幫助，對少年讀者暗寓教訓的意思。從植物學的學理，描述蓮花的形態習性，文字簡潔扼要，清楚明白。陳少聰的〈水蓮〉，以優美的文字，倒敘的格局，寫出了趙宜壓抑於潛意識中的一段初戀的往事，所以到今三十七歲還不結婚，揭露了羅根太太患上「記憶缺失症」的原因，終而治癒了她的病態心理，非常恰當地表現了這個特殊的題材與內容。這裏所談的大都是形式與技巧的問題，但也可以看出形式與內容密切的關係。用什麼形式，那些文字，還有寫作技巧，來表現內容；這是作家的工作。批評家就在於研究形式與內容相融表現、成功失敗的地方，而加以評述。

批評家可以從作品的形式下手作評論的，叫做「形式批評」；也可以從作品的內容下手作評論的，叫做「內容批評」。形式與內容跟文學的體類有關，有些文學作品比較偏重形式美的，像詩詞、辭賦、駢文；有些文學作品比較偏重內容美的，像小說、戲劇。形式與內容的關係至為密切，所以批評家大都是從作品的形式與內容兩方面，一起來寫研究、批評的文字。

(三)局部、整體與文學批評——局部和整體批評

我們對一個作家可以研討他全部的作品，也可以研討他一部分的作品，也可以專研討他的某一篇作品，也可以只研討他這篇作品中某一個部分，所以「局部」與「整體」完全是相對的。對一篇作品來說，只批評這篇作品的一部分，探討它那一地方寫得好，那一地方寫得不好，就是局部性的批評；若就這篇作品的各個部分，討論主題的中心思想，討論作家怎樣表現？主題與表現，是否融合無間，恰到好處？這就是整體性的批評。但要是從這位作家的全部作品來看，研究批評一篇作品或某些作品，又變成局部批評；全面去研究這位作家的各種作品，自然是整體批評了。這種專門研究一家的著作，所作整體批評可以說是包容了許多局部研究與局部批評。這必然是從理性從知識出發的。我寫的《陶淵明》（國家出版社出版）和黃麗貞寫的《李漁研究》（純文學出版社出版）：都屬於整體研究和整體批評的著作。這裏當然無法舉這樣的著作來作例子，只能舉些小例子來說明，以見一斑。

5.局部批評

宋詞是跟音樂有密切關係的文學作品，是配著樂調、可以歌唱的歌詞，雖然在今天我們已經不知道它的唱法，當時大部分是可以歌唱的，所以前人也有從歌唱的觀點來批評蘇東坡所作的詞。例如《吹劍錄》說：

東坡在玉堂日，有幕士善歌。東坡問曰：「吾詞何如柳耆卿？」對曰：「柳屯田詞，宜十七八歲女孩兒按紅牙拍，歌『楊柳岸，曉風殘月』。學士詞，須關西大漢執鐵板，唱『大江東去』。」（見馬浩瀾《花影集・自序》所引）

在玉堂日，指蘇軾（自號東坡居士）爲翰林學士時候。「大江東去，浪淘盡，千古風流人物」是東坡所作〈念奴嬌詞，赤壁懷古〉的起句。柳永字耆卿，做過屯田員外郎。「今宵酒醒何處？楊柳岸、曉風殘月」是柳永所作〈雨霖鈴詞〉中的句子。《吹劍錄》是從歌唱時候的聲腔，批評東坡詞的雄渾豪放，柳永詞的委婉纏綿，也可以看出兩個人的詞的風格與意味的不同地方。只各舉一首詞爲例，可以說是「局部批評」。

6. 整體批評

劉大杰在《中國文學發展史》中，討論到蘇東坡詞的音樂性問題說：

蘇軾的詞，未必完全廢棄詞的音樂性，但他並不重視詞的音樂性。他的作品，雖也有許多可歌的；如〈蝶戀花〉的「花褪殘紅青杏小」，爲朝雲所歌；〈賀新涼〉的「乳燕飛華屋」，爲秀蘭所歌。這是大家都知道的事。再《漁隱叢話》中說：東坡改〈歸去來辭〉爲哨遍，使入音律；

又章質夫家善琵琶者乞歌詞，他取韓愈的〈聽潁師琴詩〉稍加檃括，使就聲律，作〈水調歌頭〉。這可證明蘇軾本人也是懂音律的。但他大部分的作品，並不注意歌唱。因此前人多以蘇詞不協音律爲病。晁無咎說：「東坡居士曲，世所見者數百首，或謂於音律小不諧，居士橫放傑出，自是曲子中縛不住者。」李清照在〈詞論〉中也說蘇詞「往往不協音律」。這樣看來，蘇詞雖沒有完全否認詞的音樂效能，但確有擺脫音樂性的趨勢。他並不是不懂音律，也不是不能作可歌的詞，他的與人不同處，是爲文學而作詞，不完全是爲歌唱而作詞。這一個轉變，是詞的文學生命重於音樂的生命。陸游說：「世言東坡不能歌，故所作樂府，多不協律。晁以道謂：『紹聖初與東坡別於汴上，東坡酒酣，自歌〈古陽關〉』。則公非不能歌，但豪放不喜剪裁以就聲律耳。」所謂「豪放不喜剪裁以就聲律」，正好作爲蘇詞不重協律的正確解答，同時說明他那種豪爽的性格，反映於詞上的一種表現。（見〈蘇軾與北宋詞人〉一章）

劉大杰評論蘇軾作詞的音律問題，是由全面來討論、來批評蘇詞的音律協不協的情況。像這種批評，就是所謂「整體批評」。文學史中對作家與作品的評論文字，大都採用「整體批評」的方式來介紹，使學者對作家、對作品有個大體的認識；然後再作「局部批評」，分析作家寫作的技巧與作品成功的地方，使學者能作進一步的理解。

(四)作家、作品與文學批評

局部批評是從小處著眼，整體批評是從大處下手。

——考證、解釋、提要、校勘、源流和派別批評

作家與作品是批評文學的直接探討的對象，對作家的生平，作品創作的時代與眞僞，文字的理解闡釋，作家事蹟與作品內容的鉤玄提要，文字的校正勘定，作家與作品的根源、流變與影響，作家所屬的門派與作品的特徵等等，都是我們撰寫文學批評時候所要研究討論的主要的問題，當然也要講究方法，因此有考證、解釋、提要、校勘、源流與派別等批評的方法。

7. 考證批評

考證批評：研究作者是瞭解作品的內容、作法的根本入手的方法。作家的生平、家世、時代、學識、事功、境遇、師友、個性、氣質、門派、特長……都跟作品有關。因此，研究作家與作品的關係，就可以很容易地了解作品本事與作者興寄之所在。考察作品的寫作時代、眞僞與作者，是考據的工作，但有助於批評。譬如清蒲松齡作《聊齋誌異》時候，爲了便於蒐集寫作材料，曾經「設煙茗於門前，強邀行人談說異聞，以爲粉本，積二十餘年而書始成。」由此記載，我們可以知道《聊齋誌異》故事之所以能夠千奇百怪的原因了。

唐代爲什麼邊塞詩特別興盛？由《唐書》記載知道：當時四周異族時常犯境，毀城掠地，殺人劫財。唐人爲了對付外族的侵犯，自唐初就不斷對外用兵，攻伐突厥（新疆、青海、綏遠、寧夏）、吐谷渾（青海、西康）、高麗、百濟（韓國西南部）、吐蕃（西康、西藏）、契丹（遼寧）、高昌（新疆迪化附近）、渤海（松江、吉林、安東）、小勃律（克什米爾）、回紇（蒙古），還有安、史之亂；

唐玄宗並在邊境要地，設置北庭、安西、平盧、朔方、河東、范陽、河西、隴右、劍南、嶺南十節度經略使，掌管軍民要政，領兵數十萬，加強國防；還有文化交流、商業發達等等原因造成；所以從軍、出塞就成了當日詩歌的題材。從未從軍出塞、參加戰爭的詩人，也作有《塞上》、《塞下》、《寄遠曲》、《征婦怨》之類的作品。高適、岑參二人都到過邊塞地區，參佐軍幕，他們的作品就成邊塞詩的代表了。邊塞詩描寫邊塞風光、戰爭生活。除了高、岑外，還有王之渙、王翰、崔顥等人。

由上面的兩個例子，可以看出考證與批評的關連性。

8.解釋批評

我們要想欣賞、批評作家的作品，首先要徹底理解：作品的文字意義、作者意圖表現的意義；假使讀都讀不懂，又如何受它感動？又如何談到欣賞、批評呢？過去常聽人說：這篇好作品，只可意會而不可言傳。過去各家的詩話、隨筆、紀事、叢談，對作品的欣賞與批評，往往只是一些意會之語，能給讀者的也只是一些意味朦朧的評語，自然無法使讀者深刻地理解。元好問〈與張仲傑郎中論文詩〉說：「文須字字作，亦要字字讀。」我認為寫文學批評的時候，不只是字要一字一字的讀，遇到難解的地方，還應該查清楚明白，加上簡要的注釋或詮釋，這樣才能夠幫助讀者，由徹底理解而達到深入欣賞的目的。

我編《古今文選》十七年，知道單解釋文字意義已經不容易，何況要深入說出作品幽妙的涵蘊，作者情思之所寄，也就是作者意圖表現的意義，更是難上加難。孟子認為說詩，要「以意逆志」；就是說讀詩時候，我們還要根據自己的意思去推想作者的意思，不要只靠字面的意義作解釋，那樣會妨礙對作品的理解。〈雲漢詩〉說：「周餘黎民，靡有孑遺。」言周宣王時候大旱成災，餓莩載道的嚴重情況；這是極言誇張的一種修辭；若眞據文字的意義來解釋，那就是說：周國人民已經沒有一個半個留下，都已經餓死。孟子說：「信斯言也，是周無遺民也。」（語見《孟子．萬章篇》）。所以孟子強調說：「說詩者不以文害辭，不以辭害志；以意逆志，是爲得之。」（文指字義，辭指辭意，志指作者意圖表達的意義）。解釋批評，又稱「詮釋批評」。是文學批評的一項重要的工作。謝朓〈暫使下都詩〉：

> 金波麗鳷鵲，玉繩低建章。

這兩句詩，有好幾個詞若不加解釋說明，讀者無法了解，也就無法欣賞謝朓用詞之美妙。寫批評文字，遇到這種地方，就必須在批評中帶上解釋說：

> 金波喻月光，月光照在鳷鵲觀上，玉繩星低掛建章宮下，用詞多華美富麗，也寫出了京裏月夜景色之美。

這種「解釋批評」對讀者來說，當然是有好處的。又如：李清照的〈聲聲慢詞〉說：

> 尋尋覓覓，冷冷清清，悽悽慘慘戚戚。乍暖還寒時候，最難將息。三杯兩盞淡酒，怎敵他晚來風急。雁過也，正傷心，卻是舊時相識。　滿地黃花堆積，憔悴損，如今有誰堪摘。守著窗兒，獨自怎生得黑！梧桐更兼細雨，到黃昏點點滴滴。這次第，怎一個愁字了得？

這首詞是李清照晚年的名作之一，詞意不難了解，但要深入要把她細膩的情思，鉤畫出來卻也不容易，必須作一特別的闡釋。但要作特別的闡釋，有時還必須探討作者相關的事蹟，說明這篇作品是爲了某人、某事而寫的；這樣才能夠作深刻確當的闡釋　現在據《中國文學欣賞舉隅》對〈聲聲慢〉詞的評論濃縮改寫如下：

宋人南渡之後，李清照身受國破家亡之痛，顛沛流離之苦，喪夫孀居之悲，無限的悲痛和哀愁都凝結於心頭。這首詞就是抒發這種情思。全詞上下兩闋，集中描寫她自己愁苦難禁的情狀，孤寂難耐的心境。她的夫婿趙明誠已經過世，心裏還不相信他已經走了，所以在屋裏找了又找，「尋尋」表現這種幻覺中的感情；雖然找不著，可是她還是不願意相信他眞的走了，又用「覓覓」，表示她仔細找的心情；終無法找到他，他眞的已經走了，只覺得一屋子的寒意，用「冷冷」來表現這種感覺。連心裏也感到冷冷「清清」。於是「悽悽」涼涼的況味漸漸籠上心頭；到了心靈難以承受，繼以「慘慘」來寫這種心境；終以「戚戚」，寫自己腸斷心碎，伏枕飲泣。像此連用十四疊字，感情由淺入深，自疑而信，層層鋪展，多麼細膩。這種心情，唯女兒能有之；這等筆墨，唯女兒能出之。再以風急、雁過、黃花、梧桐、細雨和黃昏，這些殘秋的蕭瑟景物，加深了悲涼情境，「守著窗兒，獨自怎生」挨到「天黑」，再加桐葉飄落，細雨飄零，這點點滴滴情形，怎能是一個「愁」字包括得了！眞是淒絕之極。前人說：「此詞委婉深妙，玩其意境風格，自非『婉約』二字，所能概括也。」

像這一種闡釋詞的意蘊以及其佳妙，也是「解釋批評」的一種。我國有些人常以主觀說法，穿鑿附會，闡釋結果，自難令人信服；所以還得靠其他資料（作者自序、信件、日記、語錄等）來做判斷，比較可靠。

9.提要批評

清紀昀等編纂《四庫全書》，就作有《四庫全書總目提要》，四庫所收的每一部書籍，都櫽括其內容與作家，作極簡要的介紹，使讀者有個概略的認識；這種文字就叫「提要」。文學批評對作品內容或作家事蹟，做一個提要式的介紹，再加批評，叫做「提要批評」。作品的提要有簡括式的和梗概式的兩種。文字不多的作品（像詩、詞），用一兩句話就可以把它的內容大要概括出來。文學史家和文學批評家常用這種寫法。例如：范仲淹的《漁家傲》詞：

塞下秋來風景異，衡陽雁去無留意。四面邊聲連角起。千嶂裏，長煙落日孤城閉。

濁酒一杯家萬里，燕然未勒歸無計。羌管悠悠霜滿地。人不寐，將軍白髮征夫淚。

宋仁宗時候，西夏爲患，他作陝西經略安撫詔討副使，守延州(今陝西膚施縣)數年，夏人不敢來犯。《東軒筆錄》說：「范文正公守邊日，作《漁家傲》樂歌數闋，皆以『塞下秋來』爲首句，頗述邊鎮之勞苦。」「頗述邊鎮之勞苦」，就是簡括式的提要，說明詞的內容。劉大杰在《中國文學發展史》中，則加補充說：「《漁家傲》詞中所表露的愛國熱情、邊塞風光和征戰的勞苦」，仍然是簡括式提要的寫法；不過，他加了一些批評：「寫邊塞是沉鬱悲壯，一字一句，都是眞情流露，不加雕琢，是詞中的上品。」「令人得到深切的感受。」

長篇的作品，像小說史詩、戲劇情節的提要，可以寫得非常簡要，也可以寫個概略，也可以作較詳的梗概。例如：清褚人穫《堅瓠集》說：

永樂丁亥，命太監鄭和、王景弘、侯顯三人，往東南諸國，賞賜宣諭。鄭和舊名三保，故云《三保太監下西洋記》。

這個提要就寫得非常簡要。清梁章鉅《浪跡叢談》同樣記《三保太監西洋記》就詳細多了，他說：

前明三保太監下西洋，至今濱海之區，熟在人口。按《明史・鄭和傳》載：鄭和雲南人，世所謂「三保太監」者也。成祖疑惠帝亡海外，欲蹤跡之，且欲耀兵異域，示中國富強。永樂三年，命鄭和及王景弘等通使西洋。治大舶，修四十四丈，廣十八丈者六十有二，將士卒二萬七千八百餘人，自蘇州劉家河，泛海至福建五虎門揚帆，首達占城。以次遍歷諸蕃國，宣天子詔，齎金帛賜給其君長，不服，則以武臨之。和歷事三朝，先後凡七奉使，歷三十餘國。（以下記鄭和第一次至第七次下西洋事，此略）

考證史事，作爲章回小說《三保太監下西洋》的提要，寫得相當詳盡。清俞樾《春在堂隨筆》並加批評說：

《西洋記》即敷衍此事，作者羅懋登，乃明萬歷間人。其書視《太公封神》，尤爲荒誕，而筆意恣肆，則似過之。……此書之作，蓋嘉靖以後，倭寇方殷，故作此書寓思古傷今之意，紓憂時感事之忱，三復其文，可爲長太息矣。

戲劇和小說一樣，內容比較長，批評家對劇情的評介，大都採用梗概式的寫法。例如：今人對元雜劇《秋胡戲妻》的評介，就是這種寫法：

《秋胡戲妻》，全名《魯大夫秋胡戲妻》，石君寶作。劇敘春秋時，秋胡新婚三天，就被征從軍，十年不歸。妻子羅梅英採桑養蠶，奉養婆母，至爲辛勤。財主李大户欲倚勢逼娶梅英，遭到拒絕。後來秋胡因軍功授官，歸里省親，在桑園遇到梅英。因爲離別日久，已不相識，秋胡調戲梅英，遭到痛斥。回家後，梅英發現輕薄男子，就是自己丈夫，悲憤交集，堅持離異。秋胡母親苦心相勸，勉強與秋胡相認。秋胡故事，最早見漢劉向的《列女傳》，唐代又有《秋胡變文》，後來在民間廣泛流傳。本劇在傳統題材的基礎上，略加變換，改秋胡外出求官爲被征從軍；中間插入李大户騙婚搶親的情節，使羅梅英貞潔的性格，更加鮮明，加強了劇情。該劇情節曲折，極富戲劇性。秋胡調戲婦女，卻調戲了自己的妻子，諷刺的意味尤其深刻。

前半對劇情的介紹就是採用梗概式的寫法，後半探究取材的根源，並就劇情與人物，略加評論。作品提要的長短，完全視批評家行文的需要。至於對作家重要事蹟的描敘提要，大體和所評介的作品直接有關的就寫得多些，無關的就寫得少些，甚至不寫。譬如：我們讀唐岑參的〈白雪歌，送武判官歸京〉詩：

北風卷地白草折，胡天八月即飛雪，忽然一夜春風來，千樹萬樹梨花開，散入珠簾溼羅幕，狐裘不暖錦衾薄，將軍角弓不得控，都護鐵衣冷難著。瀚海闌干百丈冰，愁雲黲淡萬里凝，中軍置酒飲歸客，胡琴琵琶與羌笛，紛紛暮雪下轅門，風掣紅旗凍不翻。輪臺東門送君去，去時雪滿天山路，山迴路轉不見君，雪上空留馬行處。（瀚海，指沙漠。闌干，天山巖名。）

要想知道這首詩，是在什麼時候作的？在什麼地方寫的？就必須介紹作家詩人的事蹟。但岑參的事情很多，寫文學批評是不需要都寫了出來，只要寫出跟這首詩有關的一部分，如下：

唐玄宗天寶八載，岑參由高仙芝推薦爲參軍，前往安西，現在新疆庫車縣。十載五月，回長安。十三載三月，北庭都護伊西節度瀚海軍使封長清推薦，岑參爲安西節度判官，再次前往新疆。九月，封長清出師西征，岑參留在輪臺（今新疆輪臺縣），作有〈輪臺歌〉、〈走馬川行〉等。岑參到過天山、雪海、交河、瀚海等地，所以他的詩多寫邊塞風物及軍隊戰爭的情事，多七言歌行，好以風雪、沙漠，冰崖、熱海、胡樂爲題材，情思高曠悲壯，充滿異國的情調。這首〈白雪歌〉應當也是岑參在輪臺時所作，寫新疆八月飛雪、送友歸京時候的情景。

10.校勘批評

一個作家的作品時常有不同的版本，版本不同文字也時常有一些出入，大概有傳鈔筆誤、作者改訂、蟲蛀字損、刻錯排錯、後人臆改等等原因，都會造成不同的文字。我國很早就有校勘，古稱「校讎」，就是校正勘定的意思。西方也有用作家的手稿或定稿，或不同版本，查文字的出入，勘定最好的一種用字，有的還加解釋、說明，叫做「文本批評」。我國也早有這種批評文字，依我國的用語，就叫「校勘批評」吧。例如：晉陶淵明《飲酒》詩之五有：「採菊東籬下，悠然見南山。」「見」一作「望」字。哪一個字好？引起前人的爭論批評。如：

蘇東坡說：「因採菊而見山，境與意會，此句最有妙處。近歲俗本皆作『望南山』，則此一篇神氣都索然矣。」（見《東坡題跋》卷二）。宋晁補之又加補充說：「『採菊東籬下，悠然見南山』，本自採菊，無意望山，適舉首而見之，故悠然忘情，趣閒而意遠。」（見《雞肋集》卷三十三〈題陶淵明詩後〉）宋吳曾亦引東坡說：「無識者以『見』爲『望』，不啻碔砆之與美玉。然余觀樂天效淵明詩有云：『時傾一尊酒，坐望東南山。』然則流俗之失久矣。惟韋蘇州答長安丞裴說，有云：『采菊露未晞，舉頭見秋山。』乃知眞得淵明詩意；而東坡之說爲可信。」（見《能改齋漫錄》卷三）。蓋「見」字，由於無心而見，故妙。

可見一字之差，卻有好壞之分。像這類的「校勘批評」，在我國古籍中是非常之多的，讀書時稍加留意就可以舉出許多例子。

遇到版本不同的時候，要特別留意文字不同、缺漏、錯誤、改動，不合文法、不合音律的地方，加以核對、校訂和勘定，並加說明、批評。

11.源流批評

源流批評，主要在指出一個作家的作品的根源、演化和影響。

漢劉向、劉歆父子編《七略》，班固編《漢書．藝文志》辨別諸子的學術，必說：「某家者流，出於某官」。文學作品「振葉以尋根，觀瀾而索源」（見劉勰《文心雕龍・序志篇》），到齊、梁時已成習尚。鍾嶸作《詩品》品評古今詩人，探溯淵源流別，說：「某人之詩，源出某家」。如評曹植詩：「其源出於《國風》，體被文質。」評王粲詩：「其源出於李陵。」評陸機詩：「其源出於陳思，舉體華美。」評陶淵明詩：「其源出於應璩，又協左思風力。文體省淨，殆無長語。篤意眞古，辭興婉愜。」所謂「源出」，乃探索其詩體類似罷了。王叔岷說：其言「祖襲」，「憲章」才有師承的意思。（見《鍾嶸詩品箋證稿》）。批評家探索作品的源流，蓋在幫助我們了解作品之所以如此，自有其根源也。研討的範圍，當然也包括對後代作家的影響在內。鍾嶸《詩品》對詩人源流的探討，因爲大多採用「主觀批評」的方式，直說個人的意見，難免不容易爲人所認同，或者不容易說得正確，自然引起爭議。章學誠說：「鍾嶸溯流別，有不宜盡信處，蓋古書多亡，難以取證。」像說陶淵明詩「源出應璩」，古直說：「此最爲後世非議。」

探索源流與影響，最好採用比較、分析、解釋、說明的方法來寫，就比較容易取信於人。例如：蕭望卿的〈陶淵明四言詩論〉：

> 陶淵明的四言詩是從《詩經》導引出來……，除了〈勸農〉、〈命子〉、〈歸鳥〉和〈酬丁柴桑〉，其他都有序，就告訴我們：他是學《詩經》。序中「〈停雲〉，思親友也。」「〈時運〉，游暮春也。」更證明了它們的血統。淵明四言詩最顯明的特徵，一是多用比興，一是多複沓，這也是《詩經》的特質，正好說明它的淵源。〈停雲〉、〈榮木〉等篇用比興，〈時

運〉、〈歸鳥〉、〈榮木〉、〈停雲〉都取複沓的組織，……產生良好的效果。若略微分析，〈榮木〉、〈命子〉、〈勸農〉、〈答龐參軍〉、〈酬丁柴桑〉、〈贈長沙公〉六篇接近《雅》的氣氛較多，〈停雲〉、〈時運〉、〈歸鳥〉和《風》比較接近。……四言詩中有好多首用了不少《詩經》現成的句子，或略加變動。……除了〈停雲〉、〈歸鳥〉和〈時運〉，其餘六首意境和文詞都是因襲《詩經》的，缺乏新鮮和獨創的力量。「昔我云別，倉庚載鳴；今我過之，霰雪飄零。」這和「昔我往矣，楊柳依依；今我來思，雨雪霏霏。」有什麼兩樣？〈答龐參軍〉詩：「衡門之下，有琴有書，……」只是把《陳風．衡門》略加改裝而已。可是他並非全然沒有新創的意象啊。

像這樣的比較分析，然後說：「陶淵明的四言詩，源出於《詩經》。」自然會很容易的說服人了。

12.派別批評

作家之有派別，中外皆然，我們翻開文學史，就可一目瞭然。韓愈提倡散文，批評駢文。《舊唐書．韓愈傳》說：「自魏、晉以還，爲文者多拘偶對，而經誥之指歸，(司馬)遷、(揚)雄之氣格，不復振起矣。故愈所爲文，務反近體，抒意立言，自成一家新語。後學之士，取爲師法，當時作者甚衆。」韓愈新作，也遭到時人譏評。他在〈與馮宿論文書〉中說：「僕爲文久，每自意中以爲好，則人必以爲惡矣。」

自從唐、宋古文運動，宋詩和唐詩走不同的道路，黃庭堅創立「江西詩派」以後，於是明朝就有

「擬古」與「反擬古」兩大壁壘。擬古有前、後七子，所倡導的文必秦、漢，詩必盛唐。反擬古有李卓吾，繼起的有李卓吾弟子三袁(宗道、宏道、中道)的公安派，和鍾惺、譚元春的竟陵派。清朝散文有方苞、姚鼐的桐城派，詩有尊唐與宗宋兩大流；尊唐的又有王士禎的神韻說，趙執信的聲調譜，沈德潛的格調說，翁方綱的肌理說，又有初唐、盛唐、晚唐之分。宗宋的有宋犖、查愼行、厲鶚，反流俗，排淫豔，喜發議論，以文入詩，又有蘇軾、黃庭堅、劍南（陸游）之別。此外，也有自抒胸臆的袁枚的性靈派等等。

到了民國新文學運動（1917）之後，又有不同的文學流派產生，如：文學研究會（1921年在北京成立）提倡「爲人生而藝術」。創造社(1921年在東京成立)提倡「爲藝術而藝術」，後期走上左傾路子。湖畔詩社（1922年在杭州成立）歌詠愛情。學衡派（1922）提倡復古主義，反對新文學。甲寅派（1925）主張尊孔讀經，提倡古文。新月社（1923）宣揚唯美主義，主張藝術至上。語絲社（1924）以潑辣幽默著稱。上海藝術劇社（1929）提出無產階級戲劇。中國左翼作家聯盟（左聯，1930年在上海成立）爲共產黨領導的一個文學團體。中國詩歌會（1932年在上海成立）主張詩歌要反映現實，投入抗日救亡運動。中華全國文藝界抗敵協會（文協，1938年在漢口成立）創辦《抗戰文藝》，提出文章下鄉，文章入伍，形成中國文藝界抗日民族統一戰線。左聯在這時解散。

由於文學派別的不同，而導致文學理念的不同，或寫作路子的不同，或政治思想的不同；於是不同的文學派系之間，彼此攻訐批評，自是常見之事。文學批評家研究文學，自然要注意到文學派別問題，也要注意到他們對當時的影響，他們的文學觀念與文學理論，批評的文字等等。例如：林琴南〈致蔡鶴卿（元培）太史書〉，其中片段：

若盡廢古書，行用土語爲文字，則都下引車賣漿之徒所操之語，按之皆有文法。……則凡京、津之稗販皆可用爲教授矣。若《水滸》、《紅樓》皆白話之聖，豈足爲教科之書？不知《水滸》中辭吻多采岳珂之《金陀萃編》，《紅樓》亦不止爲一人手筆。作者均博覽群書之書。總之，非讀破萬卷，不能爲古文，亦並不能爲白話。……

蔡元培〈覆林琴南書〉，其中針對上面一段，答說：

白話與文言，形式不同而已，内容一也。……若内容淺薄，則學校報考時之試卷（當時試卷文言作答）……儘有不值一讀者。能勝於白話乎？且不僅引車賣漿之徒而已。……北京大學教員中，善作白話者，爲胡適之、錢玄同、周啓明諸君，公何以證之，爲非博極群書，非能作古文，而僅以白話藏拙者？胡君家世漢學，……即其所作《中國哲學史大綱》言之，其了解古書之眼光，不讓於清代乾、嘉學者；錢君所作之《文字學講義》、《學術文通論》，皆古雅之古文；周君所譯之《域外小說》，則文筆之古奧，非淺學者所能解；然則公何寬於《水滸》、《紅樓》之作者，而苛於同時之胡、錢、周諸君耶？」（周作人，號啓明）

㈤藝術價值與文學批評——判斷批評

13.判斷批評

一位成功的作家，雖然才情暢發，精思纖密，華采美妙，名聞人世，可是人的思慮有時難免不能周全，作品也不可能沒有一點瑕疵毛病的。因此，批評家讀作品，遇到美好的就加以讚美，疵病的就加以指摘，而評斷他們成就與藝術價值，叫做「判斷批評」或「價值批評」。像曹植作〈武帝誄〉說：「幽闥一扃，尊靈永蟄。」（扃，關閉）。用昆蟲的永蟄，寫對父親的深念，實在不太妥當。潘岳〈悲內兄文〉有「感口澤」之遺。《禮記・玉藻》：「父沒而不能讀父之書，手澤存焉爾；母沒而杯圈不能飲焉，口澤之氣存焉爾。」（杯圈，杯子）。以父母遺澤，來稱內兄，實在不倫不類。所以前人說：「巧言易標，拙辭難隱。」劉勰《文心雕龍》有〈指瑕〉，劉知幾《史通》有〈點煩〉，王若虛《滹南遺老集》有〈辨惑〉，章學誠《文史通義》有〈答問〉，王嘉璧《西山臬》有〈點竄〉，王士禎《帶經堂詩話》有〈摘瑕類〉，袁枚《小倉山房詩集》有〈改詩〉，葉燮有〈汪琬文摘謬〉，《中學生雜誌》有〈文章病院〉，方苞《古文約選》，紀昀《史通削繁》……等等，都是從作品的毛病下手，吹毛求疵，來寫批評的文字。

他們所找出來的毛病，有：用詞不當、累贅煩重，意思不足，上下無關，文字不順，稱呼錯亂，拖沓散漫，記事疏略，詭異荒謬，艱澀難懂，荒蕪不雅，重複虧缺，因襲剽竊，改竄模仿……。

疵病加以糾正，例如司馬遷〈自敘〉：「為太史七年，而遭李陵之禍，幽於縲紲，迺喟然而歎曰：『是余之罪也夫！是余之罪也夫！身虧而不用矣！』」劉知幾《史通・雜說上》說：「自敘如此，何其略哉！夫云：『遭李陵之禍，幽於縲紲者』，乍似同陵陷沒，以置於刑；又似為陵所間，獲罪於國：

遂令讀者難得而詳。賴班固載其〈與任安書〉，書中具述被刑。所以儻無此錄，何以克明其事者乎！」清浦起龍作《通釋》：「子長以別簡白罪由，懼史體之褻也。子玄即以報書攻〈自敘〉，誠史筆之率也。『七年而遭』，若改為『七年而以訟李陵獲罪』，則事由便明。」（褻，亂也。子玄，劉知幾字。率，簡率。訟，通頌字。李陵兵敗被俘：司馬遷當漢武帝召問時，推許李陵奮戰匈奴之功，因而下獄。）

美好加以頌揚，例如杜甫詩：「林花帶雨胭脂落，水荇牽風翠帶長。」胭脂譬喻紅花片片在雨中飄落的美，翠帶譬喻水荇的長柄牽風搖曳的美。杜荇，多年生草，葉心臟形，有長炳，冬日開繁花。杜甫寫景寫得好，我想主要是由於他仔細觀察外物，體會得深切，自然產生天然佳妙的佳句。又如：「細雨魚兒出，微風燕子斜。」（杜甫《水檻遣心》）細雨落到水面成為小小水泡，魚兒不怕，反而喜歡浮游上來，雨大就不敢上來了。燕子身體輕弱，風猛就不勝，微風反而能借著風勢，悠閒飛翔，造成了陰柔的境界。（見方祖燊《談詩錄·中國詩的寫作技巧與風格》）

上面的兩個例子都是價值的判斷，就是所謂「判斷批評」。

(六)藝術、實用與文學作品

——唯情、唯意、唯真、唯善和唯美批評

中外古今作家的文學觀念，都可以用「二分法」來說明。我國有尚文、尚用。文是文藝，用是實用。像《楚辭》的作者偏重以美辭來達意，《詩經》作者偏重言志與美刺，造成文藝與實用兩條寫作不同的路子。後代文學家與文學理論家就有「詩緣情而綺靡」（陸機〈文賦〉），「文所以載道也」

（周敦頤《通書．文辭》），於是有「緣情」與「載道」二說；發展到現代也有「藝術」與「實用」兩種主張。西方也有「爲人生而藝術」的寫實主義，以爲文學是反映社會，表現人生，表現作者的理想與全人類共有的情思，藉作品促使社會進步，造成新社會、新的人生。過去，我國的這類作品用以發揚儒家思想、孔孟之道，表現忠孝節義，現在更有用來宣傳政治的理念。西方「爲藝術而藝術」的唯美文學，傾向浪漫主義，以爲作家發揮天才，著重創作，以爲文學家應全力製作純粹優美的藝術作品，不必顧及實用載道的問題。作者特別崇尚理想，重視主觀，躲在象牙之塔，藝術之宮，專憑浪漫熱情，虛幻想像，撰寫些唯情唯美的作品。這種作品往往與世俗對立，輕視道德，對抗社會，攻擊傳統。我國魏晉南北朝的駢文屬於文藝性文學，唐宋八大家的散文屬於實用性文學。文學批評家的立場不同，所作的批評文字也就不同，因此有唯情批評、唯意批評、唯眞批評、唯善批評、唯美批評等。

14. 唯情批評

人世最感人者唯情也。抒寫人的喜怒哀樂各種之情的文字最爲動人。曹雪芹《紅樓夢》小說之所以感人在於描寫男女之情，文天祥〈正氣歌〉之所以感人在於抒寫愛國之情，李密〈陳情表〉之所以感人在於伸述祖孫之情。從作家所寫的感情去評論作品的價値，就是唯情批評。例如：鍾嶸《詩品》批評漢李陵詩說：「其源出於《楚辭》，文多悽愴，怨者之流。」批評魏王粲詩說：「其源出於李陵，發愀愴之詞，文秀而質羸。」批評劉琨詩說：「其源出於王粲」，「琨既體良才，又罹厄運，故善敘喪亂，多感恨之詞。」像這類的評語，都是從作品所表現的情感去作批評的。

他們所以能抒寄情語，跟他們的個人境遇或時代悲劇有關係。李陵出擊匈奴，兵敗被俘投降，母親妻子因此遭到刑戮，所以〈與蘇武詩〉，特多悽愴之詞，哽咽之語，如「遠望悲風至，對酒不能酬。」情極深摯，不忍言別，如「屏營衢路側，執手野踟躕。」終到了說不出告別的話，如「徘徊蹊路側，悢悢不能辭。」這是屬於個人不幸的境遇所造成的。

至於王粲當東漢末大亂，董卓死後，李傕、郭汜爭權大戰，殺人無算，王粲離京避亂，作〈七哀詩〉說：「西京亂無象，豺狼方遘患，復棄中國去，委身適荊蠻，親戚對我悲，朋友相追攀，出門無所見，白骨蔽平原。路有飢婦人，抱子棄草間，顧聞號泣聲，揮涕獨不還：『未知身死處？何能兩相完？』驅馬棄之去，不忍聽此言。南登霸陵岸，回首望長安；悟彼下泉人，喟然傷心肝。」像這類作品屬於大時代動亂的悲劇所造成的。

劉琨在西晉內戰大亂的時候，爲并州刺史，大將軍司空，都督并、冀、幽諸軍事，轉爲侍中太尉，後爲段匹磾所拘殺害。陳延傑說：「越石（琨字）困於逆亂，攄暢幽憤，故其詩哀怨，頗似仲宣。」陳祚明說：「越石英雄失路，滿衷悲憤，即是佳詩。」這是時代動亂與個人境遇所造成的感情。如「功業未及見，夕陽從西流，時哉不我與，去矣若雲浮，朱實隕勁風，繁英落素秋，狹路傾華蓋，駭駟摧雙輈，何意百鍊鋼，化爲繞指柔！」（〈重贈盧諶詩〉）。個人困厄的悲憤與時代動亂的無望，在心裏頭一起燃燒而抒發出這樣感恨之極的作品。

情有種種，感情批評的文字是非常的多。

至於描寫兩性關係專從性慾著眼，不重心靈方面。相傳Eros是希臘的戀愛之神，色情主義（Eroticism）這個字就是從它引伸出來。所以凡是作品過分描寫色情、性慾的，都可以歸於色情主義這一類裏去。像明朝的《金瓶梅》就是。

15.唯意批評

唯意批評，又叫「思想批評」。人類早就透過文字來表達治國平天下的意見，對做人做事的看法，對生死的看法，對宇宙的看法，形成一個人的政治觀、道德觀、人生觀、宇宙觀，產生孔孟諸子富有哲理的散文。於是文學家、政論家、思想家的散文，爲我國歷朝文學重要的一環。古代的文學作品和學術思想有密切的關係。學術風氣轉移，常常會左右作品的內容。先秦時代是百家齊鳴時代。

到了秦始皇焚書坑儒，思想受到壓制。漢朝雖然解除禁書之令，但因武帝特別推尊儒家，兩漢經學極盛；有一部分文人像司馬相如、揚雄、張衡沾有道家味；可是其他各家的思想也就漸趨衰微了。

魏晉南北朝，戰亂頻連，爲道、釋思想所籠罩，不爲儒家之道所支配，影響到文學作品，不只是散文、小說，連詩歌也用來闡說玄理。

隋唐時期，儒家學術思想又見發揚，儒釋道三教並尊。用詩歌、小說來寄寓人生大道的更多。傳奇小說家沈既濟的〈枕中記〉、李公佐的〈南柯太守傳〉，都是用以表現道家浮生若夢的人生觀念。李白詩也多道家思想。

宋朝，陽儒陰釋的道學家起，陽儒本於儒家重道輕藝，陰釋略近禪宗，不立語言文字，而卑視文學，文學觀念自然極端尚質，形成極端的復古。

元朝異族統治不重文學，文人只好寄情戲劇，儒家道釋的思想多溶化於戲劇之中，產生一些神仙道化、忠臣烈士、孝義廉節的雜劇。明朝道釋思想又再興盛，產生許多神魔小說。

清朝乾隆時代大興文字獄，壓制民族意識，自然會扼殺了文學作品思想。到了晚清，政權的控制力量不行了，才產生了許多評擊政治黑暗的小說、散文。

入了民國，各種新文化思想反映於文學作品之中。1937年七月七日，抗日戰爭爆發，在詩歌、散文、小說、戲劇表現了強烈的民族意識、愛國思想。大陸陷共後，用毛澤東文藝路線（始於1942年延安文藝座談會講話），訂下批評文藝標準，來控制文藝作家。文化大革命時候，許多文藝作家被鬥爭、下放，1966年到1976年之間，大陸文學幾乎一片空白，沒有什麼作品。

批評文學自然要注意到文學作品所含蘊的思想，加以評析介紹。像鍾嶸《詩品序》批評晉懷帝永嘉之後的情況說：

> 永嘉時，貴黃、老，稍尚虛談，於時篇什，理過其辭，淡乎寡味。爰及江表，微波尚傳，孫綽、許詢、桓（溫）庾（亮）諸公，詩皆平典，似《道德論》，建安風力盡矣。（平典，平淡典實。《道德論》，何晏所作，乃《道》、《德》二論。）

劉勰《文心雕龍・時序篇》說：

> 自中朝貴玄，江左稱盛，因談餘氣，流成文體，是以……詩必柱下之旨歸，賦乃漆園之義疏。

（柱下，指老子。漆園，指莊子。）

政治批評

我國文人雖然也有因爲文章獲罪，作品遭到禁絕燬版的命運，像清朝就有許多禁書。因爲是禁燬的書，也用不著用文字撻伐批評了。所以從前好像從政治的立場批評文學作品的，卻不多見；但自大陸淪共之後，大陸的批評家無論批評什麼，都戴上政治的色彩；無以名之，只好叫做「政治批評」。大概馬克斯主義者，對控制人民的思想有一套辦法，規定大家思想的範圍，不是讀者自己可以愛好什麼，而是規定大家應該喜愛什麼，閱讀什麼樣的作品。馬克斯主義者站在社會主義的框框上，批評文學作品，因此帶有一些思想的文學作品就都不能存在了。因此台灣三毛的散文與瓊瑤的小說可以在大陸流行。現在舉大陸盧啓元主編《中國當代散文史》中，批評「冰心散文」的一段文字，應該可以窺見一點端倪：

> 冰心回國後，積極投身社會主義革命和社會主義建設。……熱情創作，歌頌黨，歌頌社會主義，歌頌共產主義的一代新人……。他收在《歸來以後》、《我們把春天吵醒了》、《小桔燈》集子裏的作品，不再是超階級的「母愛」，而盡情歌頌共產黨的英明偉大，……不再以小資產階級的情懷去描寫自然。

幸而這類帶有極濃厚的階級觀念、政治色彩的批評，現在也漸漸改變了。用政府力量來壓制作家，框限思想，對文學作品的創作是絕對有害的，也絕對產生不出含有偉大思想的作品。

16. 唯眞批評

西方十九世紀末到二十世紀初，歐洲文藝思潮「自然主義」興起，主張「爲人生而藝術」，由觀察而反映現實人生，從平凡人物、平凡事件，去體味現實生活，不問美醜善惡，只要能寫得逼眞傳神，像法國左拉和莫泊桑的小說就是以寫實求眞爲主。左拉的小說大都寫社會的黑暗面，眞實描寫了社會現狀，毫無隱飾。這和過去浪漫主義時代不同，那時的作品主角，一定是王侯貴族、英雄勇士，遭遇變故不幸，才能掀起高潮，感動讀者觀衆。詩篇的詞藻也必非常優美動人。

但到了近代，我們現實困苦的生活與醜陋的社會，一天到晚展現在我們的眼前，甚至你本身就生活其中，像左拉出身於貧窮的家庭，莫泊桑從小父母就分居，你又怎能不去看它寫它。在他們筆下的人物與故事都是非常平凡的。像左拉的《酒店》是描寫巴黎工人縱酒淫佚的情形，《娜娜》描寫一個淫蕩女優的生活。莫泊桑的《他的一生》描寫一個女人嫁給漂亮、自私、殘暴、風流的丈夫，不斷搞外遇，使她對美麗的愛情的憧憬破滅；丈夫死後，她又把希望寄託在兒子身上，千辛萬苦把他扶養長大，他卻是一個敗家子，使她破產；於是她又把希望寄託在剛出生不久的孫子身上。像這類的事情就在我們身邊不斷的發生，使許多讀者覺得作家所寫的，好像就是影射他們。這時的戲劇也由歌劇變成話劇，探討社會問題爲主。抒情詩也告中落。——這是西方自然主義、寫實主義興起後的情況。

我國的文學發展的現象不同。我國歷代有文人的作品，也有平民的作品，有浪漫傳奇的作品，也有描寫眞實的作品。求眞也早已在批評家的觀念之中。像漢朝的〈孤兒行〉寫孤兒父母過世後，受兄嫂虐待，是寫實的作品，沈德潛評說是：「淚痕血點結綴而成」。就是劉邦的〈大風歌〉，抒寫自己平定群雄之後的感情，又何嘗不眞實？明人描寫市井平民的生活，也有許多是寫實求眞的作品。

17. 唯善批評

唯善批評，又稱道德批評。我國許多文學批評，時常從道德的觀點來寫批評文字。明俞弁引盧疏齋的話，說：「大凡作詩，須用《三百篇》與《離騷》，言不關於世教，義不存於比興，詩亦徒作；夫詩發乎情，止乎禮義，〈關雎〉樂而不淫，哀而不傷，斯得性情之正，古人於此觀風焉。」（見俞弁《逸老堂詩話》卷上）。這就是從道德的觀點來作批評。法國文學批評家布輪退爾（Ferdinand Brunetiere）主張：文學應該爲道德而作，不能是無所爲的，不能是爲藝術而藝術的，必須努力去維持一個時代的民族精神。他是站在這種文學觀念去批評作品的價值；所以在他的評論裏常常高唱人道主義。狄德羅《論戲劇藝術》說：「我們除了被眞理和美德深深感動之外，還能被什麼感動呢？」梁啓超〈論小說與群治之關係〉說：「欲新一國之民，不可不先新一國之小說。故欲新道德，必新小說……。」蓋他認爲小說對人的影響極大。《續文獻通考》批評《水滸傳》爲誨盜，《勸戒四錄》批評《紅樓夢》爲誨淫。梁啓超批評《三國》和《水滸》說：

今我國民綠林豪傑，遍地皆是，日日有桃園之拜，處處爲梁山之盟，所謂「大碗酒大塊肉，分秤稱金銀，論套穿衣服」等思想，充塞於下等社會之腦中，遂成爲哥老、大刀等會，卒至有如義和拳者起，淪陷京國，啓召外戎，曰惟小說之故。嗚呼！小說之陷溺人群，乃至如是！

這一段對這兩部小說的批評，完全站在道德的觀點來寫評斷的。這就是唯善批評。

現代美學家認爲一般人都有好善嫉惡的傾向，作品的主題與內容在道德或感情上，能夠引起讀者(觀衆)的同情，就是一種善的作品。許多人讀《紅樓夢》對林黛玉的遭遇，深表同情；約翰生(Samual Johnson)讀莎士比亞的《李爾王》悲劇，不能終篇，說結局太慘了！就是出於道德的同情。

大多數的文學作品都包含道德因素，批評家衡量作品的價值，也往往是從這個角度去作判斷批評的。但有一點，我要特別提出來的，就是批評家若以他自己的道德觀念，去衡量跟他的道德觀念不同的作品，就應該明確地說明自己的立場，以讓讀者作客觀的選擇。

18. 美學批評

美學批評，又叫「審美批評」，根據美學的原理來批評文藝作品。過份講求「美」，就成了唯美主義。西方唯美主義的作家認爲美是至高無上的，不容道德、法律加以羈絆，並且認爲眞與善的地位都在美之下，宇宙中唯有美的感情及美的形式最爲重要。西方十九世紀中葉以後，唯美主義在英國極爲流行，王爾德（Oscar Wilde）就是這一派代表。所謂唯美主義也就是「爲藝術而藝術」的主義。王爾德說：藝術家是美的事物的創造者，書無所謂道德或不道德，只有寫得好與不好，罪惡與美德，對於作家同是寫作的材料。他不承認文學與人生有關，有道德的價值，認爲「美」就是好作品。（說見〈屠蓮格雷畫像序〉）。引起寫實派、人生派的攻擊。蓋他們認爲美往往和人類嗜好性欲有關，唯美派、頹廢派、象徵派的作家常常以曖昧低卑的美爲寫作的材料，描寫苦悶頹廢，官能享樂，刺激性欲，敗壞人心的作品。因此美學家提出：美應該與欲望無關。實際上，中外都有些作家用「美文」描寫性的文字。大抵美的文學就是特別注重詞藻美麗，情韻含蓄，想像豐富的作品，會給讀者一剎那間的美感，是一種享受。

其實，我國的美文自古以來就已經存在。從審美（美學）的觀點，對文學作品作批評判斷，就叫審美批評，或唯美批評，專以發掘作品之美。美學成爲科學是十九世紀的事。美學家說：美的感受是屬於情緒的、短時間的，美的批判是屬於理性的、考慮後的。審美的批評自有其恒久的價值。一個批評家應該努力去發現文學作品中的美，介紹給讀者。

美有壯美與優美兩種，壯美就是陽剛之美，能給人雄偉崇高、激越深刻之感；如「駿馬秋風冀北」一句，就會教人興起壯美之感。優美就是陰柔之美，能給人秀麗幽雅、輕盈嬌柔之感；如「杏花春雨江南」一句，就會教人興起優美之感。

有人說：「作品的美，是一種心靈的感受，無法用任何證據來說明它。」文學作品的美，有文字的美，有聲韻的美，有情景的美，有意境的美，有題材的美。雖說要把它的美說出來，也許不太容易，但仍然有辦法說出，使別人也感受到美。

(1)批評文字美的，在文學批評的文章中非常多，如：鍾嶸《詩品》評曹植詞采華茂，陸機舉體華美，張協詞彩葱菁之類都是；又如評魏文帝說：「所計百許篇，率皆鄙質如偶語；惟〈西北有浮雲〉十餘首，殊美贍可翫。」像這一類都是直就文字的美不美作批評的。又如評潘岳和陸機說：「謝混云：

「潘詩爛若舒錦，無處不佳；陸文如披沙簡金，往往見寶。』」評謝靈運與顏延之說：「湯惠休曰：『謝詩如芙蓉出水，顏如錯采鏤金』。」這一類也是從文字之美作批評的：言潘詩無處不美，陸詩還有不美，謝詩美較爲自然，顏詩美由於雕琢：都是用譬喻方法來寫的。

(2)批評聲韻美的，如：鍾嶸評張協詩「音韻鏗鏘」。明胡應麟《詩藪外編》卷二評沈約詩說：「休文四聲八病，首發千古妙詮，其於近體，允爲作者之聖，而自運乃無一篇。」這是從音韻美與不美作批評。

(3)批評情景的美，如：元王實甫《西廂記・長亭送別》：

碧雲天，黃葉地；西風緊，北雁南飛。曉來誰染霜林醉？總是離人淚！恨相見得遲，怨別去得疾。柳絲長，玉驄難繫。恨不得倩疏林掛住斜暉。馬兒慢慢的行，車兒快快的隨。

有甚心情花兒靨兒，打扮得嬌嬌滴滴的媚？準備著被兒枕兒，則索昏昏沉沉的睡；從今後衫兒袖兒，都搵做重重疊疊的淚！

青山隔送行，疏林不做美，淡煙暮靄相遮蔽。

四圍山色中，一鞭殘照裏，遍人間煩惱塡胸臆，量著這大小車兒，如何載得起！

這一段描寫張生與崔鶯鶯離別的文字，無論寫景寫情都美極了，旖旎纏綿，非常動人。所以劉大杰在《中國文學發展史》中說：「《西廂記》的曲詞，眞是美不勝收，寫初見，寫相思，寫矛盾的心理，寫色情的苦悶，寫幽會的情境，寫別離的哀怨，無不美豔絕倫，哀怨欲絕。」

(4)批評境界的美，意與境完全契合，情與景相融無間，就是境界完美的作品。如：杜甫絕句：

兩個黃鸝鳴翠柳，一行白鷺上青天。窗含西嶺千秋雪，門泊東吳萬里船。

境界優美，心緒欣慰而安閒，全用實寫景物的手法表現出來。

(5)批評題材的美，王爾德說：「敍述美而不眞的事物，乃是藝術的正務。」（見王爾德《謊語的退化》）又說：「藝術家的任務是在於創造，不在於記錄。我描寫的人物都是世界上沒有的；若是有，我何必再描寫？」王爾德的詩文字優美，描寫抽象，隱喻誇張，音律奇怪。他所作的戲劇《沙樂美》取材《聖經·馬太福音》第十四章的沙樂美傳說。潘壽康批評這部戲劇說：

《沙樂美》中的事件，是一種瞬間的光閃——在表現其疾馳的感情。離開內容，我們在語句的表面上，都可以感到一種情味。它那怪奇與恐怖的眩惑的音樂，如希律王的恐怖感情，王妃希羅底的僞善，先知者迷信宗教的莊嚴，以及沙樂美女性的淫蕩；飽於酒食，而產生肉慾新奇刺激的夜宴空氣，沙樂美對約翰先知的變態性慾，希律與希羅底（希律兄弟的）與沙樂美（希羅底的女兒）的醜惡三角戀愛。沙樂美妖魔般的舞蹈；希律大爲激賞，爲了酬賞沙樂美，終而答應派人，把約翰先知的頭斬下，盛在盤子裏交給她。沙樂美熱烈地吻約翰的屍首——這種病態的性慾的快感浸透了沙樂美的肉體。至最後，希律也因妒嫉之極，而把沙樂美壓於盾下格殺。王宮上投射著一道不吉的月光。此劇事件之離奇，實足令人驚倒。一般人評《沙樂美》爲紅喇叭的音響，是音與色的幻視與幻聽的交錯。在此劇中，王爾德傾吐他言語、音樂及繪畫情調的高貴的文才。關於同類的悲劇，世界文學固然不止《沙樂美》一種，但是極端官能的，肉體的，卻沒有第二部了。（見《世界文學名著要覽》）

王爾德所謂「美」，就是取材奇異特別，然後把它美化詩化。唐人的傳奇小說、元王實甫的《西廂記》、明湯顯祖的《牡丹亭》（一名《還魂記》）大概也可以列入美的文學之林。

(七)主觀與客觀與文學批評——主觀和客觀批評

一個批評家根據自己的偏愛喜好，預定看法，門戶觀念，流派規則，去探討批評文學作品；應該把自我完全消除，沒有偏愛、私見的去做批評。

批評有所謂主觀批評和客觀批評。若以邏輯學的觀點來看，我認爲「主觀批評」就是「直接推理」，批評家把他的心裏對作家作品的判斷意見，直接說出寫出就是。「客觀批評」就是「間接推理」，批評家要批評某作家作品，必須先找根據，大體是就已知的文學理論、寫作原則、前人評論，以及作品例證，作爲批評的依據，同時再把自己的判斷意見說出寫出就是。

19.主觀批評

主觀批評，又叫印象批評，相當鑑賞批評，他並不立下什麼標準，完全根據批評家個人自我的印象、觀感與好惡來定文學作品的高下。他的過程是由感受、理解到評價。

我國許多文學作品，詩、詞、離騷、楚辭、樂府、散曲、大部分是用來抒寫自己的或他人的情思的。尤其是詩，古人早就說是「言志」、「緣情」的作品（分見《虞書》及陸機〈文賦〉）。人心受了外物的刺激，就會產生情思，把情思抒發出來就成爲言志、抒情的作品—詩。〈毛詩序〉說：「詩者，在心爲志，發言爲詩；情動於中，而形於言。」但我們如何去研究這些抒情的文學作品？孟子提出「以意逆志」，就是以「我之意」去逆「詩之志」，就是以我的感性去捕捉詩中的情感，用我的情思去體會詩人的情思。（說取自張淑香《李義山詩的外緣研究》，略加更動）。所以郭紹虞在《中國文學批評史》中說：「以意逆志的方法，是由主觀的體會，直探到詩人的心志裏。」我認爲上面這一段「以意逆志」的理念，可以用作主觀批評的理念，就是批評家應該深入地去體會作品，然後把體會之後的印象、感受寫了出來。但主觀批評，要是批評家的感受力不強、鑑賞力不夠，觀念錯誤，就不能作適當而深入的評介，常見流於浮泛，對讀者沒有幫助，有的因批評不當，而誤導了讀者，進入歧途。

鍾嶸的《詩品》雖然以著重典雅華麗，吟詠情性，才氣風力，自然音韻，反對用典說理，聲調格律，輕質直、險俗和淫靡，在他的心裏作爲衡量詩高下的標準；但就他批評文字的寫法來看，多主觀批評的寫法。例如：他評梁范雲（彥龍）與丘遲（希範）的詩說：

范詩清便宛轉，如流風迴雪；丘詩點綴映媚，似落花依草。故當淺於江淹，而秀於任昉。

直接把他研究范雲、丘遲二人的感受、心得寫出；把他們的詩和江淹、任昉作比較；但都沒有引用什麼資料例證來說明其理。像這種批評就是主觀批評、印象批評、鑑賞批評。

20. 客觀批評

客觀批評，又叫標準批評、因襲批評，先定下一個標準做批評的依據。看來跟鍾嶸寫《詩品》的一樣，但所不同的是「客觀批評」所採取、所引述的標準，往往是出於因襲，著重形式。像過去西方批評家常常根據古希臘亞里斯多德《詩學》的學說來批評戲劇，能夠謹守「三一律」成規的，就是好作品。十七世紀到十八世紀，在英、法兩國這一派的批評還有相當的勢力。如英國愛迭生（Addison）對於密爾頓(Milton)的詩劇《失樂園》的批評就是。《失樂園》取材於《聖經・創世紀》，描敘人類的祖先亞當和夏娃受魔鬼的誘惑，偷吃禁果，被逐出天上樂園的故事。前人批評他：取材卓絕，立意高超，詩句完美，音律協調，表達的尊嚴，可算是登峰造極，沒有人能夠超過他，除了但丁的《神曲》也沒有人能夠跟他齊驅，爲英國古典主義的傑構。在我國根據他人的文學觀念來批評文學作品的，這種例子也不少。例如：我在批評李商隱詩的時候，說：「後代許多人喜歡李商隱的詩，是喜歡他用語新巧，詞藻富麗，五彩繽紛，令人目迷。」是屬於我個人的判斷意見——主觀批評。接著我引用張淑香女士在《李義山詩析論》中的批評：

翻開義山的詩集，首先映入眼簾的，就是一個雕金琢玉、生香活色的瑰麗世界，無論詠物、寫景、抒情，都是富豔堂皇，纖巧綺麗，使讀者的感官享受，大有應接不暇之概。這片異采是由華麗的藻飾所放射出來的。

又引用敖陶孫的說法：

如百寶流蘇，千絲鐵網，綺密瓌妍，要非實用。

由此可見李商隱詩是非常美的，但並不實用 這樣的引用他人的評論，來加強自己的觀點，補充自己的立論，也是一種因襲方式，是屬於「客觀批評」。（以上的評論均見拙著《談詩錄》）。

客觀批評往往是用以加強、補充或代替自己的批評。

像主觀批評的那種純欣賞式的批評，有時不能滿足以知識爲主的讀者，於是箋注家引人作品，以補充其意。

(八)邏輯方法與文學批評

——歸納、演繹、比較和分析批評

邏輯學是研究我們思維方式、規則的一種學科，有各種辨疑論理的方法。其用於文學批評的，有：歸納、演繹、比較、分析幾種方法。歸納與演繹兩種方法，文學批評家與文學史家更經常交錯地用來評論文學的作品。

21.歸納批評

歸納批評，是就作家的作品本身加以檢討，根據客觀的事實，去選擇某些特殊的材料作爲例子，來歸納（推知、概括）出一個觀點，作爲批評理論的依據。這一個觀點可以用來推概這位作家其他同類的作品。因爲用的是歸納方法，叫做「歸納批評」。例如：我批評謝朓的〈晚登三山，還望京邑〉詩說：

「餘霞散成綺，澄江淨如練，喧鳥覆春洲，雜英滿芳甸」，寫晚霞的美，澄江的清，鳥的多，花的盛，無不絕美。

這裏說明詩意的文字，就是從詩的本身鉤畫出來，而且覺得這四句所寫景都寫得非常美，所以用「無不絕美」四字，來概括他成功的地方。這種批評就是「歸納批評」。又如：游國恩在《屈賦考源》中，批評〈招魂〉叫魂魄不要亂跑，趕緊歸來。他把四方上下寫得非常可怕，說：

試看他寫東方的危險道：「長人千仞，惟魂是索些。十日代出，流金鑠石些；彼皆習之，魂往必釋些。」又看他寫南方的危險道：「雕題黑齒，得人肉以祀，以其骨爲醢些。蝮蛇蓁蓁，封狐千里些。雄虺九首，往來倏忽，吞人以益其心些。」又看他寫西方的危險道：「西方之害，流沙千里些。旋入雷淵，靡散而不可止些。幸而得脫，其外曠宇些。赤螘若象，玄蜂若壺些。五穀不生，藂菅是食些。其土爛人，求水無所得些。彷徉無所倚，廣大無所極些。」又看他寫北方的危險道：「增冰峨峨，飛雪千里些。」又如寫天上的危險道：「虎豹九關，啄害下人些。一夫九首，拔木九千些。豺狼從目，往來侁侁些。懸人以娭，投之深淵些。致命於帝，然後得瞑些。」……。這些話眞是神怪極了。千仞高的長人，千里長的封狐，九頭的蛇，象般大的螞蟻，瓠般大的黑蜂，還不爲奇，又有九頭的人，其力能拔九千棵樹木，縱目的豺狼，拿人做玩意兒，抛在深淵之中，……。這眞比十王殿裏的惡鬼還可怕。吳道子的筆墨所不能形容了。所以顧炎武在《日知錄》裏說：「或云：地獄之說，本於〈招魂〉：長人土伯，則夜叉羅刹之倫也。爛土雷淵，則刀山劍樹之地也。雖文人寓言，而意已近之矣。魏晉以下，遂演其說而附之釋氏之書。」固然不錯，這不過是文人的寓言，是辭賦家的一種幻想。（題，額。釋，爛。醢，醬。封，大。靡，爛。菅，草。爛，熱焦。增，層。關，天門。娭，音希，嬉戲。瞑通眠，睡覺。）

游國恩先由〈招魂〉所描寫的內容，歸納出一個觀點，說：「這些話眞是神怪極了」，然後就引它的一些內容爲例證，再進一步推論：比閻王殿裏的惡鬼還可怕。唐畫家吳道子畫過地獄圖。所以這裏說是吳道子所不能形容畫出的。下面徵引顧炎武對〈招魂〉的批評，來加強自己的評論。這裏除了用歸納批評，還用客觀批評的方法。批評家寫批評文字，都不只採用一種批評的方法。

22.演繹批評

演繹批評，批評家對於某個作家作品的評價，本來就有他個人的主觀的看法，他用這個主觀看法作爲一個假定，然後根據這個假定，推演(選擇)出各種特殊的例子來印證它。因爲用的是演繹方法，叫做「演繹批評」。例如：我在《中國詩的寫作技巧與風格》中批評李商隱詩，說：

後代許多人喜歡李商隱的詩，是喜歡他用語新巧，詞藻富麗，五彩繽紛，令人目迷。正如張淑香女士所說：「翻開李義山的詩集，首先映入眼簾的，就是一個雕金琢玉、生香活色的瑰麗世界，無論詠物、寫景、抒情，都是富豔堂皇，纖巧綺麗的……。」他修飾詞藻，的確有他的特別喜愛，就是他喜歡在一個名詞的上面，鍍一些金銀（像金輿、金殿、金籠、金柳、金莖、金風、銀漢、銀河、銀燭），嵌一些珠玉（像珠館、珠箔、珠簾、玉簞、玉輪、玉露、玉匣、玉壺），剪一些錦繡綺羅（像錦緞、錦帷、錦瑟、鏽被、鏽簾、綺羅、綺窗、綺櫳、羅帳、羅裳、羅裙），塗一些香粉彩色（像香車、香羅、香臺、粉黛、紫蝶、紫泥、紫閣、翠翹、翠羽、黃鵠、黃昏、黃蜂、碧落、碧雞、碧蘚、綠波、綠筠、紅藥、紅樓、紅露、紅粉、丹巖、白壁、白門、青苔、蒼壑、赬壤、火雲、雪浪……），再用一些龍、鳳、鴛鴦、鸚鵡、翡翠、蜘蛛、燕子、蛺蝶、杜宇、芙蓉、薔薇、花草樹木、風露雪月……，因此就形成了非常富貴美麗的詞彙了。他大量應用這一類的詞彙，編織成非常纖巧藻麗、色彩絢爛、美妙炫目的詩句，把他所安排的詩的女神妝飾得非常迷人。（見《談詩錄》）

我這裏所採用的就是「演繹批評」。我先把對李商隱詩：「詞藻富麗，五彩繽紛，令人目迷」的看法先寫了出來，再引用了張淑香女士的看法。然後根據這兩個觀點，在李商隱的集子中選擇許多例詞，作演繹評論的例證，使我假設的觀點（看法）能夠成立，爲讀者所接受。這一種批評方法就是「演繹批評」。

23. 比較批評

比較批評，我們探究文學作品的時候，採用比較的方式，選取一些作家和作品，對照比較，說明作家之間的淵源、影響，評析作品的異同、高下。這可以選擇兩個作家的作品作比較，也可以選擇不同國家的作品作比較。東晉末、劉宋初的詩人陶淵明和謝靈運，陶以田園詩著名，謝以山水詩著名。我就曾經將兩人的作品作比較批評，說：

陶淵明所作〈歸園田居詩〉共五首，今錄第一首：「少無適俗韻，性本愛邱山，誤落塵網中，一去十三（一作三十）年。羈鳥戀舊林，池魚思故淵，開荒南野際，守拙歸園田。方宅十餘畝，草屋八九間，榆柳蔭後檐，桃李羅堂前，曖曖遠人村，依依墟里煙，狗吠深巷中，雞鳴桑樹巔。户庭無塵雜，虛室有餘閒，久在樊籠裏，復得返自然。」他在這首詩裏，用了許多譬喻和對偶。這首詩的好處，卻是在平白如話，寫得自然極了，一點都不借用人工，藻飾刻琢，所以每一句都好像衝口而出，隨手拈來，都好像從心湖中流了出來。春天的花紅草綠，純出於自然，所以充滿生命的情趣；秋夜的月圓蟹肥，純出於自然，所以含蘊有深遠的意味。陶淵明平日久釀著情思，所以下筆時，也就無一語不自然，看來平淡樸實，卻有天香國色的美；這就是天生的自然。另一種是人為的自然，這是許多詩人作家所努力的。他們慘淡經營，為求自然；嘔心苦思，為求自然；刻意雕琢，為求自然。像謝靈運、鮑照、謝朓等人，描繪山水的詩篇，都力求寫得自然，有許多佳句。但他們的自然，都是經過雕鐫琢磨，錘鍊鎔鑄來的，構成謝靈運的險奇警秀，鮑照的淫豔驚魂，謝朓的精工流麗。

謝靈運詩，除「池塘生春草，園柳變鳴禽」（〈登池上樓〉），舊說是夢中得來的極其自然的好句外，其他像：「傾耳聆波瀾，舉目眺嶇嶔」（〈登池上樓〉）二句，波瀾借代濤音，嶇嶔借代高山，用法特別。「密林含餘清，遠峰隱半規」（〈游南亭〉）二句，用「餘清」描寫雨後林間還含著清涼的空氣，「半規」譬喻遠峰隱隱托著快要落下去的半個太陽。「林壑斂暝色，雲霞收夕霏」（〈石壁精舍還湖中作〉），描寫夕陽西落、暮色漸濃的情況，用「斂」、「收」二字，實在工巧。「春晚綠野秀，巖高白雲屯」（〈入彭蠡湖口〉），綠野「秀」是因春晚，白雲「屯」是因巖高，可見他的巧思。「白雲抱幽石，綠篠媚清漣」（〈過始寧墅〉），「抱」、「媚」二字，把白雲、綠篠都人情化了。像這類用字用詞，都可見出謝靈運運思鎔造的地方，不過造得極巧，顯得自然可愛罷了。沈德潛說謝詩「大約經營慘淡，鈎深索隱，而一歸自然」。又說：「陶詩合下自然，不可及處，在眞在厚；謝詩追琢，而返於自然，不可及處，在新在俊。」（《古詩源》卷十）（節取方祖燊《談詩錄・中國詩的寫作技巧與風格》）。

我這裏對陶、謝二人的作品的評論，主要就是採用比較批評的方法，來說明他們的詩同樣寫得自然可愛，但仍然有他們不同的地方，陶詩屬於天然的自然，謝詩屬於人爲的自然。求臻自然，可以說是作家詩人所努力的理想。

日本學者白河次郎曾把陶淵明的詩和英國桂冠詩人華茲華士（Wordsworth）作的《將睡》（To Sleep）、《逍遙遊》（The Excursion）中的〈隱者〉（The Solitary）與〈山間之寺〉（The church yard among the Mountain）、《意大利遊詩》（Memorials of a Tour in Italy）等數節，還有哥德斯密士(Goldsmith)的〈荒村行〉(The Deserted Villlage)、德國席勒（Schiller）的〈保證〉（Die Burgschaft)、克萊斯特（Kleist）的〈春〉(Der Fruhling）等寫景詩，加以比較，認爲西詩是純粹寫景，陶淵明詩是寫景、寄情同時存在詩中。淵明寫詩材料多，趣味多，足以寄託他田園生活的興味，描寫農村的景物；寫景寄興，同時完成。他比較的結果，認爲陶淵明的作品與生活，醇而又醇，應推爲世界第一。像前面所舉陶淵明的〈歸園田居詩〉第一首的內容，除了描寫農村美麗的景物之外，還寫辭官歸隱之後，耕種的生活與自由的心境。這和華茲華士等詩人純粹描寫景物的不同。現在就白河次郎所引用的許多作品中，轉錄哥德斯密士的〈荒村行〉中一節，並加翻譯如下：

Sweet was the sound, When oft at evening's close
  Up yonder hill the village murmur rose.
There as I pass'd, With careless steps and slow,
  The mingling notes came soften'd from below;
The swain responsive as the milkmaid sung.
  The sober herd that low'd to meet their young,
The noisy geese that gabbled o'er the pool,
  The playful children jest let loose from school,
The watch-dog's voice that bay'd the whispering wind,
  And the loud laugh that spoke the vacant mind—
These all in sweet confusion sought the shade,
  And fill'd each pause the nightingale had made.

最感悅耳的是每當黃昏終了時候的各種物聲
登上那邊小山，聽到村裏盈耳的人聲，
當我無牽無掛緩步經過那裏的時節，
各種混雜的聲音從下頭若有若無傳送上來；
那鄉下情郎應和著那擠牛奶姑娘的歌聲，
寧靜的牧群放低聲音，好像是爲了約會的年輕人
喧鬧的鵝兒在小池塘裏喋喋不休地叫著，
喜歡遊戲的小孩子剛從學校放學出來，
那看門狗也叫出聲音，正對著颯颯風響吠著，
還有那大聲的笑，說出這空虛的心境——
這些悅耳的混雜的飄游於樹影之中，
夜鶯歌聲響起，滿耳朵的每一種聲音都將暫停。

從上面的比較，可以看出西方描寫農村田園的詩歌是比較單純的。歐洲各國關係密切，一種新文學思潮產生，不久就傳遍各國。有些文學評論家常常比較各國文學作品，研究作家的思想，文學的作品的淵源、影響、文體與技巧種種問題，加以評論。

比較批評要把握的一個簡單原則，就是「按類」兩個字，就是能夠比較的才能夠拿來做比較。譬

如李白和杜甫可以比較，因爲他們是同時代人，都是大詩人，而且是好朋友，只是他們風格不同，所寫內容不同，所以可以做比較。又如：唐白居易作〈長恨歌〉，他的朋友陳鴻作〈長恨歌傳〉，元白樸作《梧桐雨雜劇》，清洪昇作《長生殿傳奇》，雖然詩歌、小說、雜劇、傳奇的文學體類不同，因爲題材都是寫唐明皇與楊貴妃的愛情故事，所以還可以做比較。白居易的〈長恨歌〉不能和杜光庭寫的〈虬髯客傳〉做比較，因爲這兩篇作品和作者都毫無關連性，所以不能夠拿來做比較的。

24. 分析批評

分析，就是拆開、解剖。現在批評家對文學作品若只會作一些欣賞式的說明，那是不夠的；要是你只會說它好、它美，而不說明好在那裏？美在那裏？爲什麼好？爲什麼美？假使只是這樣，大家是不會滿意的。現在批評文學作品，不只是作感性的欣賞，還要從理性方面，作學理性的「分析批評」，幫助人們瞭解這個作品所以美、所以好的道理，提高他們欣賞的能力。例如黃麗貞〈關漢卿〈四塊玉〉賞析〉，就是分析與鑑賞兩種方法並用的一種批評：

適意行，安心坐，渴時飲饑時餐醉時歌，困來時就向莎茵臥。日月長，天地闊，閒快活！(一)

舊酒沒，新醅潑，老瓦盆邊笑呵呵，共山僧野叟閒吟和。他出一對雞，我出一個鵝，閒快活！(二)

意馬收，心猿鎖，跳出紅塵惡風波，槐陰午夢誰驚破？離了利名場，鑽入安樂窩，閒快活！(三)

南畝耕，東山臥，世態人情經歷多，閒將往事思量過，賢的是他，愚的是我，爭甚麼！(四)

黃麗貞先引了關漢卿描寫他自己的「閒適」生活與快活心情的四首小令，然後作詳細的賞析批評。因爲全文很長，無法全錄進來，這裏只舉頭兩首賞析如下：

第一首，作者告訴人，他閒適的日子是怎麼過的。起頭兩句就攏括出一篇主旨：閒適就是無牽無掛，不管要到那裏去？要做什麼？都很安心、適意。三四兩句，再說明在閒適的日子裏，他做什麼事：渴了喝，餓了吃，醉了便放情地唱歌，睏累了就倒在草地上睡。按照曲譜，這是兩個七言句子，第三句前兩個「時」字，和第四句的「時」字，都是襯字。後段三個三言句，再寫他對這種生活的感受：因爲沒有必定要做的事情，時間是緩慢地過，生命的腳步便不再匆促，也就是有足夠的時間到處走走，各處看看；生活不再是局限一隅，天高地遠，覺得好快活。結句用極暢快的口語，表達他對閒適生活的喜愛與讚歎。第二首用記錄瑣事的手法，細膩地刻畫出閒適生活的愉快；喝酒是謀篇的題材。酒在中國文學裏，尤其在清閒無聊、田園隱逸的篇章中，幾乎都借用到酒來襯托。……他在這首小令中，把閒適者的酒興，作了很生動的描寫：老酒才喝完，還未過濾的新釀，又斟得滿滿的；對著老瓦盆（農家盛酒器），就樂得開心地大笑。「笑呵呵」這個摹聲鑲疊詞，在這個句子中，眞是有形有色，十分傳神。他有時去找深山廟裏的和尚，和田野裏的老農夫，老朋友湊在一起，吟詩唱和。三、四兩句，用高、低的聲音（高聲歡笑，低聲吟詩）形成映襯，來顯示出他心裏滿溢的快樂。五、六兩個「三言句」中，各加了「一對」、「一個」單位量詞的襯字，配合著人稱詞「他」、「我」的對襯，把老友相聚，便毫不吝嗇，共享有無的誠摯友誼，寫得鮮明、深刻又動人。跟著又用『閒快活』爲結語，個中意境便不言而喻了。

我們由這兩首的分析批評，對關漢卿的作品的好處，自然會有比較深入的理解了。這就是分析批評的好處。我過去讀《水滸傳》，研究像林冲這樣凡事容忍、委曲求全的人物，最後為什麼終於忍無可忍、走上殺人為盜的路子？寫了一篇〈水滸傳縱橫談〉的評論，用的也就是分析方法，從林冲不斷受高太尉父子迫害的情節，加以分析評論。

(九)印象、鑑賞、象徵與文學批評

——印象、鑑賞和象徵批評

劉勰《文心雕龍．知音》說：「夫綴文者情動而辭發，觀文者批文以入情，沿波討源，雖幽必顯，世遠莫見其面，覘文輒見其心。豈成篇之足深？患識照之自淺耳。夫志在山水，琴表其情；況形之筆端，理將焉匿？故心之照理，譬目之照形；目瞭則形無不分，心敏則理無不達。然而俗監（鑑）之迷者，深廢淺售；此莊周所以笑〈折楊〉，宋玉所以傷〈白雪〉也。」

劉勰的這一段言論指出：鑑賞一個作家的作品並不困難，只要理解文義，感受情思，沿其流，探其源，就是再幽深隱奧，也必定能夠明白感受出來。看出作者的才情，作品的佳妙。不是作品寫得深，只怕自己的見識與欣賞力差罷。因此，我國文學批評家很早就應用西方所謂：印象批評、鑑賞批評、象徵批評這些方法來批評文學作品。不過，採用這些方法來批評文學作品，批評家的鑑賞能力的提高是非常重要的，不然就會像世俗鑑賞一樣的昏庸不明，比較深奧的好作品看不出它好處，淺陋的壞作品卻備受贊美，大爲暢銷；所以莊周要譏笑〈折楊〉的不入俗耳，宋玉要感傷〈白雪〉的曲高和寡。要是再像屈原那樣的喜歡用象徵手法來抒寫情思，那就更不容易做到正確的理解與評價。難怪屈原要說：「衆不知余之異采。」

25. 印象批評

印象主義的說法有兩點：第一、宇宙是永遠在變動，一切都在變動。第二、眞實，是相對的主觀的，不是絕對的客觀的。因爲一切都在變動，我們只能把握到一瞬的印象；眞實是相對的，我們所能把握的是個人主觀的印象，客觀的判斷是不可能的。佛朗士(Anatole France)在《文學生活》中說：「一個好的批評家，不過是敘述他的靈魂在傑作中遊歷的故事罷了。」認爲一個批評家只要有審美的感覺，能夠把個人感受到的美的印象描述出來，讓人欣賞就夠了，所以他用不著什麼學問，作什麼判斷。「印象」到底是什麼？「印象」就是外物印在我們心裏的形象。這種形象是由於外物刺激我們感官而產生的，是由「直覺」和「感受」所得到的。印象批評，只是把我們看了文藝作品之後所得到的印象，忠實地傳述出來，完全是主觀的批評。例如：在法國羅浮宮參觀達·文西畫的「蒙娜麗莎」之後，把他個人觀賞的印象寫了下來，說：

當你走近這幅名畫，就會看到畫家筆下的這位意大利年輕婦女，神情安詳慈和，體態嬌媚安適，肌膚豐潤柔嫩。她的臉非常溫柔，甚至使你感到她頸部的血管好像還在跳動。她的雙手沒有戴任何飾物，自然地搭在安樂椅的扶手上，就像眞人的手一樣。最美妙的，要算是她臉上露出的那一絲剛剛可以察覺的微笑了。這絲微笑，既顯露了她的文靜和高雅又體現了她的青春活力，還帶著微微的苦澀和憂傷。在這幅畫前，不論你站在哪一個角度觀賞，你都會感到她的微笑是朝向你的。正是這絲神祕的微笑，征服了所有的觀眾，被稱爲「永恒的微笑。」（節自香港現代教育研究社《現代中國語文》6上的課文，大概是依據英國培特（Pater）的文字改寫）

這一段描述性的文字，就是所謂「印象批評」。又如張冥飛批評《三國演義》寫孔明說：

寫孔明也是極力推崇，然借風、乞壽、袖占八卦、羽扇一揮回風取火等事，適成踏罡拜斗之道士行爲，殊與賢相之身份不合矣。（見《古今小說評林》）

這段的文字只是把他對於「羅貫中所寫的諸葛亮」的印象寫了出來。這就是「印象批評」。

26. 鑑賞批評

鑑賞批評：以發現最好作品爲目的，發掘文學的美質，玩賞作品的情味，把自己對作品的理解，美的體認，深入欣賞的感受，寫成批評文字，也可以說是追求批評的最高境界。這種只是寫出自己主觀的感受與印象。但因人的鑑賞力有高低，所作批評決難一致。有人說鑑賞批評就是印象批評，批評家應該具備很高的鑑賞能力。日本廚川白村在《苦悶的象徵》中說：「讀者和作家的心境貼然無間，有著共鳴共感的時候，藝術的鑑賞即告成立了。文學作品給與我們的不是知識，是刺激讀者，喚起他們自己生活的體驗，作家創造作品，讀者創造共鳴，要有這兩道創作，才能構成鑑賞。」所謂「鑑賞」就是在「他之中發現我，在我之中看見他」。這種把自我的感覺、感情移入藝術作品中，叫做

「移感」；感情移入至忘我的狀態，跟對象融合一體，達到鑑賞的極致。托爾斯泰在《藝術論》中說：「一個作家把自己體驗過的感情表現出來，別人被這些感情感染，也體驗到這種感情，就是欣賞活動。」以鑑賞的態度去批評文學作品，叫做「鑑賞批評」。鑑賞要比印象深入。前人閱讀文學作品後，隨手寫下的隻言片語，大都是屬於鑑賞批評。

27. 象徵批評

象徵，乃是一種暗示性的表現方法，要意在言外，委婉含蓄，不直接抒說，所以象徵的表現方式：有的是用借喻，有的是用借代，它是用聯想造成的。像劉邦作〈鴻鵠歌〉說：「鴻鵠高飛，一舉千里，羽翼已就，横絕四海。横絕四海，又可奈何！雖有矰繳，尚安所施？」《漢書》說：漢高帝欲立戚夫人兒子趙王如意，廢掉呂后生的太子，後來沒有成功。高帝就作了這首歌來抒寄其情。這裏就借鴻鵠來比喻太子，得到高士四皓輔佐，羽翼已成，無法更廢；這是建立在二者相似的聯想上；這種寫法就是象徵。又如白色給人潔白感覺，黑色給人黑暗感覺，灰色給人灰沉感覺，所以就用白色象徵純潔，黑色象徵悲哀，灰色象徵消沉，這都是建立在二者的相關上，因此可以借來替代它。譬如說：她像白色的百合花，就是說她是一個純潔的少女。她戴著黑色面紗，穿著黑色衣服，就是說她在服喪，充滿了哀傷。他一生灰色，就是說他一生消沉，無法振作。像劉邦用「鴻鵠」象徵他的情思，有人稱這種象徵做「高級象徵」。因此，詩有含有象徵意思的詩，文章也有含有象徵意味的文章，戲劇也有象徵劇。王逸批評屈原《離騷》說：

> 屈原放在草野，援天引聖，以自證明，終不見省，不忍以清白久居濁世，遂赴汨淵，自沉而死。《離騷》之文，依詩取興，引類譬喻，故：善鳥香草，以配忠貞；惡禽臭物，以比讒佞；靈脩美人，以媲於君；宓妃佚女，以譬賢臣；虯龍鸞鳳，以託君子；飄風雲霓，以爲小人：其詞溫而雅，其義皎而明。凡百君子，莫不慕其清高，嘉其文采，哀其不遇，而愍其志焉。

王逸對《離騷》的批評，就是從屈原的象徵的手法來立論的。西方到了十九世紀，神秘的象徵主義興起，不重客觀事象的描寫，專以象徵性的語言文字，來暗示自己官能感悟得來的情調、氣質和經驗，和過去以象徵手法描寫作家自己心意的不同，所以現代的象徵作品往往流於晦澀難解。過去像李商隱用許多冷僻的典故來表達意思，構成複雜的象徵，也是非常難懂的，有人稱之「詩謎」。例如比利時梅特林克作《青鳥》（L' Oisean Bleu）寫兩個小孩在夢中到處尋找青鳥，都沒有找到；後來夢醒，鄰居一個生病小孩要他們養的鳥給他玩，他們給了他，這鳥就變成青色的鳥了。青鳥乃幸福的象徵，只有從自我犧牲中才能得到，但幸福往往是非常短暫的，所以青鳥不久就飛走了。對這劇情的分析，就是從象徵手法的觀點來作評斷的。

(十)批評三原則與文學批評

——科學批評一（種族、環境、時代和社會批評）

法國批評家泰納（Hippolyte Adolyhe Taine）在一八八五年發表《英國文學史》，提出了產生文學的三大來源：種族、環境和時代。「種族」就是指歷史遺傳下來的國民性；拿現代話來說，就是種族文化；「環境」就是某個地域的氣候、地理、風景、政治、社會等等情況；「時代」就是指時代前後背景對人類的影響。這三種因素決定了人類的文明狀態，也決定了文學作品的表現。用這三個觀點去研究文學作品，就是所謂「批評三原則」。這種批評文學注重客觀的因素，和研究科學注重客觀的態度一樣的，泰納的《英國文學史》被認爲是第一部談「科學的批評」的著作。泰納專門探討影響文學作品的外在因素，這種客觀的科學的精神，的確可以使文學研究更趨於精確。不過，文學批評最後的任務，是在判斷作品的價值，所以單用泰納的科學批評的方法是不夠的。後來的「社會學的文學批評」「唯物論的文學批評」都是從這「科學的批評」出來的，也都犯了同一的毛病。（說取梁實秋的《文藝批評論．近代的批評》）

我國的幅員廣大，種族衆多，歷史悠久。由於地方大，東西南北各地的天然環境有極大的不同；種族多，各族之間的生活、風俗與文物，也自有不同的色彩；歷史久，各時代的社會、經濟、政治、文化以及興亡動亂，也自有各種不同的情形；這些不同自然都會反映表現於文學作品之中。因此我國的文學早有南北之分，有周、漢魏、兩晉南北朝、隋唐、宋、元明清、現代之分，而各自不同。種族雖有漢、滿、蒙、回、藏五大族，還有許多少數種族與土著分布邊區各地，漢族的人口約佔全國總人口百分之九十，雖然如此，但表現在文學作品中的，仍可見到種族文化與自然環境不同的情況。批評家研究文學作品，應該特別注意：種族文化色彩、地域天然環境、時代特別背景、社會種種情形的不同地方加以研究。這樣的批評才能夠深切恰當。

28.種族批評　29.環境批評

我國北方以黃河流域為中心，氣候寒冷，土地乾燥，草木稀少，景物單調，生活艱苦，民性強悍、質樸而理智；南方以江漢流域為中心，氣候溫暖，土地肥沃，草木繁茂，山水明媚，生活優裕，民性柔弱、浪漫而熱情；形成質樸寫實的北方文學，美麗浪漫的南方文學，讀北方的周《詩》和南國的《楚辭》，晉南北朝時北方的民歌和南方的民歌，就可以體會到地域環境影響文學作品的深度。如：東魏時鮮卑族斛律金所作〈敕勒歌〉：

敕勒川，陰山下，天似穹廬，籠蓋四野。天蒼蒼，野茫茫，風吹草低見牛羊。（見《北史・齊本紀》）

呈現的完全是黃河北邊、陰山下面，遼闊的草原，牛羊成群，牧野茫茫的情景。又如：〈折楊柳歌〉：

健兒須快馬，快馬須健兒。必跋黃塵下，然後別雄雌。

寫出在北方無分男女都會騎馬，只見快馬奔馳，黃塵滾滾，待下了馬，才能知道是男是女。寫出北方胡人的生活。反過來讀東晉以來，江南的〈子夜歌〉：

春林花多媚，春鳥意多哀。春風復多情，吹我羅裳開。

所吟唱的愛情是多麼的纏綿，所描寫的景物是多麼的美麗！又如：〈襄陽樂〉：

朝發襄陽城，暮至大堤宿。大堤諸女兒，花豔驚郎目。

這首寫出當日長江、漢水一帶，南方行商社會、旅客情婦的生活情況。襄陽，今湖北襄陽，地當漢水之曲。

由此可見種族文化、自然環境、生活習俗的不同，都會反映表現於文學作品之中。研究批評文學的人，又怎能不注意到這些文學作品之外問題呢？

30.時代批評　31.社會批評

人類的生活與遭遇，不只是和種族與地域有關，跟他所生活的時代與社會也是息息相關，無法擺脫的，個人的命運都在大時代的洪爐裏燒鍊鎔鑄，在大社會的潮流中浸漬浮沉，文學作家也不例外：老舍生當大陸文革時代，只好跳水自殺，求生存痛苦之解脫。屈原生當戰國末期，楚國受強秦的威脅，再加小人充塞，楚王聽信讒言，不聽忠諫，且將屈原放逐，屈原只好投江自殺。陶淵明生當東晉末季，政治黑暗，戰亂不停，民不聊生，他無力撥亂反正，只好辭官歸隱。這些時代影子或社會狀況，都一一反映在：他們靈魂所吟唱、所創造的作品，像：屈原的〈離騷〉、陶淵明的〈詠貧士〉和〈桃花源記〉裏。可以說任何一個人都受他所生存時代與社會的圈制，形成他們的情思與命運。我們批評家批評作家的作品，又怎能夠不去探討他所處的時代背景與社會情況呢？單只研究作品的本身，自然無法挖出作品的靈魂！過去我國的文學批評家，常常就作家的時空環境作評介，是有道理的。漢王逸批評〈天問〉說：

〈天問〉，屈原之所作也。……屈原放逐，憂心愁悴，彷徨山澤，經歷陵陸，嗟號昊旻，仰天歎息。見楚有先王之廟及公卿祠堂，圖畫天地山川神靈，琦瑋僪佹，及古賢聖怪物行事，周流罷倦，休息其下，仰見圖畫，因書其壁，呵而問之，以渫憤懣，舒瀉愁思。楚人哀惜屈原，因共論述，故其文義不次序云爾。（〈天問序〉）

像這類評論，就是從屈原所處的時空環境，剖析屈原隨處洩憤抒愁，零星寫下〈天問〉的時代背景與心理狀態。

魯迅作《中國小說史略》，認爲明朝之所以產生許多神魔小說如《西遊記》、《封神傳》，人情小說如《金瓶梅》、《好逑傳》之類小說，乃是由於當時的社會風氣所造成的，他說：

明成化時，方士李孜、僧繼曉已以獻房中術驟貴。至嘉靖間，而陶仲文以進紅鉛得倖於世宗，官至特進光祿大夫柱國少師少傅少保禮部尚書恭誠伯。于是頹風漸及士流，都御史盛端明、布政使參議顧可學，皆以進士起家，而俱藉「秋石方」致大位，瞬息顯榮，世俗所企羨，僥幸者多竭智力以求奇方，世間乃漸不以縱談閨幃方藥之事爲恥。風氣既變，並及文林，故自方士進用以來，方藥盛，妖心興，而小說多神魔之談，且每敘床笫之事也。

魯迅就這一種社會情況，加以評論。作家常透過作品反映生活與社會，研究作家作品往往可以窺見某一個時代的社會情況。

別林斯基說：如果一篇作品只是爲了描寫生活而描寫生活，沒有任何強有力反映時代情況，探討社會問題，表現人民感情，這樣的作品便是死的作品（意取《關於批評的話》）。像清末吳沃堯《二十年目睹之怪現狀》、李寶嘉《官場現形記》之類的小說，都是刻畫、抨擊當時齷齪的社會的作品。

㈩現代科學與文學批評

——科學批評二（歷史、心理、政治、結構批評）

現代科學普遍發展，影響作家寫作技巧的更新，作品內容的日趨複雜。作家利用科學的新知識去創造文學的新作品，也日見普遍。過去，早已有人用仵作、刀械、藥物的知識，去寫公案小說；現在偵探推理小說的內容，更加複雜而科技化。過去，早已有人描寫病態心理，像《紅樓夢》第十二回，寫賈瑞暗戀嫂子王熙鳳，得了「多情妄想症」而死亡的事件。現代作家用心理學家佛洛伊德的《精神分析學》與《夢的解釋》，去創作現代詩、散文和小說（心理分析小說、意識流小說）。由於自然科學的發展，民俗、宗教的研究，也產生了更多科幻作品（如科學小品文，科幻小說、電影），講究儀式的宗教作品，或神祕怪異的傳說。小說、戲劇早已有人用來反映人類的生活與社會的；還有現代政治思想，民主與共產兩種思想，也常常表露於作品之中。在現代文學作品的內容這樣複雜的情況之下，如何去研究、批評？批評家要是沒有專門可靠的知識，對於現代這類作品的成就，就不容易作出正確恰當的批評。

從前文學批評，可以單純依據批評家的心理感受、鑑賞能力、文學知識來作批評的；但到了今天面對著內容複雜、技巧日新的文學作品，確有難以著手之感，而有其侷限性。現代批評家應用科學（像心理學、醫學、社會學、政治學、語言學、生物學、宗教民俗、文化歷史、自然科技）的知識，去批評由特殊題材寫成的作品內容，使讀者對作品能夠更深入的理解。這個就是現代人所謂「科學批評」——它是知性的批評，不是感性的批評。

不過，我個人認爲應用邏輯學上的歸納、演繹、比較、分析，這種科學論證的方法去作批評，會更有效果。現在，還有些人用圖表、符號與說明來分析小說或戲劇的佈局，使讀者一看就知道其結構情形，叫做「結構批評」，應該也是科學批評的一種。現在分述如下：

32.歷史批評

我們知道一個時代有一個時代的代表文學，各有一些著名的作家，代表那個時代文學的成就。文學批評家研討各個時代的作家與作品，也時常從文學發展與進化的歷史來作評論，評定某些作家及作品在文學歷史上的地位與成就。例如：我在《建安詩研究》中說：

> 曹操是建安時代的政治領袖，也是當時文學的倡導者。他由於政治的得勢，軍事的發展，網羅了各地第一流文士詩人：如魯國孔融（文舉）、陳留阮瑀（元瑜）、北海徐幹（偉長）、山陽王粲（仲宣）、廣陵陳琳（孔璋）、東平劉楨（公幹）、汝南應瑒（德璉）七子，其他如繁欽（休伯）、邯鄲淳（子叔）、仲長統（公理）、路粹（文蔚）、楊修（德祖）諸人，都先後爲他羅致。又由於曹操的喜愛文學，與其二子（丕、植）提倡創作樂府，七子諸人的倡和贈答，遂使魏國成爲文藝音樂的中心。……鍾嶸《詩品序》說：「曹公父子篤好斯文，平原（曹植封爲平原侯）兄弟蔚爲文棟，劉楨、王粲爲其羽翼，次有攀龍託鳳，自致於屬車者，蓋將百計，彬彬之盛，大備於時矣。」劉勰《文心雕龍・時序篇》亦說：「魏武以相王之尊，雅愛詩章；

文帝（曹丕）以副君之重，妙善辭賦；陳思（曹植後爲陳思王）以公子之豪，下筆琳瑯；並體貌英逸，故俊才雲蒸，仲宣委質於漢南，孔璋歸命於河北，偉長從宦於青土，公幹徇質於海隅，德璉綜其斐然之思，元瑜展其翩翩之樂，文蔚、休伯之儔，子叔、德祖之侶，傲雅觴豆之前，雍容衽席之上，灑筆以成酣歌，和墨以籍談笑。」這裏我們可以想見當時名士詩人群集鄴都，於樂飲酒酣之際，賦詩作文的盛況。

我這段評論的文字，以及我所引用鍾嶸、劉勰的評論文字，都是從歷史的觀點來寫建安時代文壇的情況，並論定曹操等人的文學地位與他們成就。

33. 心理批評

心理批評：近代心理學特別發達，尤其是佛洛伊德的《精神分析》的學說，影響文藝作家非常大，產生了專寫人類的心理與意識的現代文學作品。寫人的心理意識，記憶夢境，錯覺幻想，性慾心理，分裂人格，精神病態等等。其實作家在作品中抒發人的情思、刻畫人的心理，早就存在，批評家剖析作品描寫人物的情況，也常見於批評文字之中。例如：周作人的散文〈初戀〉寫他十四歲時，喜歡上鄰居的一個女孩子。這個女孩子來看他寫字，說：

我在那時候當然是醜小鴨，自己也是知道的，但是終不以此而減滅我的熱情。每逢她抱著貓來看我寫字，我便不自覺的振作起來，用了平常所無的努力去映寫，感著一種無所希求的迷濛的喜樂。並不問她是否愛我，或者也還不知道自己是愛著她，總之對於她的存在感到親近喜悅，並且願爲她有所盡力，這是當時實在的心情，也是她所給我的賜物了。……自己的情緒大約只是淡淡的一種戀慕，始終沒有想到男女關係的問題。

曾鎮南評說：「裏頭所寫的男孩第一次戀慕異性的感覺實在準確極了，幾乎使我想到了自己類似的經驗。提出一個鴻蒙未開的少年的性意識使他感到對別人的愛，對異性的戀慕，道破了人性中恆存的異性相吸的心理現象，又道破了這種現象出現之早，超出了某些成人的想像之外的。」（見《中國散文鑑賞》）

34.結構批評

西元一九一〇年以後，歐洲產生了新批評家，像斯平加恩、約翰克婁、藍塞姆等人。他們強調作品結構的複雜性，內部的統一性，文字的多義性，批評家應該細讀作品，注意作品的本身，而不要注意作品以外的事情（像作者事蹟、時代背景、社會狀況）。他們最早用科學方法，特別是符號圖表、數字統計、文字說明、詞的相互作用和出現頻率、思維模式、語氣意象，來研究、探討、批評文學作品。這種新批評，有人叫做「結構批評」。我研究陶淵明的〈飲酒詩〉，就曾經用統計數字，來探討他的作品與酒的關係：

平日，他每每飲酒，飲必盡醉，賦詩以自娛，所以在他作品中歌頌飲酒樂趣的非常多。在他的一百二十四首詩篇中，他用了跟「飲酒」有關係的文字，有「酒、醪、酣、醉、醇、飲、斟、酌、餞、酤、壺、觴、杯、罍」等十幾字，但總算起來共出現了九十幾字處，其中單「酒」一字，就出現了三十二個。標名與酒有關的作品，有〈連雨獨飲〉一首，〈飲酒詩〉二十首，〈述酒詩〉一首，〈止酒詩〉一首，約佔全集五分之一：由此，可見他的作品與酒的關係。他這些專以「酒」爲主題的詩歌，都是作於歸隱潯陽之後，大都寫得極好。（見《陶潛詩箋注校證論評》）

我過去曾經指導學生洪辰夫、于文蓉，用符號圖表去研究批評法國莫泊桑的短篇小說。他們分析〈那個乞丐〉說：

現將本篇格局，作圖分析如下：

A 興味線：代表他爲什麼成爲乞丐？歷經什麼遭遇？結果又怎樣？

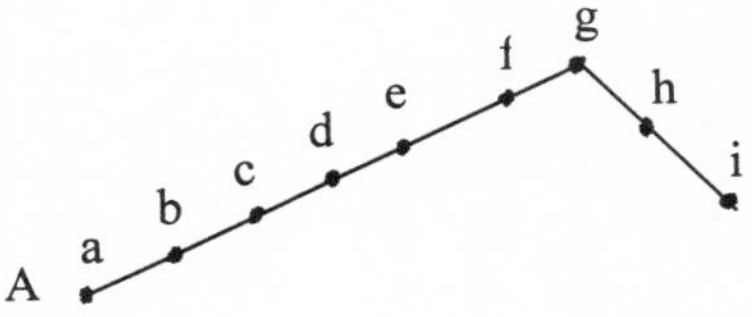

a 寫出他原是一個棄兒。

b 一個掃墓節，他被神父所收養。

c 他十五歲時，被車子壓斷了腿，於是開始漂泊求乞的生涯。

d 好心的伯爵夫人收留他。

e 伯爵夫人死了，他又繼續乞食。

f 村人討厭他，不肯再施捨食物，於是他已經兩天沒吃東西了。

g 他走到都羅爾村，因飢餓難忍，想打死人家的黑母雞來烤著吃，結果被人認爲是小偷，而飽受私刑。爲全篇高潮。

h 警察將他關入拘留所。

i 他餓死在拘留所內。

本篇格局雖然很簡單，但莫泊桑能將棄兒的命運、乞丐的形成、社會的殘酷，以及人情的冷淡，在故事裏生動的烘托出來。爲什麼有棄兒？爲什麼不對殘廢無依者寄予同情？只要做到任何一項，那個乞丐就不會餓死在拘留所裏了。

像張淑香批評李商隱的兩句〈無題〉詩：「蠟照半籠金翡翠，麝熏微度繡芙蓉。」就是利用句子的文法結構，詞的相互作用，來分析批評這兩句詩優美的意象。（見本篇「內在批評」的引例）。這一類批評都是「結構批評」的新批評方法。

五、結論

現代的文學批評，不是含糊不清的欣賞，不是教條八股式的批評，也不是商業性質的宣傳，也不是自相標榜的吹噓，而是根據知識，運用方法，作正確恰當的解釋和評價。因此，批評家的文學涵養也很重要，不但懂得欣賞和批評的方法，對中外古今的最好著名的作品還應該有深切的了解。

藝術都有缺點，所以不必求全，世界上並沒有十全十美、毫無缺陷事物。在美好的事物中，也有許多不美的部分，作品也是如此。有人說：司各脫的小說拉得太長，狄更斯的小說充滿傷感，荷馬的史詩缺少連貫性，莎士比亞的戲劇失之華麗和誇大，正像歌德所說稍加修改，就十分完美。同樣人世間的事情也常有缺陷，所以也不可以過份贊美。

批評的最終目的在建立文學理論，在形式方面建立寫作方法，在內容方面建立文學觀念。

（一九九二年十月、十二月刊於《中等教育》第四十三卷第五期、第六期）

中國文體的產生

人類用文字來抒發情思，記敘人事，描寫景物，形成了各種作品，開始的時候，當無所謂什麼「文體」——文章的體裁、格式、規制。宋陳騤在《文則》中說：「六經之文，究無異體。」又說：「《易》』文似《詩》，《詩》文似《書》，《書》文似《禮》。」起初，文章體式還沒有什麼嚴格的分際，只要所寫的內容差不多，體式也就接近了，所以《易經》中有韻語，好像詩歌；《詩經》中有諷刺的作品，如〈大雅·抑篇〉，好像《書經》伊尹箴戒太甲的〈伊訓〉，周公旦規勸成王的〈無逸〉；《書經》中〈顧命〉記述喪禮的情況，好像《周禮·春官·司幾筵》的文章。

其實，文章的體裁是因為所寫內容的不同，寫作的方式自然有所偏重，久而久之，自然形成了不同的體制，儘管有時部分的內容相同，在形式上有些相似，但大體來說是有所區別的。譬如《詩經》所收的都是歌詞；《書經》記載的大都是會議記錄與文告、誓詞，形成記言的歷史；《春秋》跟《書經》不同，是偏於記事的歷史；《易經》大部份是說明占卜的卦象；《禮記》的內容，有記禮制的，有論政治的，有談人性修養的。因此，產生了各種文體；所以有人說：後代各體的文章，都是從六經演化出來的。文章的體式逐漸形成，將文章加以分類的理論也就產生了。像晉摯虞就作有《文章流別論》，可惜這篇作品已經逸亡，只有殘篇，已經無法窺其大概。

文學的觀念，到了齊、梁時代才逐漸建立。像昭明太子蕭統編《文選》，提出選文的標準，說：「綜緝辭采，錯比文華，事出於沈思，義歸乎翰藻。」特別注重形式美與內容美。他將周公、孔子的經書，老、莊、管、孟諸子的著述，排除選文範圍之外，如說諸子是「以意爲宗，不以能文爲本。」又將一些內容繁博的論辯文，記事繫年的史書排除在外。《昭明文選》所選輯的文體，有賦、詩、騷、七、詔、冊、令、教、文、表、上書、啓、彈事、牋、奏記、書、檄、對問、設論、辭、序、頌、贊、符命、史論、史述贊、論、連珠、箴、銘、誄、哀、碑文、墓誌、行狀、弔文、祭文等三十七類。其中有許多是實用文體，不過文字都非常優美華麗。這是現今能夠看到的最早完整的文體分類。他在〈文選序〉中，對於各種文體的特質，並加簡單的說明，如說：「詩者，蓋志之所之也，情動於中而形於言。」「頌者，所以游揚德業，褒讚成功。」「箴興於補闕，戒出於弼匡，論則析理精微，銘則序事清潤，美終則誄發，圖像則讚興。」

至劉勰（彥和）撰《文心雕龍》，暢論各種文體，如：宗經、正緯、辨騷、明詩、樂府、詮賦、頌讚、祝盟、銘箴、誄碑、哀弔、雜文、諧隱、史傳、諸子、論說、詔策、檄移、封禪、章表、奏啓、議對、書記各體作品，論述其產生、演變、特性及寫作的重點。以後研究討論各種文學作品體類的著作日漸加多。如明吳訥《文章辯體》、徐師曾《詩體明辯》。

我們研究文學作品，批評文學作品，對文體特質與文體分類也是一個重要的項目，所以現代學者有「文體論」的專著。如胡才甫有《詩體釋例》、謝旡量有《詩學指南》之類。研究各種專體文學作品的學者，也常將專體文學的作品加以分類。他們分類的方式：有從文學體類來分，有從作品的形式來分，有從作者或作品的時代來分，有從作品的內容來分，有從寫作特殊的技巧方法來分，有從作家的派別來分，有從地域來分。

我國的文學作品從體類來分，有詩歌、辭賦、散文、駢文、小說、樂府、詞、曲、戲劇、兒童讀物、民俗文藝、報導文學等十二大類。這十二類文學作品，又因分類的方法不同，又可以分做許多體和類。

（民國八十一年六月一日刊於《中國語文》第四二〇期）

詩歌的分類

詩歌可以說是人間最早的一種文學，在文字產生以前，人類就在嘴巴上高歌低吟著各種詩，來抒發自己感情的悲哀和歡愛，讚歎天地間的眞善美，或是諷怨人事上的不平和黑暗，以及描敘生活上的種種情況，所以最早的詩就是歌詞。後來有了文字，詩歌就成了寫定文學。

《詩經》以前的古詩歌，大都收在明朝楊愼的《風雅逸篇》、馮惟訥的《風雅廣逸》及《詩紀前集中《古逸》裏收的，有神農時的〈蜡辭〉（見《禮記·郊特牲》）、黃帝時的〈彈歌〉（見《吳越春秋》）、……唐堯時的〈擊壤歌〉（見王充《論衡·藝增》）和〈康衢謠〉（見《列子·仲尼》）、虞舜時的〈卿雲歌〉（《尙書大傳》）……等等。這些作品有眞的，也有後人僞託的。還有箕子作〈麥秀歌〉、伯夷作〈采薇歌〉、孔子作〈獲麟歌〉、楚狂者唱〈接輿歌〉，還有民歌、童謠之類作品。這類作品大抵質樸。

周朝派行人到各地收集詩歌，以瞭解人民的生活、情思、風俗，作施政的參考。司馬遷認爲周朝的詩歌很多，有三千多篇，孔子就這些作品刪除整理，選取了三百零五篇編成一集，就是《詩經》。

《詩經》的內容，包括周、魯、商三頌，大、小二雅，周南、召南、邶、鄘、衛、王、鄭、齊、魏、唐、秦、陳、檜、曹、豳等十五國風。雅、頌多是廟堂宮廷的樂章，風多是流行各地的歌謠。這時詩歌是和音樂、舞蹈配合來唱的。大概到了漢朝，有些人寫詩，並不是用來配樂歌唱的，才有了純粹抒寫情思的詩篇存在，我叫它做「純詩」。詩歌就分成兩類：一種是純詩，一種是歌詩。

漢武帝擴大了主管樂舞歌曲的樂府，來製作樂章，收集風謠。後人就將能唱的詩歌以及其仿擬作品，叫做「樂府詩」。純詩和樂府詩的作者都非常多。這裏就詩歌的形式、內容、時代和特殊體制四方面加以分類：

一、從形式來分

我國詩歌有四言、楚歌、古詩、律絕、新詩五大類：

(一)**四言**：周朝《詩經》爲四言詩，大體以四言爲主，間雜一句兩句三言、五言、六言、七言、九言。每首短的二、三章，長的五、六章。分章大概是跟歌唱時候，重疊反復、層層加強情思的方式有關係。這些詩的押韻大都是用當時各地的方言方音來押的，現在稱之「古音」；並且採用賦、比、興三種修辭的技巧來寫的。《詩經》對我國後代的詩人的寫詩影響很大。到漢朝韋孟才不用《詩經》「分章複句，易字互文」的形式，來製作比較長篇的四言詩，四言詩體才稍有變動。於是漢、魏以來，四言有正、變兩種體制。《詩經》爲正體，韋孟爲變體。正體如晉陶潛的〈榮木〉和〈停雲〉；變體如漢韋玄成〈自劾詩〉和〈戒子孫詩〉，都稍長而不分章。

㈡**楚歌**：《楚辭》是代表戰國時南方的詩歌，作者有楚國人屈原、宋玉、景差；他們用楚語描寫楚地、楚物，有押韻，有不押韻。形式上特點，就是在句中或句末，用語助詞來幫助聲情或語氣，最常用的是「兮」字，也有用其他虛字，譬如在句中用「之、於、乎、以、而、其、夫、曰」之類，在句末用「之、只、乎、些、焉、也」之類。這是一般詩所少有的。屈原喜歡用象徵的作法，用龍鳳象徵君子，用雲霓譬況小人。漢朝人作楚歌就沿承這種體制，在句子中間加一個「兮」字，如漢武帝的〈西極天馬歌〉：「天馬徠兮從西極。」但是也有用有意義的實字，代替「兮」字。如漢昭帝的〈淋池歌〉：「涼風凄凄揚棹歌。」就是。也有加在句子的末尾，如淮南王劉安的〈八公操〉：「煌煌上天照下土兮。」也有沿用屈原的象徵寫法，如漢高祖作〈鴻鵠歌〉，就用「鴻鵠」象徵太子羽翼已成；班婕好作〈怨歌〉，用「團扇」象徵自己的被遺棄。

㈢**古詩**：用稱漢朝以來的一些詩歌，有齊言體和雜言體兩大類：

1.齊言體：《詩經》以四言爲主體，中間偶然雜有一兩句三、五、六、七言之類的句子，到漢朝發展成專體。漢朝古詩有四言、五言、六言、七言各體；樂府詩除雜言外，也有三言、四言、五言、六言、七言各體。三言、四言字數少，句子短，很難充分抒寫情思與生活，若要抒寫得恰好，就得採用較多的句子，或重疊的章法來表達，文字簡鍊精約，常見質樸無文。五言雖然只多一個字，在意境上卻有周轉的餘地，節奏也自顯得靈活委婉。七言句子長，容易流於靡麗浮豔。漢五言詩對後代的影響，遠超過四言，歷代作者極多。唐代近體詩五絕、五律由此變化出來。四言，漢魏以後，作者日少。六言詩，如曹植詩：「妙舞一僊僊一體輕」，全篇是二二二的句調，節奏單調，缺少變化。清趙翼《陔餘叢考》說：「此體本非天地自然之音節，故雖工而終不入大方之家耳。」歷代作者，寥寥可數。唐代李白、王維創作了一些六言的絕句小律，也有一些可誦的好作品。例如王維〈田園樂〉：

桃紅復含宿雨，柳綠更帶朝煙。花落家童未掃，鶯啼山客猶眠。

七言詩，七字一句，句調上四下三。漢朝時每句押韻。如漢武帝的〈柏梁臺詩〉就是。到曹丕作〈燕歌行〉，才算完全成熟。後人稱七言做長調，節奏富起伏變化，內容宜表達複雜的情思，描繪多姿的生活。宋鮑照作〈行路難〉十九首，才把七言詩變爲隔句押韻，並且間雜五、六言短句及八、九言長句，變化百出，活潑清新。到李白、杜甫、高適、岑參、韋應物、孟浩然、元稹、白居易一出，七言古風，遂盛極一時。由於七古盛行，又有七言律絕產生。八言詩，《漢書．東方朔傳》，說他有八言之作，早已佚亡。晉摯虞的《文章流別論》中，收有通首九言的作品。

2.雜言體：和齊言不同，作法比較自由，每句字數不一，長短錯綜，雜揉三、四、五、六……諸言成篇，句法變化多，音節活潑自然。句子中每用虛字與和聲。如「之」、「夫」、「且」、「邪」之類的虛字：「以烏路」（漢人〈朱鷺篇〉）之類的和聲字。句法參用散文的句法，如「摧燒之，當風揚其灰。」雜言多用於樂府詩，句式多變化，字數長短不一定，有一句多到十幾個字的；它因爲跟音樂有關，爲了要配合絃管演奏，所以不得不長短它的句子。

(四)**律絕**：古詩除字數外，其他像句數、用韻、平仄與對偶，都沒有定則與限制，非常自由。唐代的律詩則不同。唐朝人將律詩叫做「今體詩」或「近體詩」，將過去的古體詩叫做「古詩」或「古風」。魏、晉時候的詩人喜歡用對偶句。齊、梁永明中，沈約、謝朓將「四聲」、「八病」應用於文學，作詩作文章特別講究平仄的變化；到了唐朝就產生了律體詩，有律詩、絕句和排律三種，有嚴密的格律規定。

1.律詩：有五言、七言兩種，都是由八個句子構成一首；兩句一聯，上下兩句的平仄聲調，依格律的規定，要完全不同。譬如上句用「仄仄平平仄」，下句就要用「平平仄仄平」；上句用「平平平仄仄」，下句就要用「仄仄仄平平」。平指平聲，仄指上去入三個聲調的字。韻多押平聲韻，一韻到底，中途不可以轉韻。中間兩聯四句，詞意必須對偶。如杜甫〈春望〉：

國破山河在　（首聯：仄仄平平仄
城春草木深　　　　　平平仄仄平）
感時花濺淚　（頷聯：仄平平仄仄
恨別鳥驚心　　　　　仄仄仄平平）
烽火連三月　（頸聯：平仄平平仄
家書抵萬金　　　　　平平仄仄平）
白頭搔更短　（尾聯：仄平平仄仄

渾欲不勝簪　　仄仄仄平平）——押平聲侵韻。

由此，可以見到杜甫寫這首五律，已經很嚴格地遵守格律，注意到平仄、押韻、對偶各方面的規定。其中「感」字仄聲，「烽」字平聲，「白」字入聲，不合規律；但律體詩，五律「一、三」兩字，七律「一、三、五」三字的平仄可以不論，不算出律。

2.絕句：是由四個句子構成的。原於樂府五言（如〈白頭吟〉、〈桃葉渡〉）、七言（如〈挾瑟歌〉、〈烏棲曲〉），下及六朝，作者漸多；唐初順其聲勢，定名絕句，有五言、六言、七言三種。根據元范德機的說法：絕句，是截取律詩的前半四句，或後半四句，或中間四句，或前後四句構成的。所以絕句有不對句的，有對句的。清趙翼說：「兩句為聯，四句為絕，始於六朝。」如唐王維〈雜詩〉：

君自故鄉來，應知故鄉事。來日綺窗前，寒梅著花未？

就是不對句的拗絕。王之渙〈登鸛鵲樓〉：

白日依山盡，黃河入海流。欲窮千里目，更上一層樓。

就是前後兩對句的律絕。六言絕句如唐顧況的〈歸山作〉：

心事數莖白髮，生涯一片青山。空林有雪相待，古道無人獨還。

七言絕句如劉禹錫的〈烏衣巷〉：

朱雀橋邊野草花，烏衣巷口夕陽斜。舊時王謝堂前燕，飛入尋常百姓家。

3.排律：不限八句四韻，有多到兩百句一百韻的長詩，也都講究平仄、押韻的格律限制，如杜甫的〈秋日夔府詠懷奉寄鄭監（審）李賓客（之芳）詩〉就是長達一百韻的排律。「排律」一名，起於元楊士宏編《唐音》。

㈤**新詩**：我國的舊詩發展到了唐朝，各種體制都已經具備，後來詩人都是沿襲著這些詩體從事創作，一直延續到清末。其中雖然產生了宋詞、元曲，但那只是詩人對歌詩的改革變化，並非對詩體全面的革命。民國五年(公元一九一六)，胡適先生提倡用白話作詩歌，主張詩體解放，完全甩掉舊詩的形式，走上了一條新的路子，成爲一種新詩體。新詩是分節、分行寫的。「行」相當於舊詩的「句」，「節」相當於舊詩的「章」、「解」。新詩的形式，像句的長短，行的排列，韻的協押，完全可以依照作者的心意自由安排，沒有任何拘束。它發展的過程雖然有自由派、格律派、朗誦派、現代派的不同，但基本形式體制並沒有什麼不同，只是表現的方法與技巧有些小異罷。像格律派詩比較整齊方正，注意音節韻律；朗誦派詩比較更口語流利，以便朗誦；現代派詩比較不合語法，晦澀難解而已。

現在舉胡適的〈老鴉〉爲例：

我大清早起，
站在人家屋簷上，
呀呀的啼。
人家討厭我，

說我不吉利。
我不能呢呢喃喃，
討人家的歡喜。

這首詩分行寫，句子長長短短，押國音「一」韻。他借老鴉，寫自己喜歡發表言論，並不受人歡迎，但並不能因此專說些好聽的話。

二、從內容來分

由過去詩人所寫詩的內容來看，有抒情、詠懷、敘事、詠史、遊覽、懷古、山水、田園、廟堂、贈答（送別、勸勵）、祭祀、宗教、游仙、神話、詠物、社會、邊塞、戰爭、哲理、城市、科學機械。詩人所寫的內容各有所偏，各有所擅長。譬如郭璞以《游仙詩》著名，阮籍以《詠懷詩》著名。謝靈運以寫遊覽山水著名，陶淵明以寫田園生活著名，班固、左思以詠史而傳世。〈孔雀東南飛〉、〈長恨歌〉以敘事而傳誦。徐幹〈室思〉、繁欽〈定情詩〉爲抒發愛情的名篇。李陵、蘇武以贈答傷別而感人。歷代的「郊廟歌辭」屬於祭祀神明和祖先的樂章。陶潛〈讀山海經〉屬於以神話爲內容的作品，〈形影神〉屬於談論生死觀的哲理詩，韋孟的〈諷諫詩〉、張華的〈勵志詩〉屬於勸勵的詩篇。劉邦的〈鴻鵠歌〉、班婕妤的〈怨詩〉屬於詠物的名作。杜甫以寫社會時事、岑參以寫邊塞戰爭，都成了偉大的詩人。

三、從時代來分

每個時代有每個時代的文學，就是同類的文學，每個時代的意味風格，亦自不同。現在分述如下：

㈠**周詩**：由周初至春秋中期（公元前一一二二至前五七〇年），大約五百年，周人所作的詩歌大概不少，經過孔子整理，保留了三百零五篇，編成我國第一部詩歌選集《詩經》，爲北方文學（其中除周南、召南屬於江、漢南方文學之外）的代表，作者大多失傳。三頌大都是用於宗廟，享鬼祭神、歌功頌德；大、小二雅大都是宮廷樂章，用於宴饗田獵，讚美民族英雄；十五國風大都是民間情歌舞曲，用以抒寫戀愛結婚與農牧生活。變風、變雅則大都是諷刺社會時事，抒發人民心聲的作品。春秋後期，楚莊王崛起於南方，盡滅長江、漢水間諸姬姓的諸侯，文學也受周人《詩經》的影響；到戰國時遂產生屈原、宋玉、唐勒、景差的騷體，用以抒情言志，想像豐富，文采華美，感情熱烈，大量採用神話和傳說，富濃厚的宗教情調，多用楚言楚語，描敘楚地楚物，成爲南方的代表文學。《詩經》和《楚辭》對後代我國的詩歌和辭賦的影響是非常深遠的。

㈡**漢詩**：至今尚存六百多首。漢初詩人承繼《詩》、《騷》各種形式來創作新詩，於是有楚歌、齊言（除四言外，還有三言、五言、六言、七言）、雜言（長短句）種種專體產生。在兩漢四百多年間醞釀發展，成熟完美。五言古詩有溫柔敦厚的〈古詩十九首〉（部分是枚乘、傅毅所作），蘇武、李陵愴傷的別詩，辛延年的〈羽林郎〉，班婕妤的〈怨詩〉，宋子侯的〈董嬌嬈詩〉，班固的〈詠史〉，秦嘉的〈贈婦詩〉，還有徐淑、蔡邕、蔡琰等人作品。獻帝建安時，有曹操、曹丕、曹植父子及孔融、王粲、劉楨、陳琳、徐幹、應瑒、阮瑀七子的詩，盛極一時。七言古詩有漢武帝時的〈柏梁臺聯句〉，張衡的〈四愁詩〉，曹丕的〈燕歌行〉等人作品。三言有唐山夫人的〈房中歌・安其所〉。四言有韋孟的〈諷諫〉等。六言有孔融詩。雜言有許多樂府詩。楚歌體有漢高祖的〈大風歌〉，武帝的〈秋風辭〉等數十首：奠定後來兩千年傳統詩體的形式。

(三)**魏晉南北朝詩**：魏晉南北朝，共三百六十八年，文人作詩已漸成風習，詩人見之著錄的總有八、九百人，寫作的範圍很廣，有補亡、述德、勸勵、獻詩、公讌、祖餞、詠史、游仙、招隱、反招隱、遊覽（山水）、抒情、詠懷、社會、贈答、徭役、行旅、軍戎、郊廟、樂府、挽歌、雜詩、雜擬、田園、飲酒、玄理、敘事、宮體等等。

1.魏文帝黃初時，有曹丕、曹植、曹叡。魏明帝太和時，有繆襲的〈魏鼓吹曲〉、左延年的〈秦女休行〉。魏齊王正始時，有何晏的浮淺，阮籍的〈詠懷〉、嵇康的〈幽憤〉、劉伶的〈客舍〉、應璩的〈百一〉。

2.晉武帝泰始時，有荀勗、傅玄、張華、成公綏的宮廷詩人，而傅玄的樂府民歌，清俊纏綿。武帝太康時著名的詩人，有鍾嶸在《詩品》中所謂「三張（張華、張載、張協兄弟）、二陸（陸機、陸雲兄弟）、二潘（潘岳、潘尼叔姪）、一左（左思）等人」；此外還有傅咸、石崇、歐陽建、何劭、孫楚、王瓚、張翰、曹攄、郭泰機、嵇含、王濟、嵇紹、棗據諸人，極一時之盛。晉懷帝永嘉時，有劉琨激越的歌詞，郭璞豔逸的〈游仙〉，王濟之輩的理玄味淡。晉元帝以後，多說理談玄之作，像孫綽、許詢、桓溫、庾亮諸人，詩皆平典，似道德論。晉安帝隆安、義熙時，謝混、殷仲文、陶淵明出來，才爲之改變。陶淵明恬淡閒適的田園詩，聞名千古。

3.南北朝時：(1)南朝詩可以分數期來探討：①宋文帝元嘉時有顏延之、謝靈運、謝莊、鮑照。②齊武帝永明時，周顒作〈四聲切韻〉、沈約作〈四聲譜〉。有沈約、謝朓、王融、周顒等人，將四聲（平上去入）、八病（平頭、上尾、蜂腰、鶴膝、大韻、小韻、旁紐、正紐）用於作詩，於是五字之中，音韻悉異，兩句之內，角徵不同，叫「永明體」。③齊、梁時詩人有梁武帝、昭明太子、梁簡文帝、梁元帝、江淹、王融、謝朓、沈約、范雲、任昉、庾肩吾、吳均、何遜、劉孝綽，所作詩綺麗繁縟，叫做「齊梁體」。④陳朝有陳後主、陰鏗、徐陵、張正見、江總等人。⑤隋朝有隋煬帝、楊素、盧思道、薛道衡、虞世基等人。(2)北朝詩：北魏有溫子昇。北齊有邢邵、魏收。北周有王褒、庾信、徐陵。徐陵與庾信齊名，稱爲「徐庾體」。

㈣**唐詩**：唐朝自太宗設立文學館禮延文士，高宗在調露二年（公元六八〇）開始以詩賦取士之後，歷朝皇帝大都好尚文學，敬禮詩人。因此舉國上下作者極多，據《全唐詩》所錄詩人有二千二百多人，詩四萬八千九百多首。唐宣宗弔白居易詩，說：「童子解吟〈長恨曲〉，胡兒能唱〈琵琶篇〉。」唐朝可以說是我國詩歌史上的黃金時代。唐詩的特點是重情性，用比興，題材多，聲韻美，通俗易解，蘊蓄雋永，以律絕、歌行新體詩最爲有名。因爲作者多，有極佳妙的好詩，也有極拙陋的壞詩。像

《唐詩三百首》、《唐人萬首絕句選》都是「披沙揀金」挑選出來的較好作品。據其寫作所偏可以分做：齊梁詩派，如初唐四傑所作。歌行詩派，如陳子昂、李白所作。田園詩派，如王維、孟浩然所作。邊塞詩派，如岑參、高適所作。社會詩派，如杜甫、白居易所作。散文詩派，如韓愈、孟郊所作。詞華詩派，如杜牧、李商隱所作等。將唐詩分期，始於宋季嚴羽，定於明初高棅。高棅將唐詩分做初唐、盛唐、中唐、晚唐四期。各家對這四個時期的年代有些出入。我這裏大體是根據明太祖洪武二十六年（一三九三）高棅《唐詩品彙・自序》的說法來定的。

1.初唐體：由唐太宗至唐玄宗開元初。初唐詩風，猶襲陳、隋餘響，至虞世南、魏徵才稍改變。後來有王勃、楊炯、盧照鄰、駱賓王四傑，劉希夷從軍閨情的作品，上官儀婉媚的詩體，陳子昂的古風雅正，李嶠的文章宿老，沈佺期、宋之問的新聲律體，蘇頲、張說的典麗宏贍的大手筆。

2.盛唐體：唐玄宗開元、天寶間，有飄逸的李白，沉鬱的杜甫，清雅的孟浩然，精緻的王維，眞率的儲光羲，聳俊的王昌齡，悲壯的高適、岑參，超凡的李頎、常建。

3.中唐體：唐代宗大曆至唐德宗貞元間，有雅澹的韋應物，閑曠的劉長卿，清贍的錢起、郎士元，沖秀的皇甫冉，寫山林的秦公緒，作臺閣集的李嘉祐。當時以盧綸、吉中孚、錢起、司空曙、苗發、耿湋、李端、韓翃、崔峒、夏侯審稱做「大曆十才子」。或以郎士元、李益、李嘉祐代替韓、崔、夏侯三人。

4.晚唐體：唐憲宗元和時，有超然復古的柳宗元，博大其詞的韓愈，工樂府歌行的張籍、王建，敘事分明的元稹、白居易，虛誕的李賀，險怪的盧仝，飢寒的孟郊，瘦苦的賈島。唐文宗開成以後，有豪縱的杜牧，綺靡的溫庭筠，寓意隱僻的李商隱，對偶工整的許渾，此外還有劉滄、馬戴、李群玉、李頻、姚合等人。唐懿宗咸通時，司空圖著《詩品》二十四品，用四言韻語，寫詩的意境與風格，平奇濃淡，無體不備。其論「沖澹」、「含蓄」，如「不著一字，盡得風流」，對清王士禎的「神韻」的立說，影響甚大。

㈤**宋朝詩**，從唐詩變化出來，多用以議論說理，走向散文化路子，文字比較淺顯明白。據清《四庫全書總目提要》著錄《御定四朝詩》尚收有宋朝詩人八百八十二家。有些詩人如陸游、楊萬里作品之多，則遠非其他各代詩人所能相比，眞是望塵莫及。

1.宋詩始於宋眞宗時，館閣學士如楊億、劉筠、錢惟演等酬唱作詩，宗法晚唐李商隱，好對偶用典，姸麗纖巧，不易索解，合成一個集子，叫《西崑酬唱集》。後來很多人仿效，稱之「西崑體」；相傳西方崑崙玉山，爲古帝王藏書之府，故稱「西崑」。元遺山說：「詩家總愛西崑好，獨恨無人作鄭箋。」鄭指鄭玄。當時和西崑詩風相反的，有王禹偁、王奇、魏野、寇準、林逋、潘閬等人，或學白樂天，或學賈島，但沒有什麼成績。

2.宋仁宗慶曆後，有歐陽修、石延年（曼卿）、蘇舜欽（子美）、梅堯臣（聖俞），以韓愈、盧仝、張籍、孟郊的手法來作詩，文字則明顯通達，有如說話。梅堯臣詩說：「歐陽今與韓相似，海水浩浩山嵬嵬。石君蘇君比盧籍、以我代郊嗟因嗟。」想矯正西崑體的淫靡晦澀，富貴華豔。宋神宗、哲宗時，繼起的有意妙格高的王安石；至蘇軾豪放奔馳，波瀾壯闊，信筆直書，暢抒事理，宋詩完全走上了散文化的路子。歐陽修作《六一詩話》，司馬光繼之；宋人詩話，從此而盛。

3.宋哲宗元祐時，有江西分寧人黃庭堅（山谷，一號涪翁），出於蘇軾門下，與蘇齊名，時稱「蘇黃」。他認爲好句都已被前人寫盡，須想出新法作詩，才能超越前人，創立了「江西詩派」。他的新法有三：⑴脫胎換骨：用人詩句，增改些字；取人詩意，更作新語。例如將李白詩：「人煙寒橘柚，秋色老梧桐。」改換兩字成「人家圍橘柚，秋色老梧桐。」將白居易詩：「百年夜分半，一歲春無多。」增加了四字，成爲「百年中去夜分半，一歲無多春再來。」稱做他自己的作品。他認爲這就是點鐵成金、脫胎換骨的方法。王若虛《滹南詩話》則譏爲剽竊。⑵喜用拗體：前人作詩有它一定的規格，五言句調是上二下三，七言句調是上四下三，要是五言作上三下二、上二下四，七言作上三下四、上二下五，便叫「拗體」；還有故意把一個句子中的平仄對換，叫做「單拗」，兩個句子中的平仄對換，叫做「雙拗」。他特別喜歡用這種種拗體，造成句法與聲調的反常，以求新奇，勝過別人。

⑶去陳反俗：他說：「寧律不諧，不使句弱；寧用字不工，不使語俗。」（《漁隱叢話》引黃山谷語）。

所以黃庭堅作詩，務要洗盡常用字眼，俗鄙調子，專意出奇，力盤硬語，句作拗句，韻押險韻，事用怪典。江西詩派遂成了宋代詩壇的主流。呂本中〈江西詩社宗派圖〉所列，自黃山谷以下，有陳師道（后山）、潘大臨、謝逸、洪芻……至高荷，共有二十五人。此外陳與義（簡齋）是江西詩派改革派的代表人物。江西詩派到南宋仍有極大影響力。南宋末，又有劉辰翁、方回兩人帶進元朝，前後達兩百年。

4.宋高宗建炎以後，以陸游（放翁）、楊萬里（誠齋）、范成大（石湖）、尤袤、蕭德藻，稱爲五大家。尤、蕭詩已佚。陸、楊、范三人雖受江西詩派影響，各有自己成就。陸游詩傷時愛國，則狂放雄奇；描寫田園，則閒適恬淡。楊萬里作詩兩萬多首，今仍存四千多首，是我國最多產的詩人，所作多俚語白話，幽默詼諧，通俗平淺，富有風趣。范成大追蹤蘇、黃，描寫田園生活，自然清新，韻味高遠。這時反對江西詩派的，有張戒主張學習杜甫，用拙語常語作詩，世間一切事物皆可入詩。姜夔認爲作詩無論理、意、想都要自然高妙，文字秀美，音調和諧，滋味無窮，才能耐人吟哦。

5.宋光宗紹熙至宋寧宗嘉定時，仍走江西詩派路子的，有二趙（趙汝讜、汝談兄弟）、二泉（趙章泉、韓澗泉）。反對江西詩派，另創新詩派的有「江湖派」，書店老闆陳越與當時名士山人，交遊唱和，刊刻《江湖詩集》，又有續集、後集，風行一時，作者有一百零九人，中以戴復古、劉克莊、劉過較爲著名；但其人品大都不高，每以詩文干謁公卿，求取祿位，如無所得，便加毀謗。還有「四靈派」，因爲徐照(靈暉)、徐璣(靈淵)、翁卷(靈舒)、趙師秀(靈秀)四人的字，都有一個「靈」字，故稱「四靈派」；又因都是永嘉人，又稱「永嘉派」：以晚唐賈島、姚合爲宗，注重五言律體，講究平仄，鍛鍊字句，刻意雕琢，不免有破碎尖酸的毛病。還有嚴羽，著有《滄浪詩話》，上溯漢魏，推崇盛唐，批評江西詩派，主張以禪喻詩，禪在妙悟，詩亦應妙悟，反對議論用典，詩宜吟詠情性，講求妙趣，做到言有盡而意無窮；後來格調、神韻、性靈都受嚴羽影響。理學家朱熹也是此時詩人。

6.南宋滅亡前後，詩人如文天祥、謝翱、方鳳、謝枋得、鄭思肖、南山民等，所作詩或沉鬱悲壯，或悽愴哀怨，或象徵暗示，來抒寫離亂亡國之情，表現愛國的熱情與正氣。

㈥**遼金元**作詩的人也不少，但沒有特別著名的詩人。其中唯有南宋末，金國詩人元好問富有盛名，所作意深味雋，沈摯悲涼。他《論詩絕句》三十首尤其有名。元成宗至文宗時，有虞集以陶淵明詩、邵堯夫詩爲宗，薩天錫亦元名詩人。

㈦**明朝**有兩百七十年，朱彝尊《明詩綜》所收的詩人多達三千四百多家，除了少數詩人外，可說復古風氣籠罩了明朝詩壇。

1.明初，劉基詩體高古。高啓長於模擬漢魏六朝唐宋各體，兼取各家所長。林鴻、高棅專擬盛唐。

2.明成祖永樂至明英宗正統，約四十年間，宰輔權臣楊士奇、楊榮、楊溥領導「臺閣體」，有歌功頌德、雍容典雅之作。

3.明英宗天順至明孝宗弘治時，有茶陵人李東陽創「茶陵詩派」，詩風一變，好取歷史事實，用長短句歌行來表現，產生聲調雄傑的作品。

4.明孝宗弘治至明武宗正德時，有前七子李夢陽、何景明、徐禎卿、邊貢、王廷相、康海和王九思，以李、何爲領袖，反對臺閣體的空洞無物，繼承明初的復古路子，提出「擬古」觀念，主張五古擬漢魏，七古律絕擬盛唐。李夢陽在〈潛虬山人記〉中說：「詩有七難：格古、調逸、氣舒、句渾、音圓、思沖、情以發之，七者備，而後詩昌也。」又在〈駁何氏論文書〉中說：「高古者格，宛亮者調。」產生「格調說」。他們以爲句擬字摹，可得古人神髓，缺乏創作精神。這時有王陽明、楊慎、沈周、文徵明、唐寅講究創作，清新富情趣。古文家唐順之主張信手寫詩，反對擬古。

5.明世宗嘉靖時，有後七子李攀龍、王世貞、謝榛、宗臣、梁有譽、徐中行和吳國倫，以李、王爲領袖，發揮前七子主張，年輕氣銳，互相標榜，一時士夫詩人，莫不學習效法，聲勢盛極一時。這時古文家歸有光曾著文抨擊。

6.明神宗萬曆時（晚明），有公安袁宏道（中郎）兄弟標榜清新清俊，任性情而不拘法度。竟陵鍾惺、譚元春貴幽深孤峭。袁、鍾二派詩，失之輕佻纖詭。明思宗崇禎時，有陳子龍汲取前後七子的精神，力求詩的復興。

㈧**清人**詩壇承明朝的局面，喜歡講宗派門戶，大體可分尊唐、宗宋、自抒胸臆三大流派。

1.由明末進入清順治、康熙時，有錢謙益（牧齋）爲宗宋名家，反對李攀龍、王世貞的詩必盛唐說，推崇蘇軾、元好問。但吳偉業（梅村）則屬尊唐派，才華豔發，詞藻美麗；亡國之後，多寫國變世亂之事，多爲激楚蒼涼之作。宋琬（荔裳）之詩，可入唐杜甫、韓愈之室，感時傷事，多淒清激宕之音。施閏章（愚山）善寫自然，有唐王維、孟浩然的風致，近體學杜甫，以規矩工力見長。宋、施齊名，人稱「南施北宋」。王士禎（阮亭、漁洋山人），從唐司空圖與宋嚴羽論詩之說，創立「神韻說」，以「風神韻味」爲詩的最高境界，反對重修飾，掉書袋，發議論的作品，最愛古澹自然、清新蘊藉的情調，最欣賞司空圖的「不著一字，盡得風流」的境界，結束明詩，下開雍正以後清詩的路子。

其他詩人有：朱彝尊（竹垞）詩宗初唐，亦喜北宋，喜誇耀才學，爭奇鬥豔，掉書袋，用險韻。趙執信（秋谷）宗尚晚唐，作《聲調譜》，得之王士禎，論述古詩平仄之說，屬聲調派。沈德潛（歸愚）主盛唐，講究格律聲調，所作雍容典雅，爲臺閣派詩人。翁方綱（覃溪）認爲當時詩大多膚淺，提出「肌理說」，認爲充實學問才能增加作品實質；所謂「肌」就是要詩的外表空靈，「理」就是要詩的內容充實。翁方綱常以他專門金石考證的知識來作詩。

2.這時，宗宋的詩人，有宋犖（漫堂）詩縱橫奔放，刻意求新。查愼行（初白）作詩崇宋蘇軾、陸游。厲鶚（樊榭）作詩喜用冷字僻典，幽新雋妙。趙翼（甌北）作詩像說話，似嘲似謔，發表議論，諷刺詼諧，爲其特色。

3.這時，倡言「性靈說」的詩人，有袁枚（子才、隨園）。他說：「任性情之流露，自由敘述，不受一切形式法則束縛，不嘗古人糟粕，以清新機巧行之，是爲眞詩。」鄭燮（板橋）、黃景仁（仲則）、張問陶（船山）都是直寫性情的詩人。張問陶主張「詩中要有我，要有眞性情。」「模宋規唐徒自苦，古人已死不須爭。」（〈論詩〉）

4.清乾隆、嘉慶、道光間，有蔣士銓，與袁枚、趙翼齊名，稱江左三大家。舒位的意奇語妥，自成一家；龔自珍的七絕七律，膾炙人口；王曇的悲歌慷慨，詩風雄健：在各派之外，各有成就。

5.清咸豐、道光、同治時，曾國藩、何紹基、鄭珍、莫友之、金和提倡宋詩。鄭珍遭逢世亂，於窮且死，詩多悽愴沉鬱。金和打破一切束縛，用說話體、散文體、日記體來作詩，語語皆天眞，時人不能爲。後來鄭孝胥、陳三立、陳衍都是宋詩的擁護者。

6.自太平天國，經戊戌政變，到清光緒，詩風漸變，詩人像黃遵憲、譚嗣同、康有爲、梁啓超等，競作新體。黃遵憲高倡「我手寫我口」，用流俗口語，民歌精神，描寫甲午前後的政治、社會與戰爭的實況，開拓古人未闢的詩境。王闓運五古學漢、魏、六朝，近體宗盛唐，故多擬古之作，雜之古人集中，莫能辨別，結束了中國舊詩體的生命。

(九)**民國時**：關於新詩的分期，各家不一。現據邱燮友兄的《六十年來新詩的發展》的分法，分做五個階段：

1.自由詩時期（公元一九一二至一九二五年）：有梁啓超、譚嗣同、夏曾佑等人提倡詩界革命，用舊詩體，寫新事物。黃遵憲主張「我手寫我口」。後來胡適等人用白話作新詩，不拘形式，自然樸質，但詞彙造境仍無法脫離舊詩的窠臼。外國的詩歌思潮與理論，如未來主義、印象主義、自由詩、頹廢派也傳了進來，影響所至，力求詩體的更新。這時的詩人有胡適、康白情、汪靜之、俞平伯、冰心、朱自清、劉大白、劉半農等人。胡適的〈老鴉〉可爲代表。

2.韻律詩時期（公元一九二五至一九三七年）：詩人徐志摩開始講求新詩的體制，認爲寫詩仍然應該講究藝術，注意音節、韻律與形式之美。因爲講究形式，音韻和諧，字數比較整齊，所作詩多成方塊、豆干形，內容多以抒情寫景爲主。這派著名的詩人有徐志摩、朱湘、汪靜之、趙景深、劉夢葦、于賡虞、謝采江、聞一多、宗白華、梁宗岱、馮至、王獨清、盧冀野、陳夢家、邵洵美、卞之琳等人。

像徐志摩的〈再別康橋〉可作代表。

此外還有象徵派的李金髮、胡也頻、馮乃超、穆木天、戴望舒、焦菊隱等人，文字朦朧晦澀，色彩憂鬱頹廢，多用寫愛情、流浪和死亡之類的內容。像李金髮的〈棄婦〉就是這類作品。

3.朗誦詩和寫實詩時期(公元一九三七至一九四九年)：民國二十六年(一九三七)七七事變，抗日戰爭發生，我國人民面對著日本帝國的侵略，紛紛走上戰場，寫詩自然摒棄雕飾空想，浪漫情感；參與戰鬥行列，產生了許多寫實詩和朗誦詩，來鼓舞民心士氣，抒發抗日救國的心聲，描述家園破碎的遭遇，文字樸素，便於朗誦。這時重要的詩人有高蘭、艾青、臧雲遠、卞之琳、臧克家、何其芳、曹葆華、上官柳、王平陵、番草(鍾鼎文)、韓北屏等人。像韓北屏的〈保衛武漢〉，就曾轟動一時。

4.韻律詩延展時期(公元一九四九至一九五九年)：民國三十八年(一九四九)政府遷臺，許多詩人來臺，與臺灣詩人結合創作新詩，有的走朗誦詩的路子，寫反共抗俄的作品，有上官予、葛賢寧、鍾雷、張自英、何志浩、王祿松等人。有的走新月派韻律的路子，寫個人的生活與感情，有鍾鼎文、鄧禹平、彭邦楨、陳慧、童山(邱燮友)、鄭愁予、李莎、余光中、夏菁、覃子豪等人。

5.現代詩時期(公元一九五九至一九七一年)：本世紀初，美國心理學家威廉・詹姆斯創立「意識流」之說，奧地利心理學家佛洛伊德作《夢的解析》和《精神分析》等書，作家詩人受他們學說的影響，產生專寫人的心理與潛意識的作品，形成西方現代的一種文藝思潮。因爲寫的是自我不易覺察的心理活動與狀態，所以表現出來的文字大都是比較隱祕朦朧，不合邏輯，凌亂無序，晦澀難解。這種文藝思潮傳進了我國，國內的繪畫、小說、新詩也都受它影響，而產生了抽象畫、意識流小說、現代詩。現代詩在民國四十八年至六十年間最爲盛行。這時的詩人有紀弦、余光中、王渝、周夢蝶、王祿松、瘂弦、王憲陽、葉珊、瓊虹、蓉子、羅門、楊喚、洛夫、張健、白荻、夏菁、趙天儀、張默等。

四、從特殊詩體分

(一)**柏梁臺體**：漢武帝和群臣在柏梁臺上聯句賦詩，每人各作一句七言，從皇帝到東方朔二十六人，共二十六句，每句押韻。後人稱七言聯句，爲「柏梁臺體」。後人聯句，不限七言。

(二)**選體**：梁昭明太子編《文選》，選錄漢、魏至齊、梁各代的古詩；後人仿效其體，稱做「選體」。

(三)**玉臺體**：梁徐陵編漢、魏、六朝詩，爲《玉臺新詠》，所選多綺羅脂粉的纖豔綺麗的詩篇。

(四)**西崑體**：就是李商隱體，兼溫庭筠、宋楊億、劉筠等人的詩。

(五)**香奩體**：香奩，本指放香料的盒子。韓渥所作詩，大都涉及閨閣情愛，有《香奩集》。

(六)**宮體**：梁簡文帝詩，傷於輕靡，時號「宮體」；陳後主、隋煬帝也有這類作品。

(七)**擬古**：後人模仿漢朝古詩的作品，叫做「擬古」。如晉陸機有擬漢「古詩十九首」中的〈行行重行行〉等十四首，都是擬古作品。陶潛有〈擬古〉九首，大概也是這類作品，只是不知所擬。

(八)**集句**：晉傅咸有《七經詩》，今存〈孝經詩〉、〈論語詩〉、〈毛詩詩〉、〈周易詩〉、〈周官詩〉、〈左傳詩〉六首，都是採集這六部經書裏的一些四言句連成的，是集句詩的開始。王安石作集句詩，長到一百韻，都是集前人的詩句。

(九)**嵌字詩**：晉陶潛的〈止酒詩〉：「居止次城邑，逍遙自閒止。坐止高蔭下，步止蓽門裏。好味止園葵，大懽止稚子。平生不止酒，止酒情無喜。暮止不安寢，晨止不能起。日日欲止之，營衛止不理。徒知止不樂，未知止利己。始覺止為善，今朝眞止矣。從此一止去，將止扶桑涘。清顏止宿容，奚止千萬祀！」全首嵌了二十個「止」字。這種把某一個特定的字嵌進詩句裏，叫做「嵌字格」。

(十)**盤中詩**：蘇伯玉使蜀，久而不歸。其妻在長安，思念作〈盤中詩〉說：「山樹高，鳥鳴悲。……姓為蘇，字伯玉，作人才多智謀足，家居長安身在蜀。……與其書，不能讀，當從中央周四角。」這首詩寫在圓形盤子上，隨盤旋轉，叫做「盤中詩」。

(十一)**回文詩**：晉蘇蕙（字若蘭），年十六，嫁竇滔。後竇滔為安南將軍，留鎭襄陽，久斷音問。蘇蕙自傷，因此織錦，作回文詩，縱橫各二十九行，共八百四十一字，縱橫反覆，皆成文章，叫「璇璣圖」，寄給竇滔。竇滔覽之，深感其意，於是迎之來襄。後有起宗道人把它分做七圖，著讀法一篇，得三、四、五、六、七言詩，共三千七百五十二首，才知道這個回文詩反覆無窮之妙。後代也有作者，如宋蘇軾有〈題織錦圖回文〉說：「春晚落花餘碧草，夜涼低月半枯桐。人隨雁遠邊城暮，雨映疏簾繡閣空。」倒過來讀，也可以另成一首詩。這就是「回文」。

(十二)**離合體**：這種詩是利用字形可以拆開、拼合來寫的。最早有漢魯國孔融文舉的〈郡姓名字詩〉云：「漁父（指姜太公呂尙，未發跡前在渭水邊釣魚）屈節，水潛匿方（漁去水為『魚』）。與時進止，出寺施張(時去寺爲『日』)。呂公磯釣，闔口渭旁(呂去口爲『口』)。九域有聖（指周文王），無土不王（域去土爲『或』）。好是正直，女固子臧（好留『子』字）。海外有截，隼逝鷹揚（《字彙補》：「『截』同『隹』；去隹留『乙』。」）。六翮將奮，羽儀未彰（翮去羽爲『鬲』）。龍蛇之蟄，俾它可忘（蛇去它爲『虫』）。玫璇隱曜，美玉韜光（玫去玉爲『文』）。無名無譽，放言深藏（譽去言爲『與』）。按轡安行，誰謂路長（按去安爲『手』）。」按「魚與日，或與口，子與乙，鬲與虫，文，與與手」合起來，就是「魯國孔融文舉」六個字。又如唐陸龜蒙的〈松間斟〉云：「予山園靜憐幽木，公幹(劉楨字)詞清詠華門；月上風微蕭灑甚，斗醪何惜置盈樽。」木和公、門和月、甚和斗合起來，就是詩題「松間斟」三個字，這叫「即題離合」，也是離合體的一種。

(十三)**離名體**：古人作詩，把「建除名」、「星宿名」、「道里名」、「州郡縣名」、「姓名」、「將軍名」、「人名」、「宮殿屋名」、「船車名」、「藥草樹名」、「鳥獸名」、「卦相名」寫進詩裏去。這類特殊的詩體都叫「離名體」。如梁元帝〈鳥名〉詩：「方舟去『䳺鵲』，『鵲』引欲相邀。晨『鳧』移去舸，飛『燕』動歸橈。『雞』人憐夜刻，『鳳』女念吹簫。『雀』釵照輕幌，『翠』的繞纖腰。復聞『朱鷺』曲，鉦管雜迴潮。」就是。又如王安石〈老景〉詩：「老景春可惜，無花可留得。繞屋褚先生，蕭蕭何所直。每嫌柳渾青，追悵李太白。多謝安石榴，向人紅蕊坼。」褚先生、蕭何、柳渾、李太白、謝安石都是古人名；褚、蕭、柳、李、石榴又都是植物名。各類離名體詩雖然是遊戲筆墨，也都有一些作者。

㈣**字謎**：古詩：「稿砧今何在？山上復有山。何當大刀頭？破鏡飛上天。」今據宋王觀國在《學林新編》卷八中的解釋補充如下：稿砧，鈇也（鈇，砍草用具，與「夫」同音）；「稿砧今何在」，就是「夫今何在」？「山上復有山」，答道：「夫已出門。」蓋山疊山，就是「出」字。大刀頭上有「鐶」，「鐶」字與「還」同音，就當「還」講。「何當大刀頭？」就是「何日當還？」鏡破成半，就是月半（或半月）；「破鏡飛上天」，就是「月半當還」。這首詩就屬於「字謎體」。

㈤**數名**：多從一寫到十。如齊虞羲〈數名〉詩：「一去濠水陽，連翩遠為客。二毛颯已垂，家貧無所擇。三徑日荒疏，遙人心不懌。……十載職不移，來歸落松柏。」民間的十二月歌、四季歌也是這類的作品吧。

㈥**寶塔詩**：《唐詩紀事》：「白樂天分司東洛，朝賢悉會興化亭，送別酒酣，各詠一字至七字詩，王起、李紳、令狐楚、韋式各賦花、月、山、竹。」因為每句的用字，依次增加一字，排列起來，上尖下寬，好像寶塔。如：胡明復寄〈胡適之詩〉就是寶塔詩：

癡！
適之！
勿讀書，
香煙一支！
單做白話詩！
說時快，做時遲，
一做就是三小時！

胡適〈答覆胡明復詩〉也是寶塔詩：

咦！
希奇！
胡格哩，
勳我做詩！
這話不須提。
我做詩快得希，
從來不用三小時。
提起筆，何用費心思？
筆尖兒嗤嗤嗤嗤地飛，
也不管寶塔詩有幾層兒！

（民國八十一年八月至十一月刊於《中國語文》第四二二至四二六期）

辭賦的分類

戰國的後期，南方的楚國產生偉大的詩歌——楚辭。楚辭以屈原的作品爲主，其次有宋玉、景差等作品。屈原的文字，想像豐富，詞藻華美，抒發情思，寄託諷諫，有〈離騷〉、〈九歌〉、〈天問〉、〈九章〉、〈遠遊〉、〈卜居〉、〈漁父〉等二十五篇。宋玉的〈九辯〉，描寫文人的悲秋；〈招魂〉在招屈原之魂，希望能復其精神，延其年壽。景差有〈大招〉。荀子作〈禮、知、雲、蠶、箴〉五篇賦，用以詠物說理。屈、宋、荀等人的作品，在用詞、在情調、在句式、在描寫等，給後代的辭賦開闢了一條道路，形成介於詩、文之間的一種混合文體，在寫物敘事、麗辭華采中，帶有一些諷喻的意思在內。到了漢朝，辭賦最興盛，爲漢朝的主流文學。依屈、宋楚辭的形式去寫，並用來抒情的，仍叫做「辭」；如漢賈誼的〈惜誓〉、淮南小山的〈招隱士〉、晉陶淵明的〈歸去來兮辭〉都是。如賈誼的〈鵩鳥賦〉，用來寫物說理，屬於賦體。辭賦依發展的徑路來分，有四種：

㈠**古賦**：屈原的〈懷沙賦〉、宋玉的〈風賦〉、〈高唐賦〉、〈神女賦〉、〈登徒子賦〉，荀子及漢朝賦家的作品，都包括在內。屈、宋是用賦來抒情或寫物，荀子用賦說理。這由《楚辭》荀賦蛻變來的賦體，到了漢朝，變本加厲，走上專講求華美詞藻，誇張堆砌的作風。像司馬相如作〈子虛賦〉、〈上林賦〉都是極盡鋪寫誇張的能事，盡力搜尋珍禽怪獸、異花奇草、山水土石羅列了進去，從東西南北，從上下左右，加以鋪陳，堆砌詞藻，多用奇詞怪字，有如字典，讀來華艷奪目，內容卻十分空虛。鋪敘誇張，成為漢賦的特別形式，成為後來賦家所仿效。揚雄作〈甘泉賦〉、〈羽獵賦〉、〈長楊賦〉多摹仿司馬相如。班固作〈兩都賦〉、張衡作〈東西京賦〉：走的也是司馬相如的路子。張衡作〈思玄賦〉、〈歸田賦〉，趙壹作〈刺世疾邪賦〉等作品，又開始轉變，走回了為表達作者的情思而寫作的道路了。

(二)**俳賦**：到魏晉六朝，短賦大大盛行，有抒情、說理、詠物、敘事各種體制。曹植作〈洛神賦〉、王粲作〈登樓賦〉，漸漸喜歡用駢詞排句，成熟精妙。陸機的〈文賦〉更是滿篇駢四儷六。到齊、梁時，沈約、王融、謝朓發明四聲之說，作賦除了講究駢偶，還講究聲調和韻律。於是由古賦，一變為俳賦，或稱駢賦。從此，作者在雕詞鍊句上，競求精巧高妙。內容多寫綺艷哀怨之情，流於纖巧雕鏤之途。

(三)**律賦**：由隋入唐，聲律與駢偶應用於文學的結果，產生了律詩，俳賦也隨著文學潮流，變成了律賦。作賦更忽視內容，但求字句的音韻和諧，對偶工整。唐玄宗天寶以後，科舉考試，要作限八個韻腳的律賦一篇。如王棨的〈沛父老留漢高祖賦〉，是以〈願止前驅，得申深意〉八個字為韻，押韻不得超出這八個字範圍，所以很難產生有價值的作品。

(四)**文賦**：唐、宋時韓愈、歐陽修提倡古文運動，辭賦受了時代文學潮流的影響，一般文人漸漸摒棄俳、律的惡習，用散文作賦，叫做「文賦」。唐人有杜甫、白居易、杜牧等人倡始。像杜牧的〈阿房宮賦〉、宋歐陽修的〈秋聲賦〉、蘇軾的〈前後赤壁賦〉就是文賦。明、清科舉作八股文，把八股的句法雜入對偶中，於是辭賦的命運走向消歇之途。

散文的分類

散文是我們最常用的一種文體。過去所謂散文，是和韻文對稱的文章，和駢文對稱的文章。世界各國都認爲有韻的文字是韻文，無韻的是散文。我國的詩歌、詞曲、辭賦、頌贊、箴銘、哀誄、祭文都是韻文；論辯、序跋、史傳、雜記……等等都是散文。現代不押韻的小說、話劇都已另立門戶，不包括在散文之內。散文是不受「聲律」「句法」「對偶」形式的羈束，所以字句長短，聲調高下，辭義排比，都沒有一定的規律。有關散文的演變與特質，我有專門著作，收在《方祖燊全集・散文理論叢集》中，所以這裡不作重覆論述。這裡只把散文的類別做簡單的介紹。

一、從藝術成就的層次來分

1. 文章性散文：有實用價值。
2. 文學性散文：有藝術價值。

二、從內容偏重來分

1. 傳記——寫人（傳略、軼事、歷史性傳記、文學性傳記、評傳、年譜、壽序、墓誌、學案、譜記等文體）。從作法來看，歷史性傳記有編年、紀事、紀事本末、軼事等四種作法。文學性傳記有編年、紀事、軼事、散文、小說、報導等六種作法。

2.敘事——從作法來看，有筆記體（有故事、寓言、笑話，日記，筆記、漫鈔、雜錄、紀略，隨筆）、雜文體、編年體、紀事體。

3.寫景——由內容偏重來看，有自然美景、人文實況、作者雜感。由寫作方法來看，有小品體、日記體、雜感體、導遊體、地志體。

4.詠物——由內容來看，有自然界（天文、地理、動植物）、人事界（器物、建築物、藝術品）。由作法來看，有科學性詠物、描寫性詠物、雜文性詠物、抒情詠懷性詠物。

5.抒情——從內容來看，有懷念故鄉、憑弔故蹟、雜感閒愁、回憶往事、男女愛戀、哀悼親故、祭祀祖先、歌功頌神、沉醉自然等。從抒寄對象來看，有對國家、父母、丈夫、妻子、兒女、愛人、朋友、故鄉、祖先、神明、自然、萬物的愛情。

6.論說——有說明文、議論文（方塊、社論、論文、雜文、雜感）。

三、從體式來分

1.小品

2.隨筆

3.遊記

4.日記
5.書信
6.抒情
7.雜文
8.論說（議論說理、科技學術的文字）
9.序跋
10.歷史
11.傳記
12.碑誌
13.雜記
14.回憶錄
15.新聞（報導、專欄、特寫、訪問、社論、時評）
16.應用（便條、信函、公告、計畫、演講稿等）

四、從現代的散文觀來分

1.散文（專指文學意味濃厚的散文而言，內容偏重抒發情思，描寫景物，繪敘人事的小品、隨筆、遊記、日記、書信、抒情、史傳，文字優美，情味動人的作品屬之）

2.雜文（論事說理，雋美有味，精鍊簡潔，犀利深刻，自然明暢的雜文、雜感、論說、序跋、歷史、傳記、專欄、社論、時評、報導屬之）

3.報告文學（指文學性濃的新聞事件特寫報導、名人回憶錄、文學傳記、戰役實錄、史事描述、醫療專記、科技淺介等屬之）

4.實用文（缺少文學意味，各種實用散文皆屬之，尤指應用文字而言）

小說的分類

中國的小說，班固編《漢書・藝文志》時，以爲小說是卑不足道的一科，所以附在〈諸子略〉之後。後代的正史經籍志、藝文志，都沿班志之舊，列小說於「子部」。宋李昉編《太平廣記》五百卷，爲小說的總集，才根據所寫的內容，分爲：神仙、女仙、道術、方士、異人、異僧……等九十二類，極爲紛繁瑣碎。到了明朝，胡應麟《少室山筆叢》中，才綜核大要，把小說分做六大類：

㈠**志怪**：（晉干寶）《搜神》、（梁任昉）《述異》、（唐張讀）《宣室》、（唐段成式）《酉陽》之類是也。

㈡**傳奇**：（宋劉斧）〈飛燕〉、（宋樂史）〈太眞〉、（唐元稹）〈崔鶯〉、（唐蔣防）〈霍玉〉之類是也。

㈢**雜錄**：（宋劉義慶）《世說》、（晉裴啓）《語林》、（梁顧協）《瑣言》、（唐趙璘）《因話》之類是也。

㈣**叢談**：（宋洪邁）《容齋》、（宋沈括）《夢溪》、（明敖英）《東谷》、（宋無名氏）《道山》之類是也。

㈤**辯訂**：（宋戴埴）《鼠璞》、（宋莊季裕）《雞肋》、（唐李匡文）《資瑕》、（唐陸長源）《辨疑》之類是也。

㈥**箴規**：（北齊顏之推）《家訓》、（宋袁采）《世範》、（明仁孝皇后）《勸善》、（宋李公）《省心》之類是也。

根據現代小說的觀念來看，「叢談」、「辯訂」、「箴規」三類，與小說可以說是毫無關連的筆記雜書。清紀昀撰《四庫全書總目提要》，小說家類將小說分做三派：

㈠**敘述雜事**：以里巷閒談，詞章細故者隸屬之，收晉葛洪《西京雜記》、宋劉義慶《世說新語》、唐張鷟《朝野僉載》等。

㈡**記錄異聞**：收晉郭璞注《山海經》、《穆天子傳》，漢東方朔《神異經》、《海內十洲記》，秦王嘉《拾遺記》，晉干寶《搜神記》等。

㈢**綴輯瑣語**：收晉張華《博物志》、梁任昉《述異記》等。

小說的範圍，到此稍見整潔。惟唐、宋的傳奇小說，則未見著錄。至於宋平話小說，元、明、清的章回小說盛行民間，數量不少，史志都未曾收錄分類，對研究小說者不無有缺憾之感。從小說發展看來，先秦的神話傳說、寓言雜記，漢代的神仙故事，六朝的志怪清談，唐的傳奇，宋的平話，元、明、清的章回，民國的新小說，都是小說。為便於大家閱讀研究小說，這裡另作比較仔細恰當的分類。

一、從形式演進來分：我國的小說可以分做五個階段：

㈠**筆記小說**：從周秦到六朝這段期間的小說，大抵僅具事件的梗概，文字簡短，內容簡單，根本談不上什麼組織與技巧，大都是作者隨筆而記的極短篇，寫得比較完整的，也不過是一篇有頭有尾的故事；寫得不完整的，則只是兩三行的短語片言：包括神話、寓言、故事、雜史、志怪、清談、軼事、趣語、瑣聞、漫鈔、紀略。六朝之後，各代仍有不少的作者。

㈡**傳奇小說**：到了唐朝，小說作家已不再是隨意筆錄，而是有意的創作，所寫的內容已相當廣泛，有神仙釋道、愛情生活、豪俠武勇、社會時事等等比較奇異的題材，講究寫作的技巧，情節曲折多變，文詞華美流麗，鋪敘深刻動人。因爲所寫的大多是比較奇異的事情，後人就用唐朝小說家裴鉶的小說集的書名《傳奇》，來稱這一類的小說。宋代作者也不少，後人常把「唐宋傳奇小說」連在一起來說了。傳奇小說，無論內容、結構、文字、技巧都已經達到成熟的境地，成就相當於現代的短篇小說。

㈢**平話小說**：過去小說用文言來寫；到了宋代，民間有用口語來寫作小說，因平白如話，叫做「平話」，又叫做「諢詞說」或「話本」，就是現在所謂白話小說。這種口語小說，原是寫給當時說書人做說故事的底本。因爲是說書的底本，形式上帶有濃厚說書的口吻語氣。有開場時的閒話與故事，然後才進入正文；並時常穿插一些詩詞；還有常用「話說」、「卻說」之類的說詞；結尾附有收場的詩句。平話小說的分法，有兩種：

1.從內容來分，有：靈怪（如《西遊記》中的〈芭蕉扇〉）、煙粉（如《錢塘佳夢》，記宋司馬才仲遇蘇小小事。）、傳奇（如〈王魁負桂英〉）、公案（如《包公案》）、朴刀（如〈楊志賣刀〉）、桿棒（如〈花和尚〉）、神仙（如〈黃粱夢〉）、妖術（如〈驪山老母〉）、歷史（如說《三國》）等類。

2.從說書人擅長來分，有四家：(1)小說，一名「銀字兒」：講述煙粉靈怪，傳奇公案，朴刀桿棒，發跡變泰的故事，都是短篇作品。(2)講史：講述興廢戰爭的歷史。(3)說諢話：用滑稽詼諧的諢話，演述參禪、悟道及佛經。(4)合笙：原是南曲的曲牌名，大概是用邊唱邊講的方式來演述故事。

(四)**章回小說**：由講史小說來的，因爲長篇的歷史往往無法當天講完，必須分章分回、長期按日來講，因此產生了長篇的章回小說。如元末羅貫中的《三國志演義》、施耐庵的《水滸傳》就是有名的章回小說。明、清兩代作者更多，題材擴充到無所不寫。

(五)**新小說**：清光緒二十年（一八九四）甲午戰後，大量翻譯外國小說進來，數量近四百部。由於大量翻譯西方小說，對我國的小說作家也是一種鼓勵，對小說的寫作方法與技巧，形式與內容，也有很大的影響。到了民國，形式完全擺脫傳統的說書口吻與章回體制，並採用西方小說的對話形式、描寫技巧、安排情節、選擇內容，形成新小說。

二、從內容來分：根據魯迅《中國小說史略》，有九種：

㈠**志怪小說**：秦、漢以來神仙之說盛行；東漢明帝永平時，佛教從西域傳入京都洛陽；到東漢末，張盛在江西龍虎山正式成立道教之後：許多作者以此爲題材，因此從晉到隋，產生了許多稱道鬼怪神佛的志怪小說。如魏文帝曹丕的《列異傳》、晉祖台之的《志怪》、干寶的《搜神記》、葛洪的《神仙傳》之類是。

㈡**講史小說**：歷史上有很多可歌可泣的故事，作者將它演化成歷史小說。我國的歷史小說，短篇大都寫一代的傳聞，或一人的軼事。如唐陳鴻的〈長恨歌傳〉，寫唐玄宗與楊貴妃的愛情故事，取材比較單純。長篇大都寫許多史事。如元羅貫中的《三國志演義》、明余邵魚的《列國志傳》都是頭緒紛繁情節複雜的作品。

㈢**俠義小說**：我國行俠仗義的故事，早已見於史書。漢司馬遷《史記·刺客列傳》寫秦始皇時的荊軻，《游俠列傳》寫漢武帝時的郭解，就是當時有名的俠客。唐朝傳奇小說興起後，俠義之士的故事，自然成爲作家喜歡選取稱述的題材，產生了不少俠義神勇的短篇小說。如杜光庭的〈虬髯客傳〉、袁郊的〈紅線〉、裴鉶的〈聶隱娘〉等是。元施耐庵的《水滸傳》，可以說是描寫社會問題與俠義故事混合一起的長篇小說。到清費莫文康的《兒女英雄傳》、石玉崑的《三俠五義》出來，就比較是純粹的俠義的長篇了。至於像明人的《包公案》、清人的《施公案》，則是含有偵探推理的俠義作品。到了現代的《火燒紅蓮寺》、《八大劍俠》，還有金庸、臥龍生的作品，都只是武俠小說，稱不上什麼「義」了，甚至以詭異增趣，無甚意義。

(四)**神魔小說**：明中葉初，佛道二教，再度興盛，妖妄迷信又再風行，因此小說也多描敘神魔爭鬥的事。雖說羅貫中的《三遂平妖傳》首創長篇的神魔小說；到明中葉後大爲盛行，作者極多。其中以吳承恩的《西遊記》、許仲琳的《封神演義》最爲有名。

(五)**人情小說**：是拿人情世事作題材的小說。在唐朝傳奇小說中，已經有描寫男女愛情與人生看法的短篇，如元稹的〈鶯鶯傳〉、沈既濟的〈枕中記〉就是。宋人平話小說「銀字兒」、「煙粉」裡，有不少這類的作品，像〈碾玉觀音〉就是，其他都已佚亡。在明朝短篇小說集「三言」、「二拍」中，大部分是以人情世事做題材的作品。長篇的人情小說數量不多，專寫世態人情、涉及床幃的，有蘭陵笑笑生的《金瓶梅詞話》；寫才子佳人，風流韻事的，有佩蘅子的《吳江雪》。清朝曹雪芹的《紅樓夢》是這類小說長篇的代表名著。

(六)**狹邪小說**：唐人登科之後，多上妓家，飲酒作樂；當時作家記述倡家的雜事瑣聞的筆墨，有崔令欽的《教坊記》及孫棨的《北里志》；至明及青，作者尤多，明梅鼎祚的《青泥蓮花記》、清余懷的《板橋雜記》尤其有名。以長篇描寫倡優狹邪的故事，始於陳森（少逸）的《品花寶鑑》，追記乾隆時北京貴臣名士與男優名伶的戀愛事情。以後有魏秀仁的《花月痕》、韓邦慶的《海上花列傳》都是以倡妓的生活與愛情爲題材的狹邪小說。

(七)**才學小說**：有些作者用小說來表現他個人的才華與學問。像清康熙時，夏敬渠學問淵博，著作宏富，卻老於秀才，爲人幕僚，鬱鬱不得志，晚年將他平生的才學、希望與夢想，寫作《野叟曝言》

這部小說，藉以寄其感慨，炫其才華，抒其懷抱，談其理想。繼起的作品，有：屠紳的《蟫史》，故意用古硬詰屈的古文來寫，炫耀才藻的美艷。陳球的《燕山外史》用四六駢文來寫，長三萬一千多言，自謂創體，只是寫得拘手束腳，毫無生氣。李汝珍的《鏡花緣》藉唐敖等人，遨遊海外，遇見奇事異境，談說經史子集，音韻算法，醫藥妙方，琴棋書畫，壬課星相，說書唱曲，燈謎酒令，舞劍投壺，仿句拆字，回文璇璣，對花鬥草，還有珍禽異獸，無一不備。

(八)**諷刺小說**：晉、唐時候，已經有人用小說，寄託譏嘲諷刺之意，專寫人陋劣可笑的種種形態。這類小說到明、清時特別多。魯迅說：「譏刺之切，或逾鋒刃。」吳敬梓的《儒林外史》，假託明朝，描寫諷刺清康熙、雍正、乾隆三朝儒林的風氣，抨擊科舉制度的流毒，人性的虛僞矯情，社會的齷齪卑鄙。

(九)**譴責小說**：嘉慶以來，內亂外患，連連發生，人民對清廷逐漸不滿。到光緒二十六年，義和團變起，八國聯軍攻入北京，中國幾瀕於被列強所瓜分，人民知道政府無能腐敗之極。小說作者就大量創作譴責小說來抨擊政治，揭發黑幕，並提倡維新與革命。如李寶嘉的《官場現形記》、吳沃堯的《二十年目睹之怪現狀》、劉鶚的《老殘遊記》、曾樸的《孽海花》等最爲有名。

三、從現代小說觀念來分：

我研究小說的寫作理論，發現現代小說和過去小說，在觀念方面已經有些不同，小說家所寫的內容有生活故事、歷史事蹟、幻想世界、社會狀況、心理狀態、自然景象等。從現代人小說的觀念來分，大概有下列十二類：

㈠**生活小說**：有人說：小說是反映現實生活，把各色各樣的人物多彩多姿的生活，七情六欲的人性，可歌可泣的事情描繪刻畫出來，就是很好的小說。譬如有人患了濕疹，經過長期治療，才告痊癒；他把它寫成了短篇，這就是生活小說。又如吳敬梓的《儒林外史》，寫范進中舉、馬二先生遊西湖之類的作品；現代日本小說家常寫父子代溝、婆媳相處、工作壓力、升學問題，這些都是以描寫人類生活的生活小說。

㈡**社會小說**：從古到今，社會存在著許多複雜的問題，像不正常婚姻、青少年犯罪、男女平等、經濟政治都有各種問題存在；作者也常常從中汲取題材，描寫當時的社會狀況與社會問題。像官迫民反的《水滸傳》、寄以理想的《鏡花緣》、諷刺世事與人性的《儒林外史》、揭發黑暗內幕的《官場現形記》、《二十年目睹之怪現狀》之類的長篇，都是我國的「社會小說」的名著。

㈢**愛情小說**：小說以愛情作題材的，佔相當多的數量。愛的感情有對國家、父母、愛人、丈夫、妻子、兒女、朋友、家鄉、祖先、上帝、自然萬物種種不同的愛，小說中也有描寫這種種不同的愛情的作品。像義大利亞米契斯的《愛的教育》，就是寫一個小學生愛國家、愛家庭、愛人類的小故事。我國舊小說像〈三孝廉讓產〉寫兄弟之愛；〈羊角哀捨命全交〉寫朋友之愛；〈灌園叟〉寫愛花之情。寫男女的愛情：大概有偏重描寫感情的，如梁山伯與祝英台的悲劇、沈復的《浮生六記》；偏重描寫婚姻問題的，如〈蔣興哥重會珍珠衫〉；偏重描寫性欲的，如《金瓶梅》。

㈣**心理小說**：與意識流小說，都是以描寫人物的心理為主的小說。小說家刻畫人物的心理早就存在，只是過去不像現在心理小說成為專體。心理小說的作家，常常藉人物的對話、書信、日記、文件來吐露深藏心底的情思。到本世紀初，心理學家佛洛伊德作《夢的解釋》、《精神分析》風行於世，對文學的創作方向影響甚大，因此有專門分析心理的小說產生。我國描寫人物心理的舊小說，如唐人沈既濟的〈枕中記〉，寫夢境中的經歷，反映的就是我們隱藏於心裡的種種欲望，如娶嬌妻，做大官，子孫繁衍，健康老壽，富貴榮盛種種想法。

㈤**意識流小說**：心理學家認為人類精神活動的領域，有意識與無意識兩個部分。我們自己能夠知道覺察得到的心理活動，叫做「意識」；不能夠知道覺察得到的心理活動，叫做「無意識」。當我們用頭腦運思的時候，成串的意念——心理活動，在大腦裡汩汩湧出，連續不斷地移動，形成心語。美國心理學家威廉·詹姆斯將這種心理現象，叫做「意識流」。佛洛伊德認為「無意識」，還可分做前意識與潛意識。佛洛伊德認為在現實社會裡，當我們的欲望（如性欲）與禮教法律、道德習俗、社會規範衝突的時候，自我意識強的就會將它控制，壓抑下去，趕進潛意識裡去。譬如婚外情，有違禮俗與法律，自我意識（良心）就會把這種欲念壓抑下去，趕進潛意識裡去，不讓它發生。佛洛伊德認為這種被壓抑禁錮的欲望並不安分，時常會溜進我們的夢裡或幻想中活動，取得滿足。意識流小說所要寫的，就是隱藏人類的潛意識中的迷離飄忽、荒誕複雜的事情、夢象、幻覺、欲望、本能、情思。如魯迅的〈狂人日記〉，描寫「迫害狂」的心態，就是這類作品。

㈥**歷史小說**：就是講史小說，有短篇如陳鴻的〈長恨歌傳〉、杜光庭的〈虯髯客傳〉，長篇如余邵魚的《東周列國志》、羅貫中的《三國演義》。〈長恨歌傳〉、《東周列國志》，處處徵實，可作信史讀；〈虯髯客傳〉，內容大多杜撰；《三國演義》，情節雖然大都根據史料，許多地方是附會歪曲史實的。

㈦**神怪小說**：古時人類面對著神秘難測，變化無常的一些事情，又沒法解釋，只好歸之神仙的降臨，鬼怪的作祟，妖魔的蠱惑，很早產生了許多神話和傳說。到魏晉南北朝，志怪小說尤其盛行；寫神異故事的，多爲解釋自然現象，像要解釋錢塘江潮之大，就說是伍子胥被迫自殺，死後冤魂所致；寫神仙故事的，多爲追求長生不老而產生，像《神仙傳》就有彭祖壽長七百六十七歲；寫鬼怪故事的，多由人死後鬼魂問題來的。這是由民間神魔鬼怪的觀念，和佛教道教的說法結合形成的。以後隨著小說寫作技巧的演進，唐朝傳奇小說有王度的〈古鏡記〉，明朝章回小說有吳承恩《西遊記》……都極有名。

㈧**恐怖小說**：我國的神怪妖魔小說，雖然描寫各種變幻駭人、意態奇詭的怪象，但卻以饒有人情妙趣的筆墨來寫，讀來實在沒有西方鬼怪小說的恐怖，也就是說我國沒有恐怖小說。近代西方恐怖小說傳入了我國，像英國史蒂文孫的《化身博士》就是描述一個晝善夜惡的雙重人格的人物的恐怖小說。這類小說是把現實生活跟科學狂想、變態心理與怪異事件結合一起，寫成既可信又恐怖的小說，像吸血鬼、異形、狼人、巫蠱、惡鬼之類。

(九)**科幻小說**：眞正的科幻小說，始於十九世紀末，英國的威爾斯的《星際戰爭》、法國的凡爾納的《從地球到月球》都是科幻小說。科幻小說是用眞實或想像的科學理論，作爲寫作小說的內容的基礎。現在的科幻小說寫的題材，有機器人、變形、時光倒流、長生不老、環境污染、登陸外星、外星人、夢境、太空旅遊、星際大戰、魔劫、怪物等等。

(十)**偵探小說**：是以偵查犯罪案件做題材的小說。每個時代都有些人禁不起物欲的誘惑，專做一些不法勾當，如詐欺、強暴、偷竊、搶劫、綁架、勒索、賭博、走私、販毒、貪污、殺人、經濟犯罪等等案件。我國作家將犯罪事件寫成小說，早已存在。明人就將宋仁宗時的包拯斷案事情，鋪演成《包公案》。清人又有《施公案》等等作品。西方人稱做「偵探小說」，又叫「推理小說」。英國醫生柯南道爾所寫的《福爾摩斯偵探故事》風行世界各地。

(十一)**武俠小說**：就是俠義小說。我認爲現代流行的這類小說，只見其武，怪招詭異，狠毒陰辣，已經沒有半點古俠義之風，所以認爲不能稱之「俠義小說」，應改叫「武俠小說」。這類全以打鬥爲主，內容不外復仇、奪標、尋密笈、爭盟主寶座之類罷了。

(十二)**其他**：凡不屬於上面幾類，統歸之其他。

（民國八十一年六月《華文世界》）

駢文的分類

駢文和散文原都是無韻的文章。駢文的句法，要作整齊的駢偶，字義成雙作對，形成對偶句子，叫做「駢文」；又因常用四字句和六字句，又叫「四六文」；極盛於魏晉南北朝的時代，又叫「六朝文」。

駢文源於秦李斯的〈諫逐客書〉，鋪陳排比，前人以爲是駢文的初祖。晉陸機作〈演連珠〉，對偶工整，聲韻諧協，被認是六朝駢文的開始。東漢蔡邕的碑文，孔融、建安七子、曹氏父子，晉朝的潘岳、陶潛等人的賦，對於駢文的發展都有幫助。

但在南北朝之前，詩文講求的聲調美，不過是自然和諧罷了。到齊、梁時候，沈約、周顒等人，創立「四聲」、「切韻」的方法，將平仄和押韻用於作詩，也用於作文，要求：「一句之內的文字，要平仄相間；上下兩句的文字，要平仄相對」；從此聲律與對偶就成爲當時文章的一種形式，因此駢文達到成熟的境界。文人寫作，競求聲調和諧，堆砌典故，雕琢詞藻，對偶文辭。把文章分做「文」、「筆」兩種：將抒情有韻的美文，叫做「文」；將實用無韻的雜文，叫做「筆」。從此，駢文和散文絕然分開了，成爲兩種文學作品。在駢文極盛的時代裏，也有人用駢文來寫作論說、書信之類實用文字，如梁劉勰的《文心雕龍》五十篇，全用駢句儷辭寫成。

駢文用四六句間隔作對的方法，是徐陵、庾信所倡始採用的，人稱「徐庾體」。徐陵有〈玉臺新詠序〉，庾信有〈哀江南賦〉、〈小園賦〉都是用四六體的駢文寫的。例如：

凌雲概日，由余之所未窺；萬户千門，張衡之所曾賦。（〈玉臺新詠序〉。寫宮殿之高，門户之多。由余，春秋人。）

一寸二寸之魚，三竿兩竿之竹。（〈小園賦〉）

落葉半床，狂花滿屋。（〈小園賦〉）

唐代承六朝的餘風，盛行駢文，又以詩賦爲科舉考試科目，名家極多，有初唐王勃、楊炯、盧照鄰、駱賓王四傑。王勃的〈滕王閣序〉、駱賓王的〈討武曌檄〉就極有名，除平仄調協，對仗工整，措詞綺麗，且用典貼切。玄宗時，又有燕國公張說，許國公蘇頲兩人，稱「燕許大手筆」。劉知幾用駢文寫成史學批評的名著《史通》。德宗時，陸贄（宣公）用駢文寫奏疏，議論國是，分析事理，自然流暢得像散文。韓愈、柳宗元提倡古文運動，「駢文」這個名稱，才和「古文」一起產生的。古文就是散文，就是要革除駢文專講形式美，而不管內容貧乏的惡習。駢文在韓、柳提倡古文運動前後，仍十分風行，盛唐時有李白、杜甫、王維等人，晚唐有李商隱、溫庭筠、段成式三個排行十六的駢文名手，被稱做「三十六體」。把駢文別稱爲「四六」，由李商隱開始。

李商隱的駢文，偏於繁縟藻麗、僻典難懂的作風，影響到宋初的楊億、劉筠等人，形成了「西崑體」。以徐鉉最有名。到散文家歐陽修繼續鼓吹韓愈的古文運動，王安石、曾鞏、蘇洵、蘇軾兄弟，追隨歐陽修的路子作散文，駢文漸趨沒落。他們所作駢文都趨向於散文化；後來的宋人作駢文，好用虛字，典故、成語和長聯，並用駢文來議論，於是駢文不再是純粹的美文。蘇軾的駢文更極盡曲折變化之能事。不過，由於宋代設立「博學鴻詞」，要考「四六文」，所以作者仍不少。

明朝人不大寫駢文，但因科舉要考「八股文」，一般人仍勉力學習。清代的文學思潮是復古，駢文和散文、詩、詞、戲曲一樣流行，科舉仍考八股文。清初作者像陳維崧、袁枚，毛奇齡、紀昀都能作自然流麗的駢文。洪亮吉、汪中、胡天游是清代中葉三大駢文家。汪、洪很能發揮六朝駢文的輕倩清麗的風味。清末以王闓運、張之洞較有名。王仍以模倣六朝爲主，曾用庾信的原韻作〈哀江南賦〉，寫太平天國事，被稱做「假古董」。張作有宋人的氣息。嘉慶時，有陳球用駢文寫愛情小說《燕山外史》，長三萬一千多字。李兆洛編有《駢體文鈔》三十一卷，專選自秦至隋之間的駢體文。陳維崧的《四六金箴》專講駢文的寫作技巧。

駢文自六朝以來，一直被認爲只是作者玩弄文詞，炫耀才藻的唯美文學，漸漸成爲娛情遊戲的文字，像詩鐘和對聯，都是駢文的支流。所以駢文的分類很難，我們只能從它演變的歷史來論介。

樂府詩的分類

秦朝就有「樂府」這個機構，漢武帝擴大了樂府的組織，以李延年做協律都尉，大量製作郊廟樂章，收集民間歌謠，由西域傳入一些歌曲，樂府才有重大的成就與發展。俗樂民歌經過一百多年的努力，為人民所喜歡，各地都有新曲產生。漢獻帝建安時代，曹操父子大力提倡撰作，有據舊曲改作新詞，有作新詞並譜新曲，樂府詩更加興盛。以後詩人撰作民歌俗謠，成為一種風氣，影響到六朝、隋、唐、五代，文人創作、擬作、仿作的樂府詩，充滿各家集子中，有「行、引、歌、謠、吟、詠、怨、歎」各種名稱。宋朝郭茂倩蒐集上自陶唐，下迄五代的樂府歌辭，編為《樂府詩集》一百卷，分做十二類：

(一)**郊廟歌辭**：收祭祀天地宗廟百神，稱述功德的歌辭，起於漢朝，迄於唐朝，缺魏、元魏歌辭。

(二)**燕射歌辭**：漢魏時，凡遣使、拜皇后王公、冠太子、都設樂於前。《樂府詩集》收朝會、讌饗、食舉的樂歌，有晉、宋、齊、梁、北齊、周、隋各代。

(三)**鼓吹曲辭**：是戰勝凱旋的樂歌，大抵敘述受命征戰、豐功盛德的事情。有漢〈鐃歌辭〉及後人擬作，並收魏、吳、晉、宋、齊、梁鼓吹曲辭，及隋、唐凱樂歌辭。

㈣**橫吹曲辭**：是馬上演奏的軍樂。漢李延年根據胡人〈摩訶兜勒〉一曲，改造新曲二十八解；到了魏晉，只傳下十曲。現存的漢橫吹諸曲的歌辭，都是後人擬作的作品。又有梁鼓角橫吹諸曲，似爲北朝民歌。

㈤**相和歌辭**：漢朝的舊曲，絲竹相和，執節者歌。現存的樂章古辭都是漢朝的民間歌謠；其中後人擬作新製的曲辭也不少。

㈥**清商曲辭**：收有吳聲、神弦、西曲、江南弄四類：吳聲、西曲，後來屬於隋、唐樂府的清商部，所以叫做「清商曲辭」。其歌辭，晉、宋、齊、梁的作者最多。吳聲、西曲是南朝的民歌。神弦曲是吳人祭神的樂曲，江南弄是梁武帝依西曲改製的新曲。

㈦**舞曲歌辭**：收有郊廟朝饗用的雅舞，殿廷宴會用的雜舞的歌辭。

㈧**琴曲歌辭**：是修身養性的音樂，包括堯、舜至隋、唐間的作品；只是古代的琴曲歌辭，大都是後人僞託的作品。

㈨**雜曲歌辭**：歷代都有，大抵出自民間，或心志之所寄，或情思之所感，或宴遊歡樂之所發，或憂愁憤怨之所興，或敘離別悲傷之懷，或言征戰行役之苦，或緣於佛老，或自夷虜，兼收備載，總稱之「雜曲」。秦漢以來，代有作者。

㈩**近代曲辭**：也是雜曲，因爲產生於隋、唐，所以叫做「近代曲」。他們所作新曲，多採自土樂胡聲，所收都是隋、唐人的作品。

(十一)**雜歌謠辭**：帝堯之世，就有〈擊壤〉之歌，歌謠早就流行各地。古代名歌者：像秦青悲歌，聲震林木，響遏行雲：韓娥賣唱，餘音繞梁，三日不絕。配樂唱的叫歌，不配樂唱的叫謠，收有歷代各地的歌謠。作辭有詩人，有平民。

(十二)**新樂府辭**：所收都是唐人的新歌。歌辭雖模仿樂府，未必都能合樂歌唱。

詞的分類

詞就是歌詞，和樂府詩一樣。古代的樂府大抵是詩人先做了歌詩，音樂家再給配上樂曲；當然也有音樂家先作好樂曲，詩人再作歌詩的。不過，在歌唱時候，爲了配合曲調加一些泛聲，爲了使大家也能一起來唱加一些和聲；後代也有人把泛聲或和聲的部份，塡上一些「實字」，就成了長短句。我想這跟雜言體的樂府詩差不多。

唐代有一些流行民間的俗樂，像〈竹枝詞〉；還有從外國傳進來的胡樂，像〈菩薩蠻〉；因爲有這些新音樂產生，必須作一些新歌詞來配合。唐、五代到兩宋的詞，有些就是在這種新音樂流行之下而產生的，當然也有些是沿襲舊曲古調而做新詞的。

我們可以說「詞」是由樂府詩和唐人近體詩蛻變來的，有的是爲著歌唱而作。像李白的〈清平調〉三首、〈菩薩蠻〉就是。唐人所作的樂府詩，雖然有雜言體；仍然很多是五言、七言的律詩絕句。《唐史》說李賀有樂章數十篇，樂工都給他配了音樂，可以歌唱。又如《集異記》所記高適、王昌齡、王之渙三人，在旗亭上聽到歌妓傳唱的歌詞，就是他們所作的五言、七言的絕句。到了中唐，也有專爲一支歌作詞的，像韋應物作〈調笑令〉：

胡馬，胡馬，遠放燕支山下，跑沙跑雪獨嘶，東望西望路迷。迷路，迷路，邊草無窮日暮。

這首詞雖似從六言的「三臺」變化出來，但已有長短句的味道。白居易作〈憶江南〉：

江南好，風景舊曾諳。日出江花紅勝火，春來江水綠如藍，能不憶江南？

這些詞已打破了五言、七言的形式，完全成為「長短句」。晚唐時，溫庭筠就是提倡作長短句最有力的一個詩人；所以《舊唐書》卷一九〇下說他「能逐絃吹之音，爲側豔之詞。」晚唐以後，長短句的詞，就逐漸盛行。所以前人又稱「詞」爲「詩餘」、「樂府」、「長短句」。如：蘇軾的《東坡樂府》，秦觀的《淮海居士長短句》，廖行之的《省齋詩餘》就是。

詞產生於盛唐，原來不是獨立的文體，只是曲子的附產品；音樂家作好了曲子，請人根據曲調來作詞，當時人叫做「倚聲塡詞」；劉禹錫和白居易詞，標題「依曲拍爲句」，就是依曲子來塡詞。歐陽炯又稱詞做「曲子詞」。後來曲子散亡，唱法失傳，雖還有工尺曲譜，只是後人已經不知道怎麼彈奏演唱。唐宋這些「歌詞」至今還存在，因爲沒法唱，只好簡稱做「詞」。根據曲譜塡詞，到中、晚唐，已經很普遍，作者不少，五代更盛。後蜀趙崇祚編《花間集》，收輯晚唐、五代溫庭筠、韋莊等十八家詞。至南唐李後主，使詞達到最高的境界。發展到南北宋，詞成爲兩宋文學的靈魂，作者非常多。詞大抵按字數長短來分，有小令、中調、長調三類：

㈠**小令**：字數在五十八字之內。像〈菩薩蠻〉、〈憶秦娥〉、〈漁父〉、〈調笑令〉、〈憶江南〉、

〈長相思〉、〈望江南〉、〈天仙子〉、〈浪淘沙〉、〈更漏子〉、〈楊柳枝〉、〈浣溪沙〉、〈臨江仙〉、〈清平樂〉、〈虞美人〉、〈相見歡〉、〈江南柳〉、〈訴衷情〉、〈賣花聲〉、〈西江月〉、〈鷓鴣天〉、〈定風波〉、〈卜算子〉、〈點絳唇〉、〈如夢令〉、〈一斛珠〉、〈生查子〉、〈少年游〉等都是小令。小令屬於短歌。

㈡**中調**：字數在五十九至九十字。像〈鵲踏枝〉、〈憶帝京〉、〈鶴沖天〉、〈謝池春慢〉、〈一叢花令〉、〈蝶戀花〉、〈漁家傲〉、〈河滿子〉等。

㈢**長調**：字數在九十一字以上。像〈八聲甘州〉、〈竹馬子〉、〈木蘭花慢〉、〈安公子〉、〈傾杯〉、〈剪牡丹〉、〈水調歌頭〉、〈念奴嬌〉、〈瑞龍吟〉、〈應天長〉、〈還京樂〉、〈滿江紅〉、〈浪淘沙慢〉、〈賀新郎〉、〈永遇樂〉、〈雨霖鈴〉、〈破陣樂〉、〈聲聲慢〉等。

唐、五代至宋初，是小令獨盛的時期。唐朝李白、張志和、韋應物、劉禹錫、白居易、溫庭筠，五代馮延巳、李煜、韋莊、歐陽炯所作詞大都是小令，用以抒情寫景；到宋初，晏殊、范仲淹所作仍多是小令，寄其感興。後來文字稍長的慢詞漸漸產生，張先、柳永採用中調長調，鋪張描敘，作淺俗的豔詞。至蘇軾出，豪放不羈，瀟灑飄逸，打破為歌唱而作詞的傳統，而使詞走上「詩化」的路子，柔豔嫵媚的詞一變而成恢宏豪放的詞，題材擴大，意境更高，表現作者的個性。但當日慢詞的音律字句，尚未達到十分嚴密階段，同詞牌詞的字數，常有一些出入。至秦觀、賀鑄，這才漸趨嚴謹。自柳、蘇以後，作者更多，慢詞大大盛行。又有人主張注重音律，用精鍊雅正的詞，寫婉約蘊籍的感情，由秦觀與賀鑄開始，周邦彥集大成，李清照爲結束。到南宋，姜夔、張炎等人，繼承格律派的路線，極盡雕琢刻畫之能事，詞中通俗浪漫的情味，至此喪失殆盡，造成沒有血肉生命的古典詞。從詞的風格與作法的特點分類，可以分做：

㈠**婉約派**：柳永、秦觀。徐師曾在《文體明辨》中說：論詞有婉約者，有豪放者。婉約者欲其詞情蘊藉，豪放者欲其氣象恢宏。蓋雖各因其質，而詞貴感人，要當以婉約爲正。否則雖極精工，終非本色。」《四庫提要．東坡詞》：「詞自晚唐、五季以來，以清切婉麗爲宗。」《吹劍錄》云：「柳郎中詞，只合十七、八女郎執紅牙板，歌『楊柳岸曉風殘月。』」柳永〈雨霖鈴〉：「多情自古傷離別，更那堪冷落清秋節。今宵酒醒何處，楊柳岸、曉風殘月。」寫從汴京南下時，男女離別之情。他多爲歌伶樂妓撰作曲子詞。秦觀有《淮海詞》，存詞一百首。他的〈浣溪沙〉：「自在飛花輕似夢，無邊絲雨細如愁。」〈踏莎行〉：「霧失樓臺，月迷津渡，桃源望斷無尋處。」之類，寫情寫景都極清麗而含蓄。

㈡**豪放派**：蘇軾、辛棄疾。胡寅《酒邊詞序》說：「蘇軾一洗綺羅香澤之態，擺脫綢繆宛轉之度，使人登高望遠，舉首高歌，而逸懷浩氣超乎塵垓之外。」蘇軾〈念奴嬌〉：「大江東去，浪淘盡千古風流人物。」《吹劍錄》云：「此須關西大漢銅琵琶鐵綽板來唱。」南宋辛棄疾、岳飛面對著國家危亡，奸臣當道，無不悲憤塡膺，所作詞自然充滿了豪放慷慨、激昂悲歌之情。辛棄疾〈永遇樂〉：「想當年金戈鐵馬，氣吞萬里如虎。」岳飛〈滿江紅〉：「抬望眼，仰天長嘯，壯懷激烈。三十功名塵與土，八千里路雲和月。」讀來猶可感受到他們豪放慷慨之情。

㈢**格律派**：周邦彥、李清照。周邦彥是一個音樂家，能作曲作詞，宋徽宗時，掌管大晟樂府，研究古代樂曲，隋唐以來的曲調才能流傳下來。他又譜了許多慢曲，所以在他的《清眞詞集》（一稱《片玉集》）裡稱「慢、引、近、犯」的詞調很多，像〈浪淘沙慢〉、〈華胥引〉、〈早梅芳近〉、〈玲瓏四犯〉。《宋史》說他所作的曲與詞，聲韻極美。李師師在宮宴上所唱的〈六醜〉就是他所作的。他所作詞，調名雖多從舊，但下字用韻都有他法度。方千里、楊澤民作詞，都以他爲準繩，各有《和清眞全詞》一卷；後來有人把三人詞合刊一起，叫做《三英集》。《四庫提要》說：「邦彥所製諸詞，不獨音之平仄宜遵，即仄字中『上去入』三聲，亦不容相混。」李清照的《漱玉詞》寫她生活的笑影與淚痕。但她精通音律，能夠在〈聲聲慢〉起頭，連用七個疊字「尋尋覓覓，冷冷清清，淒淒慘慘戚戚」，來表現心絃的幽怨之聲。她的詞情思幽怨，音律動人。她嘗從音律與文學的觀點，批評各家的詞。認爲晏殊、歐陽修、蘇軾所作詞，往往不協音律。（見《苕溪漁隱叢話》引）。

㈣**古典派**：姜夔、張炎。南宋跟金國和談成功，大家忘記徽、欽二帝被擄北去的國恥，過起偏安逸樂的生活，清客詞人又沉醉於酒樓歌榭，講究音律，雕章琢句，作雅正工麗的詞。姜夔自己說：「自作新詞韻最嬌，小紅低唱我吹簫。曲終過盡松陵路，回首煙波十四橋。」他繼續周邦彥的格律的路子，改正舊調，自製新譜，有〈暗香〉、〈疏影〉、〈杏花天〉等十七支，錘鑄文字務求圓美醇雅，如「二十四橋仍在，波心蕩冷月無聲。」（〈揚州慢〉），「嫣然搖動，冷香飛上詩句。」（〈念奴嬌〉）。又喜歡用典，誇耀才學。如「送客重尋西去路，問水面琵琶誰撥？最可惜一片江山，總付與啼鴂。」張炎是晚唐到宋末幾百年來歌詞的結束者。他也是非常講求音律。他在《詞源》中說：詞要雅正，一要協音，二要隱意（含蓄），三要修辭。提倡用典故象徵的手法來表達情意。如說桃須用劉郎、紅雨，詠柳須用章臺、灞岸。他的〈高陽臺〉：

當年燕子何處？但苔深葦曲，草暗斜川，見說新愁，如今也到鷗邊。無心再續笙歌夢，掩重門，淺醉閒眠。莫開簾，怕見飛花，怕聽啼鵑。（西湖春日有感）

寫南宋為元人所滅，國亡家破，當年的富貴繁華，都已付之一片荒涼。

散曲的分類

到了元朝，從北方草原來的蒙古民族統治了中國，於是大衆的通俗文學曲子和雜劇，大大抬起頭來，代替了正統的文學地位，成爲主流文學，可以和唐詩、宋詞相媲美。

元曲和歌詞的性質一樣，是由宋詞演化來的，是當時的新詩，在民間的小調中尋找新的活潑的生命，還有這時胡樂番曲，也隨著金人元人的南下帶了進來，在當日娛樂界自然起了很大轉變。樂器像箏、琵琶、胡琴、渾不似所彈的曲子，自然和漢人的舊詞不同。一時的作家詞人馬致遠、王德信（實甫）、關漢卿、盧摯、貫雲石、張可久、喬吉（夢符）、周德清、鍾嗣成、薛昂夫、徐再思、鄭光祖（德輝）、白樸（仁甫）、張養浩、湯式這些人，只好配合時代的需求，或就曲調填歌詞，或創作新曲新詞。作者應該不少，可是有別集流傳下來的，只有張養浩、喬吉、張可久、湯式四人（湯式，死於明永樂年間，如列於明人，則只有三人）；其餘各家的散曲，不過零星散見於像樂府、曲選、曲譜、詞集、小令鈔、韻書、曲話、筆記、史書及其他書籍之中。其中《雍熙樂府》收的最多，可惜大多不注作者的姓名，需靠他書檢校。一九六九年（民國五十八年）九月，臺灣中華書局編輯部出版《金元散曲》兩冊，共一八九四頁，收錄元好問等二百十二人及無名氏作品，有小令三千八百五十三首，套數四百五十七套，殘曲在外。

一種新文學的產生，大抵都是由簡而繁，由短而長；元朝的散曲，也是先有小令，而後有合調，而後有套曲。現在分述如下：

㈠**小令**：是取自民間流行的小調，以一支曲子為一首。大致情意比較尖新，文字比較通俗。馬致遠〈天淨沙〉：

枯藤老樹昏鴉，小橋流水人家，古道西風瘦馬，夕陽西下，斷腸人在天涯。

㈡**合調**：就是把兩三支小曲合成比較長的雙調，也叫「帶過曲」。一個作者填了一支曲子，意猶未足，可以再填另一支曲子；不過，這兩支曲子的樂調，必須能夠互相銜接才行；最多以三調為限，叫做「合調」。曾瑞的〈閨中聞杜鵑〉一首，就包含了〈罵玉郎〉、〈感皇恩〉、〈採茶歌〉三支曲子，曲詞也分做三段：

無情杜宇閒淘氣，頭直上耳根底，聲聲聒得人心碎。你怎知，我就里，愁無際。（〈罵玉郎〉）

簾幕低垂，重門深閉，曲欄邊，雕簷外，畫樓西，把春酲喚起，將曉夢驚回。無明夜，閑聒噪，廝禁持。（〈感皇恩〉）

我幾曾離，這繡羅幃。沒來由勸我道不如歸。狂客江南正著迷，這聲兒好去對俺那人啼！（〈採茶歌〉）

狂客一作征客。這首合三調的曲詞，描寫處身深閨中的一個少婦，忽聽杜鵑啼叫：不如歸去！不如歸去！叫得人心碎；而埋怨杜鵑不知我正在發愁哪。接著又寫杜鵑在曲欄邊，在雕簷外，在畫樓西不斷地啼叫，日夜聒噪，把人從醉中喚起，從夢中驚醒。接著又寫，我何曾離開這個家？你卻儘對我啼叫：不如歸去，不如歸去！我那個老公正爲江南的春色著迷啊！這個「不如歸去」話兒，你應該拿去對著俺那個人啼叫吧！他的文字雖然比較長，但所表現的情意卻是一貫相連。

㈢**套曲**：又稱套數，也叫散套（或大令）。它是由同宮調的幾支曲子聯成一個套曲。全套的曲詞是一個韻到底，並有「尾聲」收尾。馬致遠的〈秋思〉，就是採用雙調的〈夜行船〉、〈喬木查〉、〈慶宣和〉、〈落梅風〉、〈風入松〉、〈撥不斷〉、〈離亭宴煞〉七支曲子組成的一個套曲。（煞，尾聲），抒寫他秋天的雜感，晚年頹唐厭世的情懷。現鈔錄如下：

（雙調）（夜行船）百歲光陰一夢蝶，重回首往事堪嗟！今日春來，明朝花謝；急罰盞夜闌燈滅。（喬木查）想秦宮漢闕，都做了衰草牛羊野。不恁麼，漁樵沒話說。縱荒墳，橫斷碑，不辨龍蛇。（慶宣和）投至狐蹤與兔穴，多少豪傑？鼎足雖堅半腰裡折，魏耶？晉耶？（落梅風）天教你富莫太奢，沒多時好天良夜。富家兒，更做道你心似鐵，爭辜負了錦堂風月。（風入松）眼前紅日又西斜，疾似下坡車。不爭鏡裡添白雪，上床與鞋履相別。休笑鳩巢計拙，葫蘆提一向裝呆。（撥不斷）利名竭，是非絕，紅塵不向門前惹。綠樹偏宜屋角遮，青山正補牆頭缺，更那堪竹籬茅舍。（離亭宴帶歇指煞）蛩吟罷一覺纔寧貼，雞鳴時萬事無休歇。何年是徹？看密匝匝蟻排兵，亂紛紛蜂釀蜜，急攘攘蠅爭血。裴公綠野堂，陶令白蓮社。愛秋來時那些：和露摘黃花，帶霜分紫蟹，煮酒燒紅葉。想人生有限杯，渾幾個重陽節。人問我，頑童記者：便北海探吾來，道東籬醉了也。

這首套數，不重韻，無襯字，韻險語俊。明王世貞推爲散套中的第一傑作。

戲劇的分類

我國的戲劇，有人說產生於北齊，這時已經有人用歌舞來搬演故事。如〈踏搖娘〉就是演蘇包鼻醉酒打老婆，向鄰人訴苦的小故事。唐玄宗設置教坊和梨園訓練伶人和宮女，演唱歌舞戲和參軍戲，後人推尊玄宗為我國戲劇的鼻祖，叫戲子做「梨園子弟」。宋朝已有雜劇，由四、五個腳色唱曲打諢，扮演故事。當時還有「鼓子詞」，用同一支曲子說唱故事。孔三傳嫌它單調，創製「諸宮調」，利用不同宮調套曲，編成一個長曲，唱說一個複雜完整的故事。

宋人南遷，遺留北方的雜劇，由倡妓在行院中演唱；其唱本，就是金、元的院本。不過，唱曲和表演完全分開，唱者在內，演者在外。元朝，文人因為不能在仕途上求發展，多以寫作戲曲寄託情懷；這時的雜劇已經到了完全成熟的時代，有完整的故事，動人的情節，有曲詞、賓白和動作，每本戲都以四折為限，偶然也有五折，故事較長就分成幾本，作者極多。據各種戲曲目錄所載，有七百三十六本；現存元人的雜劇還有一百六十一本。作家有關漢卿、高文秀、鄭廷玉、白樸、馬致遠、李文蔚、王實甫、李壽卿、尚仲賢、石君寶、紀君祥、張國賓、楊梓、宮天挺、鄭光祖、喬吉、秦簡夫、朱凱、羅貫中等，無名氏也不少。

宋人南遷後，也將戲曲藝術帶到江南，受到南方音樂的影響，形成了南曲，叫做「戲文」。到了元末明初，南曲就有一部幾十齣的大戲出現，情節曲折奇異，叫做「傳奇」；有《琵琶記》、《荊釵記》、《白兔記》、《幽閨記》、《殺狗記》等五大傳奇。明嘉靖時，崑山人魏良輔改良南曲的唱法，創造出「崑腔」。梁辰魚首先用崑腔譜曲，作《浣紗記》。以後崑腔風行南北，傳奇發揚到極燦爛的境地。萬歷時，湯顯祖作《還魂記》（又名《牡丹亭》）成爲明傳奇的壓軸戲。毛晉編有《六十種曲》，是傳奇最流行的選本。明人作的雜劇也非常多。清代的雜劇與傳奇，名作輩出。

我國這種戲曲可以說是以歌舞爲主的歌劇，與音樂、舞蹈分不開。到了清光緒時，受到日本與西方的戲劇的影響，產生了「話劇」。我國的戲劇就走上「話劇」與「歌劇」兩條不同的道路。現將我國的戲劇加以分類：

一、從劇本編寫來分，有歌劇與話劇兩種：

㈠**歌劇**：從周朝開始就有戲曲。周代祭祀時，巫覡藉唱歌跳舞跟神靈溝通，就是戲曲的源頭。屈原的〈九歌〉就是這樣產生的。後漢王逸說：「昔楚國南郢之邑，沅、湘之間，其俗信鬼而好祀。其祀必作歌樂鼓舞，以樂諸神。屈原見俗人祭祀之禮，歌舞之樂，其辭鄙陋，因爲作〈九歌〉之曲。」最後一曲〈禮魂〉：

成禮兮會鼓，傳芭兮代舞，姱女倡兮容與，春蘭兮秋菊，長無絕兮終古。

送走神喲擂著鼓，傳送鮮花喲輪番跳舞，美女唱歌喲甜柔悠曼，春供蘭花喲秋獻菊花，永不間斷喲終古不變。由這可以想像古代歌舞劇萌生的情況。有音樂，有舞蹈，有動作，有歌詞。一面祭祀神明，一面也娛樂觀衆。以歌唱爲主的戲劇就這樣的產生。再添加故事和情節，慢慢地演變，於是有鼓兒詞、諸宮調、院本、雜劇、南戲、傳奇、京戲與地方戲。現在分別論介如下：

1.鼓兒詞：起於宋代，流行於明、清，以鼓聲作節拍，用一支曲調反覆演唱故事，間雜說白。宋趙令畤作〈商調蝶戀花詞〉十二首，歌詠元稹的〈會眞記〉張生與崔鶯鶯的愛情故事，就是鼓兒詞。它是唱一段曲子，又講一段故事。劉鶚的《老殘遊記》，寫在明湖居聽白妞唱大鼓書〈黑驢段〉。左手指夾著梨花簡，丁丁當當的敲，右手持鼓棰子敲著羯鼓，配搭著三絃聲，唱著故事，每句七個字，一段數十句。〈黑驢段〉就是描寫一個美人騎一匹黑驢走過去的故事。清時八板詞、子弟書都是鼓兒詞的一種。作品有賈鳧西的《木皮散人鼓詞》。單用一支曲調比較單調，必須靠唱者的音色與技巧，才能動人。

2.諸宮調：北宋熙寧、元豐年間，孔三傳首創，用不同宮調的套曲，說唱長篇的故事，故稱「諸宮調」；以散文說，以韻文唱。今存代表作有金章宗朝董解元的《西廂搊彈詞》，曲多白少，優人彈著琵琶或三絃來念唱。它雖不是可以在舞臺上演出的雜劇，但因已經高度戲劇化；他把鶯鶯的故事，剪裁穿插了許多悲歡離合的波折，最後以團圓結束，迎合群衆趣味，詞句精工巧麗，纏綿悱惻，成了諸宮調中最偉大的作品，對元、明戲曲的影響很大。

3.院本：南宋時，北方金、元的倡伎，在行院（妓院）裡演唱戲文，叫做「院本」。唱者在內，演者在外。陶宗儀《輟耕錄》說，金、元院本名目，有六百九十多種，是元雜劇的前身，惜都已失傳。元以後，也有用稱宋人雜劇爲院本，以別於元人雜劇。

4.雜劇：雜劇之名，始於宋初，有官本雜劇及滑稽戲，只是戲文盡佚，無法瞭解它體裁與作法。至金有院本雜劇。元人崛興，作者最多，傑作如林，「雜劇」一詞幾專指元代北曲的雜劇。雜劇以優伶演唱故事，除了唱詞、動作和對白外，還有動人的劇情。通常一本四折，一折用一個宮調的套曲，由主角一人（末或旦）獨唱到底，表演一個完整的故事。男主角唱的叫「末本」、女主角唱的叫「旦本」。其他角色說白表演，交代劇情，偶而也有唱一段的。雜劇到了明、清還有不少作者，但因受傳奇的影響，一本戲則不限四折，不限一人獨唱，也不限用北曲演唱。用南曲演唱的，稱做南曲雜劇。（見《輟耕錄．院本名目》）。元代雜劇家像關漢卿作《竇娥冤》、王實甫作《北西廂》、白樸作《梧桐雨》、馬致遠作《漢宮秋》都極有名。明臧晉叔編《元曲選》一百種。明趙元度蒐集元明雜劇，二百六十九種，比過去多一百四十四種，涵芬樓編印作《孤本元明雜劇》；其中明代作家有甯憲王朱權、周憲王朱有燉、黃元吉、康海、楊愼、陳自得、桑紹良、馮惟敏等；其他作者都已無考。鄭振鐸纂集《清人雜劇》二集，收八十種，有吳偉業，尤侗、嵇永仁、張韜、洪昇、萬樹、桂馥、嚴廷中、蔣士銓、孔廣林、厲鶚、石蘊玉、梁廷枏等。明人徐渭作《四聲猿》雜用南北曲，一本四折，各寫一事：狂鼓吏漁陽三弄，玉禪師翠鄉一夢，雌木蘭替父從軍，女狀元辭凰得鳳，曲文精美，說白流暢，形成了一折新短劇。

5.南戲：宋人南渡，遷都臨安（今浙江杭州），把北方的歌曲劇藝帶到江南，和南方的音樂技藝結合，形成了「南曲」，宋光宗時（十二世紀末）產生南曲戲文，流行浙江溫州、永嘉一帶，叫做「溫州雜劇」或「永嘉雜劇」，後來叫做「戲文」或「南戲」，現存的南戲只有《張協狀元》、《小孫屠》、《宦門子弟錯立身》、《劉知遠》等幾種。南戲和北方的金院本、元雜劇相對稱，曲調、唱法和用詞都和北曲有許多不同，是明代傳奇的前身。直至民國以後，纔有人研究南戲，有錢南揚《南戲百一錄》，馮沅君、陸侃如合著《南戲拾遺》，收集了許多南戲中殘存的曲調。

6.傳奇：到元朝，以北曲譜寫的雜劇，在北方迅速發展；用南曲譜寫的戲文，也在南方默默流行。元中葉後，北方雜劇南移，刺激南戲的發展。演進到元末明初，就產生了《琵琶記》等五大傳奇，傳奇的聲勢壓倒了雜劇。所以叫做「傳奇」，大概是由於唐人作傳奇小說，描敘一些奇異的故事。唐人裴鉶的小說集就叫《傳奇》；元、明、清有些戲曲家，將唐、宋傳奇小說，改編成戲曲。像唐沈既濟的〈枕中記〉、蔣防的〈霍小玉傳〉和李公佐的〈南柯太守傳〉，明湯顯祖改編成《邯鄲記》、《紫釵記》和《南柯記》；裴鉶的〈崑崙奴〉，梁辰魚編成《紅綃記》；白行簡的〈李娃傳〉，薛近兗編成《繡襦記》；杜光庭的〈虬髯客傳〉，張鳳翼編成《紅拂記》。還有唐陳鴻的〈長恨歌傳〉和宋樂史的〈楊太眞外傳〉，清洪昇據之編成《長生殿》。明初高則誠早把戲曲叫做「傳奇」。明代的傳奇都是長篇作品，如《琵琶記》四十二齣，《白兔記》三十二齣，《還魂記》五十五齣。每齣由各種角色演唱，體制和雜劇不同。傳奇戲多劇長，難免有結構鬆弛、材料雜亂的毛病。全劇要一次演完幾乎不可能，只能選演最精彩的幾個部份。清人編《綴白裘》就是傳奇好戲的精選本。毛晉編《六十種曲》就是明代傳奇的選本；像梁辰魚的《浣溪記》、李開先的《寶劍記》、王世貞的《鳴鳳記》和湯顯祖的「玉茗堂四夢」都是極好的作品。清人傳奇有名的，除《長生殿》外，還有孔尚任的《桃花扇》寫明朝滅亡的悲劇，和李漁《十種曲》寫人類生活的喜劇。明人傳奇早期採用南曲演唱，後來採用海鹽腔、餘姚腔、崑腔和弋陽腔，稱做明代四大聲腔。

7.京戲：清代自乾、嘉以後，崑曲逐漸衰微，地方戲曲中的以西皮、二黃爲主調的戲曲興起，在湖北一帶流行稱「漢劇」，在安徽一帶稱「徽調」。乾隆五十五年，徽調傳到北京，有三慶、四喜，和春、春臺四大徽班，唱的是流行長江中下游的二黃調，優美動聽，再加表演動人，大受歡迎。嘉慶、道光年間，漢劇藝人李六、王洪桂等到北京，參加徽班演出，又加上西皮。西皮源出甘肅、陝西一帶。西皮、二黃合演成了京戲主調；又吸收崑曲、秦腔、京腔（弋陽腔）及其他地方戲的劇目，曲調和表演藝術。在道光二十年以後，形成了富有特色的京劇。演老生的程長庚對京劇的表演，聲腔的改造，有很大的貢獻。同治、光緒年間，名演員有演老生的譚鑫培，小生的徐小香，旦角的梅巧玲等。京戲，又稱國劇、平劇；主要唱腔爲西皮、二黃，又稱「皮黃」。二黃調蒼涼深沉，宜唱悲鬱激憤之情；西皮調活潑剛勁，宜唱昂揚歡快之情；此外常用的唱腔還有綺麗柔婉的南梆子，婉轉歡悅的四平調，高昂激越的高拔子，笛子伴奏的吹腔曲，南鑼、雲蘇調（即補缸調）、銀紐絲、柳枝和花鼓調。京劇基本的句式，是七字句（二、二、三）和十字句（三、三、四）。特點是曲調多，旋律美，節奏變化鮮明，有低沉蒼鬱的悲歌，有昂揚激越的長嘯，有跌宕曲折的慢腔，有酣暢淋漓的快板，有幽怨悠揚的笛聲，因此各種角色的唱腔和用嗓都能夠充份發揮。字正腔圓，聲情並茂，以表達人物的情感和性格。伴奏和配樂有武場和文場。文場用管絃，有京胡（胡琴），二胡、月琴、小三弦四件，以及笛、笙、嗩吶、海笛等；除伴奏唱腔，還有演奏曲子：像用胡琴奏〈小開門〉等胡琴曲牌，笛子奏〈山坡羊〉等笛子曲牌，嗩吶奏〈點絳唇〉等嗩吶曲牌，打擊樂器演奏〈金錢花〉等乾牌子，再搭配各種表演、身段、舞蹈和動作，造成坐帳、發兵、點將，行軍、戰鬥、飲宴、祭靈各種場面，渲染其氣氛。武場用打擊樂器，有鼓板、大鑼、小鑼、鐃、鈸、堂鼓、水鈸、大鐃、擦鍋、碰鐘（星子）等。打擊樂器主要在統一節奏，協助表演。京戲的劇目有一千多種，常演的有三四百種，編戲者多半是京劇藝人和民間作家。演員有生旦淨丑四類，大都受過嚴格的訓練。像梅蘭芳常演的，就有《洛神》、《宇宙鋒》、《游園、驚夢》、《天女散花》、《霸王別姬》、《貴妃醉酒》、等。

8. 地方戲：我國幅員大，方語多，各地有各地的戲曲。北京中國戲劇出版社編有《中國戲曲劇種手冊》（九百八十四頁，撰稿有一百十一人），對各地方戲曲曾作詳細介紹。現在選擇分佈廣泛或比較特殊的劇種，補充濃縮簡介：

(1) 海鹽腔：一說是南宋末期，寓居浙江海鹽縣的張鎡所創始；一說元朝流行於海鹽的南北歌調。明戲劇家湯顯祖作《牡丹亭》，就是由江西宜黃唱海鹽腔的戲班演唱。海鹽腔也是一種高腔，歌板舞衫，纏綿婉轉，字少腔多，優美動聽。演唱方式，是一唱衆和，鑼鼓伴奏，唱幾句夾雜幾句道白，再唱幾句，由樂手幫腔後，再夾打小鑼小鼓過門。一般演唱法在中音區盤旋，唱到幫腔時才把調門翻高。一般是幫唱下句的最後半句，就是有韻處就有幫腔；有的純由樂手合唱，有的由演員唱完最後一句，樂手重幫一句。幫腔時沒有任何樂器伴奏。海鹽腔早在明萬曆以後衰沒，只有江西廣昌縣盱河流域戲班，還保留此遺音，改由演員幫腔、絲弦伴奏；其屬於海鹽腔的曲牌，還有〈山坡羊〉、〈沉醉東風〉等十二支；劇目有旦角戲《孟姜女》，〈送夫〉、〈滴血尋夫〉等，唱詞文雅深奧，音樂風格古樸，唱腔如泣如訴，十分荒涼。

(2)餘姚腔：元末明初，在浙江紹興府的餘姚一帶形成。是從民間歌舞〈走馬燈〉、〈採茶籃〉發展來，叫做「燈戲」。唱詞通俗流利，接近口語，一二十句可以一口氣唱完。運腔自然，好像鳥語，有「鸚鵡班」之稱。清道光年間，流行杭、嘉、湖一帶。清末進入上海演出，今稱「姚劇」。劇目還有《秋香送茶》等數十種。餘姚腔和弋陽腔等匯合成青陽腔。

(3)弋陽腔：從宋、元的戲曲過渡到明代的傳奇，出現最早的就是「弋陽腔」。南宋遷都浙江杭州（臨安），把戲曲帶到南方，形成「南戲」（溫州雜劇）；後傳到江西弋陽縣，又吸收民間小曲，形成一種新腔就是弋陽腔。明嘉靖三十八年後，流行南北各地。弋陽腔曲調，多出宋詞和民謠，本無宮調，順口而歌。起先演出，臺上一人干唱，後臺衆人幫腔（把調門翻高八度），鑼鼓雜鬧，沒有管弦，腔高調喧，粗獷激越，又叫「高腔」；大戲的劇目有《目蓮傳》、《三國傳》等十二本，每本可演七天。後來變化成青陽腔和徽州腔；清光緒時，吸收亂彈、皮黃和崑曲，形成了贛劇，有數百支曲牌，跟弋陽腔相比，曲調文靜優美，委婉柔和。

(4)崑曲：原名崑山腔，簡稱崑腔。元末明初（十四世紀中葉），在江蘇崑山一帶產生。明嘉靖、隆慶年間（1522-1572），崑山人魏良輔和過雲時、謝林泉、張梅谷、張野塘等人共同改革崑曲，使唱腔委婉、細膩而動聽，人稱「水磨腔」。崑腔一出現，觀衆耳目，爲之一新。音樂家梁辰魚進一步改革，並作了一部崑腔傳奇《浣溪沙》，轟動一時。此後崑曲傳布各地，萬歷末傳入北京，成爲最大的聲腔劇種。時人甚至把元雜劇和明初傳奇崑腔化，把關漢卿《單刀會》的〈刀會〉等，高明的《琵琶記》等都改用崑腔來演唱。自梁辰魚《浣紗記》之後，明、清人作傳奇，如明王世貞《鳴鳳記》、清洪昇《長生殿》、孔尚任《桃花扇》等，無不用崑腔。崑曲曲牌約一千種以上，包括古代歌舞音樂，唐宋大曲和詞調，宋代的唱賺、諸宮調，民歌和少數民族歌曲。以南曲爲基本，兼用北曲套數，並以犯調、借宮、集曲等手法進行創作。魏良輔《曲律》、沈寵綏《渡曲須知》都是有關崑曲唱法與聲樂的理論。樂器以曲笛爲主，輔以笙、簫、嗩吶、三弦、琵琶等，悠揚飄蕩的笛聲和曲聲的輕柔細膩熔成一體，給人一種幽深豔異的感受。不過，終因曲詞日益深奧，康、乾間大量製作歌功頌德的崑劇，音樂又過於雕琢，跟大衆的生活與興趣脫節，再加上地方戲「花部」（指京、秦、弋陽、梆子、二黃等戲腔）崛起，崑曲遂在乾隆末（1795）開始走向衰亡。

(5)梆子腔：「秦腔」起源於西北的陝西、甘肅，西向流傳青海、寧夏、新疆、東向流傳山西、河北、河南、山東、東北各省，北平、天津和上海，華南以及四川、雲、貴各地，打梆子作節奏，叫「梆子腔」。蜀人稱之「亂彈」（指彈撥樂器伴奏）。聲腔之稱，隨各地方言而不同，有陝西梆子、山東梆子等。梆子，打更用具，竹筒或棗木做成。梆聲「梆梆」，又稱「梆梆子」。樂器還有板胡、二胡、阮箏、月琴、琵琶、三弦、鑼、鼓、鐃鈸、碰鈴、笛子、嗩吶、大號（喇叭）、管子等。角色分十三門，表演粗獷樸實，細膩深刻，還有講究身段和特技。唱詞是上下句的七言體，腔調高亢激楚，戲詞通俗，富鄉土味兒。乾隆時，魏長生帶秦腔班到北京演出。焦循《花部農譚》：「其詞直質，雖婦孺亦能解；其音慷慨，血氣爲之動蕩。」京腔（弋陽腔）藝人，紛紛加入演唱，眞是風靡一時，旅行搬演，幾乎遍及全國。西梆和南崑、東柳、北弋，稱做清代戲曲的「四大聲腔」。劇目約有三千個，範圍極爲廣大。受秦腔影響的劇種和腔調也稱「亂彈」，如蒲劇（晉南亂彈）、甌劇（溫州亂彈）、彈戲（川劇）。

(6)柳子戲：起於元、明以來河南北部和山東西南部的弦索小調：〈黃鶯兒〉、〈山坡羊〉等；明末清初吸收「高腔」，稱「弦子戲」；又吸收山東的「柳子調」，稱「柳子戲」；後來又吸收崑曲、青陽腔、羅羅腔、亂彈及西皮、二黃戲：因此有二百多支曲牌，二百多齣劇目。柳子調唱的有《打登州》等，用高腔唱的有《華容道》等，用崑腔有《盜仙草》等，用亂彈腔（吹腔）有《盜骨》等，用青陽腔有《斬貂蟬》等，用羅羅腔有《南唐》等。伴奏樂器有三弦、笙和笛子；打擊樂器有單皮、大鑼、鈸、手鑼等。

(7)漢調二黃：是產生於陝西的大型劇。以木偶、皮影和優伶三種形式演出。傳佈各地有許多流派。劇目達一千四五百種，抄錄存本有九百三十七本戲和折子戲，取材從上古傳說到明清故事，活像一部「中國通史演義」；但謙稱做「三本半戲」：一本封神、列國（八十多本），一本秦、漢、三國（一百二十多本），一本隋唐至明清（四百多本、折），野史外傳半本（約五、六十本、折）。有喜劇悲劇，文戲武戲。有《鍊石補天》、《嘗百草》、《曹劉論戰》等二百餘種，爲陝西二黃所獨有的劇目。

(8)秧歌：是農民在插秧時唱的田歌小調，勞動時自娛，多在田間地頭即興搬演，二人對唱，用當地方音，順口唱作，用腳打拍，男跳步搖頭，女扭腰擺肩，舞蹈式的踏步，一稱「踏歌」。流行北方各地，農民自組戲班，在村裡戲臺演出，多演生活的小故事，如《摘豆莢》、《鬧洞房》之類，民謠有「吃飯吃窩窩，看戲看秧歌」。農曆正月是秧歌演出最盛的季節，幾乎是「村村鬧秧歌，男女都會唱」。

(9)鳳臺小戲：是唱曲中加上襯字，如「哎咳喲」、「哪哈依喲咳」、「太平年」之類來增添情趣與韻味。一齣戲是聯結很多獨立曲子組成，多演愛情故事，優雅婉轉，情感深切，如《賣胭脂》、《繡荷包》。

(10)二人臺：〈蒙古曲〉或〈蹦蹦〉，演員只有丑、旦二人。丑可搬演各種角色。以歌舞爲主，邊歌邊舞，由慢轉快，舞至高潮時戛然而止；多描敘勞動生活，如《拉毛驢》、《五哥放羊》；唱的大多是民歌小調，如〈十二個月〉、〈四季〉之類。

⑾喇叭戲：流行於東北，以嗩吶為主要伴奏樂器，故名。上場人物不多。像《王二姐思夫》是獨角戲，主角在臺上獨唱，其他人物則由演員在後臺幫唱，叫做「搭架子」；主角用數板、拖腔、滾唱來唱，再加上嗩吶曲調的烘托，前後臺的配搭，給人十分生動活潑熱鬧的感覺。

⑿皮影戲：我認為是由走馬燈演化來的，也稱影戲、燈影戲，把羊皮剪成人物景物的形狀，再加繪彩，用線牽動，做出各種動作，配合燈光、音樂、唱腔、說白、使影像投映在白布幕上，供人觀賞。演出非常輕便，一班皮影戲只有五人：前手：擔任唱白，彈月琴，打鼓、手鑼等。耍簽子：管全部人馬及景物的布置及表演。後臺：打梆子、碗碗（小銅碗）、鐃鈸、大鑼、鉸子，吹喇叭。拉板胡：兼吹嗩吶，擇人物景物。掌二弦：月琴、板胡等。唱腔有〈碗碗腔〉、〈弦板腔〉（板板、弦子）、〈道情〉和〈老腔〉。（月琴古稱阮咸，與小銅碗合奏，又稱「阮兒腔」）。由於流行地區、演唱曲調和剪影原料而有一些不同，如河北灤縣有驢皮影，以高腔、平劇為唱腔；陝西渭北有牛皮影，唱阿宮腔，又稱「過工腔」，接進於秦腔。

⒀蓮花落：本作「蓮花樂」，原是一種民歌，舊時是乞丐所唱，有的搖動竹板，有的搥鼓做節拍。歸莊的〈萬古愁曲〉：「遇著那村農夫，唱一回田家樂；遇著那乞丐兒，打一套蓮花落。」蓮花落，又叫「二人轉」、「悠喝腔」，「秧歌」、「對口」、「數來寶」、「蹦蹦」等。有一人演獨角戲，有兩人演多角的雙玩藝兒，成群演群活兒，有兩人分演小旦和小丑的戲。主要樂器為七塊板（兩塊大板、五塊節子板）。蓮花落打底，什不閑鑲邊。流行河北、吉林、遼西和綏中。最早只有旦、丑兩角。旦角

手持玉子板（四塊竹板，一手打兩塊）；丑角扮男，白氈帽白腰包，手持七塊板。唱詞多七字組成，調有九腔十八調，一般是擊板而唱說，唱講究字句板調，味兒勁兒；說類似相聲對口，也講究明白火爆，對味開竅。

⒁跳戲：流行陝西合陽沿黃河一帶古老的戲劇。以拳術舞蹈刻畫人物的形象，樂器只有擊樂的鑼鼓、鐃鈸和吹樂的嗩吶，演奏〈跳調〉。劇目以武戲為主，以拳術代舞蹈。許多戲新春開臺〈跳春官〉就是一種跳戲。跳戲講人物的動作叫做「勢」；出場稱「上勢」；演員講求動作表演的變化。跳的上勢，文角和武角差別很大：男角上場，以「六路架拳」為本，變出各種姿勢；女角上場，以「小紅拳」或「太極拳」為本，變出各種輕快的動作；孫悟空全用猴拳表演。拳術在跳戲中佔重要地位，有十八種拳勢。武戲必須打響。跳戲音樂，只有吟唱、吹樂和擊樂。「吟唱」一如吟詩誦詞，以抑揚頓挫表現喜怒哀樂之情。唱段大多四句，伴奏用嗩吶鑼鼓。

⒂花鼓戲：流行長江中游一帶的民間舞曲。源出於安徽鳳陽，以邊唱邊鼓邊舞的方式演出，又叫「鳳陽花鼓」。表演多為男女二人，男的敲鑼，女的打兩頭鼓。過去鳳陽一帶，連年災荒，境內一些貧苦的藝人，常由夫妻、姑嫂或妯娌組成雙人班，乞食省內外，足跡遍及江蘇南北及北京等大城市，所以唱的多是描敘家庭流離的艱苦，詞極淺白，多疊字，每段二十七字，前兩句各三字，後三句各七字。與西南花燈戲近似。又有長穗擊鼓的山東花鼓，一人擊打數鼓的山西花鼓。揚州戲中，也有花鼓戲，每逢新年、元宵，農村男女青年，穿件花衣服，臉塗些粉紅，在街頭巷尾玩起花鼓戲，唱些〈十

二月花名〉的小曲，唱一句，敲一下「咚咚嗆」。還有淮北花鼓戲。

⒃端鼓戲：端鼓，是一個團扇形的狗皮鼓，鼓柄上有鐵環，又稱肘鼓。演者手臂搖鼓，扭動臀部，舞著唱著。調有〈姑娘腔〉、〈肘鼓調〉。每句開頭或結尾，全體演員齊聲幫唱。旦角唱下句的尾音，向上翻（冒）高八度。冒、茂諧音，故又稱「茂腔」。有四人演唱，一人打擊樂器，叫做「五人戲」。演唱腔調像姑娘腔，又叫〈姑娘腔〉。因爲有尼姑和女巫參加演唱，又稱〈周姑子〉。

⒄黃梅戲：安徽的主要地方戲。原名「黃梅調」或「採茶戲」。湖北、江西、福建、浙江、江蘇、臺灣等及香港，都曾有過黃梅戲的演出。開始時將當地流行的民歌小調搬上舞臺，有一些獨角戲、兩小戲、三小戲，演些小劇目，像《繡荷包》；也有反映當地發生一些眞實故事，如《賣大蒜》。接著有所謂「串戲」，有一個總名，包括一些小戲。這些串戲，可以由不同作者編寫，用不同方式演出，有用民歌小調，有用說唱腳本改編，有歌舞爲主，有偏於說理鬥爭，但串戲的內容卻是一致的。最後發展成一個完整的戲劇，有許多大小劇目。黃梅調十分明快優美，長於抒發感情。還有男女對唱，或一人唱半句。載歌載舞是黃梅調的特點，著重生活的描寫。凌波在《梁山伯和祝英台》中，就是以黃梅調演唱，而盛況空前。

⒅木偶戲：出於漢初，唐、宋時已很發達，叫「傀儡戲」，是由演員操縱木偶表演故事的戲劇，現有四類：①布袋木偶，又叫「手托傀儡」，木偶較小、頭部連在布袋上，外加戲裝，藝人用手伸進布袋裡，操縱木偶動作，北平的耍苟利子，福建布袋戲、南昌被窩戲都屬這類。②提線木偶，又叫「

懸絲傀儡」，木偶多在一尺以下，在它關節部份，用線繫著，藝人在上空提著線操縱木偶動作。③杖頭木偶，木偶約二尺左右，裝有三根操縱棍，藝人用棍舉起木偶，並操縱它動作，北平的托偶戲、四川的木腦殼戲、廣東的托戲，都屬這類。④鐵線木偶，也稱「鐵枝戲」，清道光、咸豐間，在福建詔安一帶發展成，藝人用三根竹管套上鐵枝，操縱木偶的軀幹和雙手，演來身段和手勢特別靈活細緻。木偶戲仍有不少戲目，其唱詞道白都是由藝人演唱，有各種不同的唱腔。提線木偶戲，叫「線腔」；鐵線木偶戲，唱潮劇的曲調。木偶戲腔都具有濃厚說唱的特色，平白如話，吐字清晰。有時有音樂伴奏，有時單用人聲清唱。

⒆呂劇：又叫化妝揚琴戲。山東過去唱小曲子，用揚琴伴奏。揚琴一叫洋琴或蝴蝶琴。時殿元、譚秉倫、崔興樂等人演出〈王小趕腳〉時，用竹子紙布紮成一個彩色驢，崔興樂扮二姑娘，身綁彩驢，做騎驢狀；時殿元扮趕驢的腳夫王小，載歌載舞，揚琴伴奏。大受觀衆歡迎。又稱「驢戲」。過去唱揚琴的，多由兩口子（夫婦倆）或一家人搭班，演唱的又多是公子投親、小姐贈金、夫妻團圓等兩口子的故事。兩口成「呂」字，故稱「呂劇」。一說驢呂諧音，驢戲稱做呂劇。劇目也不少。

⒇儺戲：儺是驅逐疫鬼的神。《通雅》有儺神十二。春秋時代就有「儺」的記載。安徽貴池青陽山區有儺戲，多在祠堂中演出，都是從太陽落山演到第二天日出，稱做「兩頭紅」。儺戲，限於祭神，平日不能演，所以難以發展。表演時，藝人都是戴著假面具（戴面）。面具都是用柳木雕成，外塗彩色，極似廟中木雕泥塑的神像。貴池蕩裡姚做的面具最好，能將人物的喜怒哀樂表現出來，保存了古代戴面

的特質。表演的誇張粗獷，反復的舞蹈動作，顯示古代舞蹈的藝術。唱腔分高腔和儺腔，豪放粗獷。樂器只有大鈸、大鑼、大鼓。

(21)巫戲：一稱「壇歌」，陝西由男巫扮演。蜀人尊稱巫爲「端公」；源於唐宋稱官人爲「端公」；又名「端公戲」。楚地巫風頗盛，巫師在設壇祭神的儀式中，時常一面裝弄跳踏，一面說唱小調，以悅神娛人。後經端公神婆變化唱法，形成有獨特意味的祀神頌歌。後來，再加編造故事演唱，宣揚神仙度化，因果報應的情節，就形成巫戲。在祀神慶典時，巫師邀請民間的藝人協助作歌伴奏，甚至演唱，引進了筒子戲的音樂唱腔，又揉合了民間的舞蹈歌謠，終成了端公戲。劇目有《打麥場》等生活劇，《八仙圖》等神話劇，《沙陀搬兵》等歷史劇。喜劇則辛辣風趣。唱詞以口語俗話爲主，多用比擬、歇後語和對唱形式。唱腔自由活潑。南通的「僮子戲」也屬巫戲；當地稱男巫爲僮子。男巫去病人家，設壇求神驅魔，將畫有神仙故事的圖畫打開，放在供桌上，酷似佈景，男巫點燭焚香燒紙錢，打鑼敲鼓，用〈僮子調〉唱些故事，一會兒搖串鈴，念念有詞，在壇前一小塊地方走圓場，走方步。後來形成一種祭神的舞蹈。後來在迎神賽會時，爲應大衆要求，唱說些故事做餘興；大約在一九一〇年把小說如《西遊記》唱本，改編成戲劇，結合祭神唱戲。廣西「師公戲」、浙江永康「醒感戲」、福建「法事戲」、江蘇「僮子戲」，大致也是這樣。

(22)香火戲：各地在神君誕辰的廟會，佛家的盂蘭會（七月十五日），民衆爲消災降福、酬神還願，救度亡魂，常請戲班演唱帶有宗教色彩的戲，如《目蓮救母》、《水漫泗洲》之類，叫「香火戲」。像安徽、蘇北的洪山戲，也是香火戲的一種。

(23)鑼鼓雜戲：捶大鑼，擂大鼓，碰鐃鈸，吹嗩吶，聲震遐邇，流行晉南一帶，酬神戲，唱腔簡樸，演戲前和演完後，都要打鑼鼓一通。演員上場吹嗩吶，下場用鑼鼓。大鼓用在戰爭熱鬧場面，小鼓用在一般場面。有武戲（如《三打祝家莊》）、文戲（《六月雪》）和神話戲（《鬧天宮》）。

(24)道情戲：是由道士傳道之歌發展成的。道士雲游四方，口唱道歌，宣揚道教，招納徒衆，流行於陝西、山西，音樂優雅，唱腔細膩。相傳韓湘子唱道情，欲度其叔韓愈，內容多勸化，樂器有竹笛、雲陽板、木魚、碰鈴，現在增加四弦、二胡、揚琴、低胡等。多描寫道教的人物。如韓湘子傳道時的唱詞有：「終南山，是吾家，臘月盛開四季花，茅庵草舍無冬夏。」劇目有寫莊子的《大劈棺》，寫呂洞賓的《杭州賣葯》，寫張良的《歸山》等。現在劇目較多，有描敘生活故事。

(25)採茶戲：流行江西南部、廣東北部、廣西桂南、福建西部的產茶地區。茶農春摘秋採，夏夜納涼，常唱採茶歌，如〈十二月採茶調〉。後來在花燈戲的影響下，用紙紮茶籃燈，手拿折扇做出各種舞姿（叫「扇子花」或「扇子功」），載歌載舞，並夾以雜耍。後來，再加演些生活小故事，叫做「燈子戲」。到清朝時演變成戲班。乾隆時贛南演出整本大戲，叫做《茶籃燈》。但多是三角班（生、旦和小丑，或兩旦一丑）。小旦演純樸茶村姑娘，小丑多演懶漢、流氓或浪蕩公子，小生搬演茶農、貨郎各種角色。或兩旦扮茶花姑娘，手拿茶花燈歌舞。小丑持扇子，穿梭在兩個茶花姑娘之間，插科打諢；或穿齊膝短裙，走矮子步（叫「矮粧戲」或「裙子戲」）。採茶戲《頂燭怕妻》中，小丑頭頂著蠟燭，打拳翻滾。曲調有花鼓調、花燈調、民歌小調和歌腔。樂器有二胡、笛、嗩吶。唱詞對白，常用俗語、歇後語，詼諧風趣。舞蹈有摘茶、採桑、撐船、鋤地、挑擔、推磨等。各地採茶戲大同小異。

(26)藏戲：屬於廣場戲，分布於西藏、青海。由戲劇、音樂、舞蹈、說唱組成，有四五百年的歷史，運用化妝和面具，顯示角色的身份和性格；表現人物的行動和感情，也有成套的程式。唱腔有長調、短調、反調、悲調，演唱時多爲一人獨唱，或一人領唱，大家伴唱幫腔，有許多裝飾花腔和頓音。曲子和表現人物性格與情緒有關，有的激昂高亢，有的抒情奔放，有的悲痛哀傷。間奏和舞蹈的音樂，有〈高個拉麥〉、〈朵登康司〉，熱情歡快，輕盈優雅。舞蹈由小孩子表演時有腳步動作和身體動作。樂器有笛子、揚琴、扎聶琴（龍頭琴）、鼓、鈸、大喇叭等。有《松贊干布》、《文成公主》等大劇目。唐朝皇帝將文成公主嫁給藏王松贊干布。

(27)蒙古劇：脫胎於蒙古族短調敘事民歌。在市集上演出。其劇著重歌舞，富敘事民歌的韻味，蒙古舞蹈的特色，有用蒙語演唱，也有用漢語演唱的。說白略帶韻味。劇目有以唱爲主，如《烏雲其其格》；以舞爲主，如《參姑娘》；唱與舞並重，如《達那巴拉》。樂器有四胡、馬頭琴爲主，配捧笙、木管、九音鑼、橫笛、揚琴等，還有長筒牛角號（喇嘛寺用），武場有玄鼓（帶柄雙面扁鼓）、大鑼等。搖手鈴（喇嘛唸經用）爲節奏。

(28)蘇劇：蘇州地方戲，是灘簧、南詞、崑曲合成。原先是素衣清唱的曲藝。五七人圍成一桌，分任生旦淨丑，自拉自唱。到一九四〇年代走上舞臺演出，才擺脫了素衣清唱的形式，仍帶有濃厚的地方色彩。

(29)滬劇：上海的地方戲，原江南水鄉的山歌，後受彈詞影響形成「上海灘簧」，開始只有男女兩角，演對子戲，樂器只有二胡、鼓板和小鑼三件，一個班子四、五人，常在茶店酒館演唱，稱「唱灘簧」，有〈賣紅菱〉等節目。後來發展成「同場戲」，登場人物增到三人以上，一個班子八、九人，已在舞臺上演情節較繁的劇目。後來，上海有了像「大世界」、「先施公司」之類的游藝場，上海灘簧也就進入表演，水準不斷提高，人員也不斷增加，成了頗有規模的戲班子。二十年代，受文明戲影響，增加幕景、道具和效果，發展到獨立的劇院演出。一九三三年改稱為「申曲」，採用新穎布景，加強燈光、音樂和效果，並將中外電影、話劇和文明戲改編搬演，吸收文明戲的工作者擔任編導，提高文學內容和表演水準。抗日戰爭勝利前，改稱「滬劇」。上海是現代的城市，滬劇自然饒有現代色彩，音樂富有江南水鄉的輕柔優美的情調。

(30)滑稽戲：一九二一年，上海文明戲劇團明星社獨角戲演員王無能，採用口技、方言、小調及京戲，模仿小販堂倌，常造成哄堂大笑，節目有〈方言空城戲〉等。春聲社江笑笑說笑話，有〈瞎子借雨傘〉等，劉春山能即興快唱當天新聞，有〈游碼頭〉等。三十年代，演變為雙檔、多檔。一九四二年爆發太平洋戰爭，日軍佔領上海租界，為了生活，滑稽戲和文明戲的演員聯合成班，吸收中外的喜劇、鬧劇及江南的戲曲小調，在蘇州演出整本大戲《一碗飯》。從獨角戲的「滑稽」轉變成「滑稽戲」了。

有許多賣座的劇目，像《五顏六色》，在上海天天滿座，連演四十七天。後來劇目日多，從電影、戲曲、話劇改編。一九八一年，魯迅的《阿Q正傳》也被搬上舞臺。滑稽戲，常以戲劇出現，登場人物南腔北調，各說各話，諧音誤解，造成滑稽，令人捧腹大笑。音樂有各種戲曲唱腔（如京戲、崑曲等）、曲藝唱腔（如〈小鼓調〉等）、民間小調（如〈鳳陽花鼓〉等）及流行歌曲（如〈毛毛雨〉等）。這些曲子是大衆所熟悉的，所以聽來親切。特意用某地方言唱不搭調的戲（如用寧波話唱《空城計》），自然叫人覺得很滑稽。現在還採用電子樂器。所以滑稽戲的演員要會唱各種戲腔、曲調，要會說多種方言、外國語，動作與表演都要極度誇張（如用老虎鉗拔牙，走路怪里怪狀），服裝要奇異，布景要特別設計，講究變形與誇張藝術。

(31)南管：原屬福建泉州一帶的音樂，又叫「南音」。樂曲包括指套、樂譜、散曲三種，與唐、宋大曲相似，是中國最早的戲曲之一。演奏時以弦樂爲主，有上四管和下管，少用鑼鼓等打擊樂器，曲調悠長柔和，高尙典雅，曲子有〈百家春〉。像〈車鼓戲〉、〈駛犁歌〉都是南管曲。臺灣戲也屬於南管戲。福建閩南「高甲戲」（一稱「戈甲戲」），莆田、仙遊「興化戲」，音樂曲調也多來自南戲。

(32)歌仔戲：起於福建龍溪和閩南地區，集龍溪錦歌、安溪採茶調、同安車鼓弄，原爲清唱形式。明末清初，大批漳州、泉州人民，隨著鄭成功東渡臺灣，把它帶進了臺灣。後來臺灣各地出現了唱錦歌的樂社—歌仔館。歌仔就是歌謠。後來成爲迎神賽會的一種演唱，叫做「歌仔陣」；後來進而有化妝表演簡單的故事，叫做「落地掃」。清末民初，吸收大陸的梨園戲、亂彈戲、高甲戲和平劇，就形成了歌仔戲。其表演也由廣場搬上舞臺。主要有七字調、臺灣雜念調和背思調等，樂器以殼仔弦、二胡、大廣弦、月琴、臺灣笛爲主，音樂節奏強而有力。由於離鄉背井，鄉思之情特濃；由於臺灣曾割給日本，受到壓迫：所以過去歌仔戲特多憂鬱哀傷的各種「哭調」。近年，由於臺灣生活大大改善，大量搬演京劇和新戲，音樂漸趨流麗。

(33)粵劇：流行於廣東、廣西和港澳，吸收弋陽、崑曲、梆子、海鹽、皮黃等戲腔，又吸取南戲、粵謳、龍舟曲、鹹水歌、木魚書、青樓曲等廣東民間的曲調，在清雍正前後形成粵劇。說白採用中州韻，並夾雜廣東方音，叫做「戲棚官話」。唱腔以梆子、皮黃爲主，不時穿插些弋陽或崑腔的曲牌。戲班分外江班和本地班。外江唱徽班皮黃調，本地班唱西秦梆子腔。清道光末太平天國起義；咸豐四年，粵劇藝人李文茂起來響應；清朝下令禁演粵劇長達十五年，本地班藝人爲生活紛紛加入外地班，造成梆子和皮黃的合流。辛亥革命前後，廣州港澳出現志士班，受文明戲影響，選取傳說與生活編演新劇，並改用廣州話演唱，梆子和二黃一律唱低八度。後來爲迎合廣州和香港繁榮商業的需要，引進流行歌曲與爵士音樂，並自製許多新曲，伴奏除了傳統樂器外，並使用西樂的小提琴、薩克風、弱音小號、電吉他、爵士鼓等。演員角色也更加簡化，只有生（文武生、小生、丑生、武生）與花旦（正印花旦、二幫花旦）二色，演出戲目自然受到限制。粵劇在大劇場演出，特別講究服裝布景的華麗，劇目的新奇別緻，唱腔的流麗動聽。粵劇舊戲目日漸減少；新編戲像《雲南起義師》之類日漸增多；甚至從外國小說、戲劇與電影取材，把《巴格達大盜》改編爲《賊王子》，《威尼斯商人》改編爲《

半磅肉》，美國歌舞片《璇宮豔史》改編爲粵劇。甚至杜撰《潘金蓮槍殺高力士》。而今這種現象在香港電影裡仍可看到：各國新影片，香港人都有辦法將它改編爲「港片」。

(34)其他：我國各省還有許多地方戲，實在沒法詳述。除上所舉之外，再略舉其他劇名：有河北的評劇、絲弦戲；河南的豫劇、越調、大弦戲；山東的四平調；吉林的吉劇；黑龍江的龍江劇；江蘇淮劇、揚劇、通劇、錫劇；浙江的越劇、婺劇、紹劇、甌劇、杭劇、甬劇、湖劇；福建的福州戲、莆仙戲；廣東的潮劇、瓊劇、雷劇、臨劇、白戲；廣西的桂劇、邕劇、壯劇、苗戲、侗戲；湖北的漢劇、楚劇、堂戲、文曲戲；湖南的湘劇、祁劇、苗劇；江西的贛劇；安徽的徽劇、廬劇；貴州的黔劇、侗戲、苗戲；雲南的滇劇、關索劇、傣劇、白劇、彝劇、壯劇；四川的川劇、曲藝劇；新疆的曲子戲；青海平弦戲；甘肅的隴劇；內蒙的漫瀚劇等。

(二)**話劇**：純粹以對話來編寫劇本。戲劇的故事情節，完全透過演員的對話與動作來進行。演出時要注意劇景、道具、燈光、音樂與效果的配合。我國的話劇，萌生於辛亥革命前後。這時國內外的形勢急劇多變，傳統戲曲：雜劇、傳奇、京戲和地方戲，因受傳統形式的束縛，在反映現實的生活與社會情況，在配合宣傳革新思想都難以發揮。梁啓超首先提出「改良戲曲」。一八九九年（清光緒二十五年）聖誕節，上海基督教約翰書院的學生，最早引用西方的話劇形式，上演了一齣外國戲，一齣揭露當時《官場醜史》的新劇。接著有上海徐匯公學、南洋公學、南洋中學、民主中學學生也演出新劇。一九〇六年，朱雙雲、汪優游等組織開明演劇會。留日學生曾存吳、李叔同、謝抗白、李濤痕等人，在東京成立春柳社，稍後加入的有歐陽予倩、陸鏡若、馬絳士等，成立演藝部，改良戲劇。第二年二月公演法國名劇《茶花女》第三幕，是我國人正式公演話劇的開始。王鐘聲在上海組織春陽社。此外還有進化團、新劇同志會、社會教育團、開明社等新劇團體先後成立，演出《熱血》、《黑奴籲天錄》、《五大臣出洋考察憲政》、《猛回頭》、《共和萬歲》、《黃金赤血》，《秋瑾》、《徐錫麟》等劇，宣傳愛國，鼓吹革命，促進辛亥革命的發展。辛亥革命後，春柳社從日本遷回上海，用「春柳劇場」的名稱，公演宣揚民主革命的話劇。這些新劇運動奠定了中國話劇的基礎。這時的話劇又稱「文明戲」。一九二一年（民國十年），陳大悲和沈雁冰、歐陽予倩、熊佛西等十三人在上海組織民衆戲劇社，創辦《戲劇月刊》。陳大悲和蒲伯英等創辦人藝戲劇專門學校。後來國立北京藝術專門學校設有戲劇系。新劇的編寫與演出日多，於是奠定了「話劇」在新文學中的地位。

根據尹雪曼等人編纂的《中華民國文藝史》第九章下篇話劇，所列的話劇重要的作家與作品：

1.大陸時代，有胡適《終身大事》。熊佛西《青春的悲哀》等四本。蒲伯英《道義之交》。汪仲賢《好兒子》。陳大悲《幽蘭女士》等四本。田漢《獲虎之夜》等二十一本。洪琛《少奶奶的扇子》等六本。歐陽予倩《潑婦》等八本。郭沫若《三個叛逆的女性》（卓文君、聶嫈、王昭君三劇）、《屈原》、《孔雀膽》等十本。白薇《琳麗》等兩本。谷劍塵《孤軍》等二本。向培良《暗嫩》。丁西林《青春之戀》等四本。李健吾《袁世凱》等四本。陽翰笙《前夜》等三本。馬彥祥有《國賊汪精衛》等四本。余上沅《回家》。光未然《勝利的微笑》。陳白塵《太平天國》等十本。洪深《農村三部曲》。許幸之《阿Q正傳》。夏衍《秋瑾》等八本。曹禺《雷雨》、《日出》、《原野》和《家》等四本。陳詮《野玫瑰》等四本。老舍《面子問題》等六本。楊村彬《清宮外史》等兩本。吳祖光《風雪夜歸人》等五本。于玲《夜上海》等六本。茅盾《清明前後》。

2.臺灣時代，有張道藩《狄四娘》等七本。李曼瑰《漢宮春秋》等二十多本。王平陵《自由中國》。鄧綏寧《徵婚》等。唐紹華《碧血黃花》等十幾本。吳若《人獸之間》等十幾本。王方曙《萬世師表》等十幾本。趙之誠《花好月圓》。劉碩夫《旋風》等。鍾雷《雙城復國記》等。姚一葦《碾玉觀音》等。譚峙軍《一江山之戰》等。丁衣《故鄉人》等九本。徐天榮《公寓風波》等四十多本。高前《外國月亮》等十幾本。叢靜文《春》等。趙琦彬的《正人君子》等電視劇本數十本。張永祥《風雨故人來》等電影劇本。貢敏的《待字閨中》等。張曉風《畫》等。

大陸時代的劇作家多共產黨人，劇作多批評政府。臺灣時代的劇作家多國民黨人，劇作亦多反共的內容。臺灣的話劇因缺乏舞臺演出，多產的劇作家所編的劇本大多是電視劇，在電視臺播演。

二、戲曲的分類：我國傳統的戲曲可以從內容來分類。《太和正音譜》把雜劇分做十二科。我覺得用它來做雜劇、傳奇、京戲及其他舊劇的分類，並不完全得當，不過仍可採用：

1.神仙度化：如雜劇《黃粱夢》、《韓湘子》。京劇《大劈棺》。

2.隱居樂道：如雜劇《東山高臥》、《東籬賞菊》。

3.披袍秉笏：如雜劇《斬韓信》、《高祖歸莊》、《伊尹耕莘》、《萬國來朝》。傳奇《金印記》。

京戲《蕭何月夜追韓信》。

4.忠臣烈女：如雜劇《單刀會》、《竇娥冤》，《牧羊關》、《樂毅圖齊》。傳奇《牧羊記》。京戲《蘇武牧羊》。

5.孝義廉節：如雜劇《陳母教子》寫孝，《范張雞黍》和《趙氏孤兒》寫義，《裴度還帶》寫廉、《破窯記》寫節。京戲《木蘭從軍》、《李陵碑》、《四郎探母》、《洪羊洞》、《岳母刺字》，也是這類戲曲。

6.叱奸罵讒：如雜劇《東窗事犯》寫秦檜，京劇《打鼓罵曹》、《奸遁》、《上天台》、《賀后罵殿》、《審潘洪》、《打嚴嵩》。

7.逐臣孤子：如京戲《反冀州》、《武昭關》。

8.鏺刀趕棒：脫膊戲，如雜劇《燕青摸魚》。崑劇《醉打山門》。京戲《野豬林》、《生辰綱》、《打虎》、《翠屛山》、《打漁殺家》。

9.風花雪月：如雜劇《月夜聞箏》。京戲《秋胡戲妻》。

10.悲歡離合：如雜劇《漢宮秋》、《西廂記》、《梧桐雨》、《東牆記》。京戲《藍橋會》。傳奇《牡丹亭》、崑曲《夜夢冠帶》。京戲《霸王別姬》。黃梅調《梁山伯與祝英台》、京戲《汾河灣》、《人面桃花》、《釵頭鳳》、崑曲《游園驚夢》。

11.煙花粉黛：花旦戲。如傳奇《占花魁》、京戲《賣胭脂》、《烏龍院》、《湖樓》、《金玉奴》、

《玉堂春》。川劇《歸舟投江》。

12.神佛鬼怪：如雜劇《雙林坐化》、《那吒三變》、《齊天大聖》、《八仙過海》。京戲《嫦娥奔月》、《天仙配》、《魏徵斬龍》、《借扇》、《烏盆記》、《探陰山》、《白金蓮》、《白蛇傳》。

三、話劇的分類：話劇是從西方輸進的一種戲劇，分類自然不同我國傳統的戲曲。

㈠話劇從分場來說，可分獨幕劇和多幕劇。

1.獨幕劇：全劇的故事情節在一幕內完成。因爲劇情的發展，受到比較嚴格的時間與場景的限制，布局更要精鍊緊張凝聚，人物間的糾葛、爭鬥與衝突更要快速地鋪展。如田漢的《古潭裡的聲音》、《蘇州夜話》、《南歸》都是獨幕劇。張道藩的《殺敵報國》也是獨幕劇。

2.多幕劇：劇情比較複雜，無法同時在同一地方表現出來，就必須分幕演出。像英國莎士比亞的劇本多半是五幕，每幕又分若干場。這種戲劇叫做「延展型戲劇」。像莎士比亞的《威尼斯商人》就分五幕十八場。田漢的三幕劇《火之跳舞》、兩幕劇《名優之死》，夏衍的三幕劇《秋瑾傳》（又名「自由魂」），張道藩的四幕劇《最後關頭》都是。

㈡由演出的地點來分，有舞臺劇、街頭劇、廣播劇、電視劇。

1.舞臺劇：戲劇表演的場所，叫做舞臺。西方古代露天劇場的舞臺，大都前伸觀衆席中，大抵低於觀衆席（如希臘扇形劇場的舞臺）；我國過去演戲的舞臺，無論在廣場或室內，大抵高於觀衆席。現在劇院裡的舞臺，觀衆席有部分低於舞臺，有部分高於舞臺。現代化的室內舞臺，除主臺外，還有在舞臺上空以及副臺，安裝有更換佈景的機械、控制燈光的系統，還有儲存幕景的臺倉。還有轉臺、車臺、升降臺或交錯臺的設備。現代的舞臺也有設在劇場的中央，四周設階梯式的觀衆席的看臺。舞臺劇等於現場演出，自然受舞臺設備的限制，劇作家編寫劇本自不能隨心所欲。

2.街頭劇：也稱廣場劇。過去民間的小戲多在廣場或街頭搬演。我國抗戰期間，宣傳性的戲劇也常在街頭或廣場演出，演員和觀衆的距離拉的很近，很容易激起煽動觀衆的情緒。街頭劇的編寫，必然偏向通俗化，大衆化，口語化，簡單化。

3.廣播劇：在廣播臺由播音員、演員播出，不要佈景、燈光，用對白、音樂，音響效果，製造聽覺形象，展開劇情，刻畫人物。有時要插播一些描敍性的解說詞，來幫助聽衆瞭解劇中的情境和人物的活動。廣播劇本的編寫，自然和舞臺劇本不同。

4.電視劇：跟電影的拍攝製作非常接近，可以在攝影棚裡拍製；也可搭景拍製；也可以就實景拍製，再經剪接、配音成電視錄影帶；也可以在現場拍製，利用各種頻率的電波傳送出去。電視劇本的編寫，就跟寫電影的劇本一樣，有它特殊的形式與寫法。除一些對話之外，還要註明鏡頭、場景、音樂、音響效果、人物的服裝、表情與動作等。劇作家可以只寫故事，或只寫對白，再由專業人員改寫成電視劇本。

大陸時代的作家作的劇本，有舞臺劇、街頭劇，電影劇。到臺灣後，才有廣播電臺和電視臺；臺灣劇作家因爲舞臺劇演出機會很少，寫舞臺劇的只有可數的幾個人，寫廣播劇和電視劇的很多，不過劇本很少印出來。

㈢由劇情表現的情緒來分，有悲劇、喜劇和鬧劇。

1.悲劇：是戲劇主要的一種類型。悲劇之所以感人，是在於它的劇情能夠引起觀衆讀者憐憫或恐懼的情緒，並使觀衆讀者產生同情、擔憂、感傷、憎惡、憤怒的心理，甚至掉淚痛哭，情思也隨之得到宣洩。怎樣的劇情？才能令人發生恐懼的心理，憐憫的心理，達到悲劇的效果？因此，悲劇作家就要從恐怖、戰慄、墮落、反常、不合理的方面來安排情節，引發大衆替劇中人擔憂的心理。一般說來，這種情節有分離、迫害和死亡。尤其是善良或英勇的主角受到壓迫，終至死亡；那是最感動觀衆。如《孫中山之死》、《名優之死》和《沙樂美》，都是當日南國社所演過田漢所作的悲劇。陽翰笙的《李秀成之死》寫太平天國忠王李秀成的活動與犧牲的悲劇。

2.喜劇：西方過去認爲喜劇表現的是中下層人的生活。現代則沒有這種限制，任何階級的人都可以作喜劇中的主角。喜劇就是能夠引起觀衆讀者產生快樂喜悅的情緒，甚至忍不住要發出笑聲來，甚至要笑破了肚皮。怎樣寫作喜劇，才能取悅觀衆，娛樂觀衆？讓他們微笑，讓他們快樂，讓他們高興？這就要注意劇情、對話與演員動作。我認爲編演一些人的醜行糗事，錯誤過失，讓大家覺得可厭又好笑，是一種帶有諷刺意味的喜劇。或讓主角說一些蠢話，卻又表現他行爲的正直可愛，這也是我們生活中常見到的喜劇。或編些滑稽的劇情，再加上演員的謬語諢詞，滑稽動作，自然會逗得觀衆哈哈大笑。或編些幽默詼諧的言語，來表現劇中人的靈智與快樂，語言睿智，意味深長，也會教人禁不住發出會心的微笑。或構想一些妙趣橫生的現實生活的小故事，讓觀衆喜悅。或教戲劇的最後有圓滿的結局，使觀衆先悲後喜，坎坷的人生能夠這樣愉快的收場，就是很完美的了。當然喜劇常帶有幻想、荒誕和虛誇。西塞諾說：「喜劇是一種生活的摹本，一面風俗的鏡子，一種眞理的反映。」如田漢的《生之意志》是獨幕喜劇，陽翰笙的《兩面人》是四幕喜劇，老舍的《面子問題》是諷刺性喜劇。鄧綏寧的《徵婚》與《新瞎子逛燈》是對白幽默，含有哲理的喜劇。

3.鬧劇：一作笑劇。以描寫小市民的生活爲主。演員運用滑稽的動作和誇張的手法表演，對話荒謬絕倫，動作怪里怪氣，相撞摔交，奇裝異服，丟來丟去，跑去追來，一味胡鬧，笑料百出，只在博取觀衆快樂地笑一笑。鬧劇的劇情都比較單純。

㈣由話劇劇本的內容來分，有歷史劇、生活劇、社會劇、愛情劇、性格劇、象徵劇、幻想劇、神話劇、寓言劇、諷刺劇、反共劇等。

1.歷史劇：如郭沫若的《屈原》和《孔雀膽》。《孔雀膽》取材司馬遷《史記·信陵君傳》，演魏公子信陵君救趙事。夏衍的《秋瑾傳》演清末革命黨人秋瑾的壯烈的事蹟。如田漢的《蘆溝橋》、陽翰笙的《日本間諜》都是以抗戰救亡爲主題的劇作。李曼瑰的《漢宮春秋》寫王莽篡位奪國，妄施新政，倒行逆施，終至失敗喪命的長劇。

2.生活劇：如夏衍《上海屋簷下》就是以上海小市民生活爲題材的三幕劇。老舍的《茶館》以北京天橋做背景，寫舊時北京下層人物的生活。裴仲的《四千金》寫一個家庭有四個女兒的生活喜劇。

3.社會劇：如胡適的《終身大事》討論婚姻的問題。又如曹禺的《雷雨》，以易卜生的《群鬼》做藍本，周樸園相當阿爾文將軍，繁漪相當阿爾文夫人，四鳳相當愛琴娜，周沖相當歐士華德。演家庭與社會的問題；不同地方是插入勞資糾紛與鬥爭。趙之誠的《花好月圓》寫一對男女結婚，大事鋪張，以致債臺高築的故事。

4.愛情劇：如陽翰笙的《塞上風雲》，寫幾個漢蒙青年男女之間的愛情故事，寫出漢蒙兩族應該合作，共同抗日。後來由中國電影製片廠拍成電影。魏于潛的《魂斷藍橋》，張永祥的《風雨故人來》，徐天榮的《啼笑良緣》都跟愛情題材有關的作品。

5.性格劇：如陽翰笙《兩面人》中的主角祝茗齋。祝名齋是抗戰期中，半淪陷區裡的茶山主人士紳，擁有幾百個武裝自衛隊，他爲保存財產和壯大自己力量，一面和抗日軍隊交際，一面又和日本間諜來往，完全是一個兩面人。後來，他被日本間諜逼迫，走投無路，方才覺悟。可是這時周圍的人都不相信他的話，包括他的太太。最後，他把茶山茶廠和自衛隊，都交給抗日隊伍，自己去了後方。他對主角祝茗齋搖擺不定、兩面作風的性格，寫得很生動。

6.象徵劇：帶有象徵神秘的意義的戲劇。如劉碩夫的《螢》，寫一個賢妻良母，發揮她的愛和智慧，使即要墮落的丈夫，回到她的身邊。螢，象徵這個女人的生命之光，雖然微小，卻有力量。

7.幻想劇：姚一葦《紅鼻子》表現人性善惡之間的掙扎，富哲理意味。

8.神話劇：吳祖光的《牛郎織女》，趙之誠的《八仙過海》就是。

9.寓言劇：我根據明馬中錫《中山狼傳》，改編爲〈忘恩負義〉一幕兒童劇就是寓言劇（收在《方祖燊全集》中）。

10.諷刺劇：如夏衍的《賽金花》，李延輝在《現代中國戲劇簡史》中說：「夏衍的《賽金花》不是一般歷史劇的寫法，而是採取了諷喻的手法，畫了一幅以庚子事件爲背景的奴才群像。他爲了對這群人的憎惡，描寫和諷刺都用了漫畫式的誇張手法。」「有幾個人物寫得極好，如賽金花的平凡，李鴻章的奸滑，孫家鼐的頑固。」庚子事件，指清光緒二十六年（一九〇〇）因義和團的「扶清滅洋」，引致八國聯軍攻入北京。當時名妓賽金花，爲聯軍統帥所暱。曾樸有小說《孽海花》記其事。夏劇《賽金花》即演其事，對當時在位者作露骨的諷刺。在上海演出時，得到佳評；但到南京上演，就因執政者不喜歡他的諷刺，演到中途，張道藩把痰盂摔上舞臺，而停演禁演。大陸文化大革命期間（一九七〇年九月），中共把夏所編劇列爲「毒草」；《紅旗》雜誌批判《賽金花》爲歪曲歷史、顛倒黑白的賣國作品。可見諷刺劇之不易討人喜歡。

11.反共劇：臺灣早期的話劇多帶有反共的色彩。如王方曙的《樊籠》，張永祥的《青青草原》，李曼瑰的《維新橋》，鄧綏寧的《紅衛兵》都是反共的話劇。

四、後記

最後我要附記一筆，中國的戲劇影響之大之慘，莫過於一九六一年（民國五十年）初，北平市副市長明史專家吳晗所編的京劇《海瑞罷官》，演明嘉靖時海瑞的剛直不阿、直言敢諫，鋤強濟弱，反對貪官，平反冤獄，人稱「海青天」。不久由北京京劇團演出。一六五九年（民國四十八年）秋，彭德懷因大躍進與人民公社造成民生困苦，上萬言書爲民請命被免職。康生認爲《海瑞罷官》是替彭懷德的免職鳴冤叫屈的。是影射現實政治的作品，譬如他在劇中寫道：

他爲人最剛直自號剛峰，
嘉靖末上本章冒犯九重。
江南大害是鄉官，強佔民田稼穡難。
冤獄重重要平反，退田才能使民安。

隱隱約約批判當日中共的「人民公社」，沒收民田，冤案層出，傷民害民，人民只能吃糟糠的情況。到一九六五年（民國五十四年）十一月十日，姚文元在毛澤東和江青的授意下，在上海《文滙報》發表〈評編歷史劇《海瑞罷官》〉是反共黨、反社會主義的大毒草，引起長達十年的「文化大革命」的慘無人道的暴行與鬥爭，死人難以算計，連中共國家主席劉少奇都被下獄，鬥爭至死。大陸人稱「文化大革命」做「十年大浩劫」。田漢作京劇女巡按《謝瑤環》，藉謝瑤環之口說：

民間銅鐵無非犁鋤鍋甕，叫民家將犁鋤獻出，如何耕種？將鍋甕收去，如何舉火？昔日秦始皇收集天下兵器，鑄成金人，百姓們卻揭竿而起，難道爾等不知麼？

他反對「土改」、「大鍊鋼」和「人民公社」。這位留日著名的劇作家田漢，在文革時遭到拳打腳踢，遍體鱗傷，在一九六八年（民國五十七年）十二月十日死於獄中。行筆至此，我不禁想起在抗日戰爭期間，大家所唱田漢所作〈義勇軍進行曲〉：「起來，起來，不願做奴隸的人們」不禁感慨萬端！文革時，全大陸只有江青欽定的「八個樣板戲」：京戲《紅燈記》、《智取威虎山》、《奇襲白虎團》、《海港》、《龍江頌》、《杜鵑山》和芭蕾舞劇《紅色娘子軍》、《白毛女》。毛澤東死後不久，江青就被大陸人民所唾棄繫獄，判處死刑，這些「樣板戲」諒必隨之泯滅吧。

眞有價值的戲曲與劇本必將繼續流傳下去，當然也有許多作品將被時間淘汰淨盡！

民眾文藝的分類

早就流行民間的俗文學，從前只有很少人研究探討，進入民國後，逐漸引人重視，研究的日多，像顧頡剛、婁子匡、楊坤、徐蔚南、沈傑三、周作人、葉德均、黃詔年、王顯恩、陳光垚、鄭振鐸、杜定友、楊蔭深、楊家駱、朱介民、于飛、鄭師許、古道濟等人都是。北京大學歌謠研究會還刊行過《歌謠周刊》。它是歷代許多人民的作品，流行於各地人民的口頭上，並經大衆傳誦採用，增減修改，文字時時有一些出入。這類作品大都是淺現平白的口語，靈活俏皮，饒有情趣與哲理。因此它有種種名稱：有稱民衆文學、大衆文學、通俗文學、鄉土文學、口耳文學或民俗文學。「文學」也有稱做「文藝」。這裡用「民衆文藝」，蓋民衆作品大都有特殊形式並偏重技巧的緣故。

我國民間的文藝作品，像民歌、童謠、謎語、諺語、拗口令之類都是有韻的，像神話、傳說、故事、寓言、笑話、歇後語之類都是無韻的。研究的人多，各家分類也各自不同。過去把通俗性文學，像小說、戲曲、講唱文學都包括在內。現在，小說、戲曲已成重要的文學；講唱文學已併入戲曲中討論；所以我這裡的分類，把小說、戲曲與講唱文學（說書、鼓詞、彈詞、寶卷和俗曲）都剔除在外。

現在斟酌各家觀點，重加分類如下：

一、有韻的民衆文藝

㈠**歌謠**：過去傳唱在平民和兒童的口頭上的歌謠，抒寫他們的生活與情思，歌頌或諷刺當時的政治。有民歌和童謠兩類。周代《詩經》的國風、東晉時的〈子夜歌〉之類，就是古代流行各地的民歌。如〈子夜歌・春歌〉：

春林花多媚，春鳥意多哀。春風復多情，吹我羅裳開。

又如漢獻帝時童謠：

千里草，何青青！十日卜，不得生。

按「千里草」爲「董」，「十日卜」爲「卓」。寫出當日人民對董卓的專權凌上的不滿，認爲他權勢雖盛，但不久就將敗亡，所以說「不得生」。記得在我小時，兩個小孩玩遊戲，一個孩子的右手掌拍另一個孩子的左手掌，唱一句：「我打鐵」；然後換左手掌拍對方的右手掌，又唱一句：「你打鐵」，然後雙手掌同時拍對方的雙手掌，兩人同時唱：「打把剪子送姊姊」。「打鐵」也可以改成「打麥」，下文也要隨著改動，如「打擔麥子送奶奶」。這種兒歌可以重覆地唱，直到不玩了才停止

㈡**謎語**：古人叫做「隱語」，帶有濃厚的遊戲意味，在正月十五夜常有猜燈謎的習俗。由謎面猜出謎底。如：

火盆上，烤月餅。（打一《水滸傳》中的人名：劉唐〈流糖〉）

千條線，萬條線，落在水裡就不見。（打一事物：下雨）

㈢**諺語**：夏代就有，是人類從生活中體驗出來充滿著智慧的語言，簡短而有哲理。如：

不聽老人言，吃虧在眼前。

只許州官放火，不許百姓點燈。

爲人不做保，做保討煩惱。

㈣**拗口令**：又叫「繞口令」，把同音的字兒反復地說，是兒童、少年比賽讀音的一個方法，說得越快越流利越好。如：

山前有個崔粗腿，山後有個崔腿粗。不知道是崔粗腿的腿粗，還是崔腿粗的腿粗。

會糊粉紅佛花，再糊粉紅佛花；不會糊粉紅佛花，就別糊粉紅佛花。

二、無韻的民衆文藝

㈠**神話與傳說**：神話寫的是先民流傳的故事。傳說不必有神，泛指無可徵信的先民故事。古代人類智慧幼稚，人神未分，認爲宇宙萬物都和人同樣的具有情性；有些作者造了一些超現實的神奇虛幻的人物故事，就是神話與傳說。現代作家喜歡它，也常常把古代的神話與傳說改寫成小說或戲劇。神話如〈夸父逐日〉、〈嫦娥奔月〉、〈盤古開天闢地〉之類是。傳說如〈蕭史與弄玉〉、〈后羿射日〉之類是。

㈡**故事**：起源很早，專寫一些富有趣味的事情。阿拉伯人寫的《天方夜譚》就是有名世界的故事集。我國也有許多好故事。像我的〈一巴掌打破了百萬家財〉、〈父子兩人抬驢入城〉就是。

㈢**寓言**：指含有教訓、勸導或警戒的意思的故事。過去的言論家、游說之士多借寓言來發表主張，游說君相；思想家多藉作對人類道德性的教訓，作家也用來諷喻人生或譏評社會。像〈狐假虎威〉、〈井底之蛙〉、〈殺雞取卵〉、馬中錫的〈中山郎〉之類。寓言已經不純是民衆的作品，文人的作品也很多。

㈣**笑話**：能逗人發笑的言語，又指能引人發笑的小故事。如《笑林》裡所收的許多小故事。如：

從前有個笨人，皮袋被人偷走。他說：「沒關係，鑰匙還在我身上。他偷了，又怎麼打開？拿我的東西用呢？」

㈤**歇後語**：在一段話裡藏掉主要的一些詞語，聽者要想一想才能知道它含意，又稱「俏皮話」。如：

當了衣服買酒喝——顧嘴不顧身。

啞巴吃黃蓮——有苦說不出。

孔夫子的徒弟——賢（閒）人。

狗咬耗子——多管閒事。

騎著驢兒看唱本——走著瞧。

打破砂鍋——問到底。

後面的詞、語，是用來解釋前面的說話。歇後語也可以說是一種「譬解語」，前面部分是譬況，後面部分是解釋。現在故事、寓言、神話與傳說，出於文人的手筆，已一天比一天多。

兒童文學的分類

最早的兒童讀物，在我國有《三字經》、《百家姓》和《幼學瓊林》，在美國有有柄的木板做的角書（Horn book）。現在由於教育的普及，兒童讀物的比重日益提高，據著名兒童作家林良兄說：現在有專門爲兒童撰寫適當讀物的作家，爲兒童科學讀物設計者，作插畫的畫家，還有出版家、評論家，兒童戲劇、卡通片、幻燈片、兒歌唱片的製作人，兒童圖書館的工作者，還有專門給兒童看的報紙與雜誌。可見現在兒童讀物在今天是多麼受人重視，研究兒童文學讀物已經是一個熱門。

一九八九年至一九九〇年之間，我曾替香港現代教育研究社，編撰香港小學「現代中國語文」四年級至六年級課本的範文。這套課本在一九九一年出版。配有彩色插圖，印刷十分精美。因此，我對兒童讀物有相當的理解。兒童讀物和成人讀物不同。所有的兒童讀物都要注意到：兒童文學是兒童喜歡看和喜歡讀的文學，所以要符合不同年齡的兒童心理與程度，都應該含有教育的目的，都是爲要加強兒童的語文能力，增進兒童的生活知識，培養兒童的道德觀念，建立兒童將來的志趣，教導兒童待人接物的道理，而選材而撰寫，而且文字要自然、淺顯，活潑、生動、有趣，用字用詞尤其要特別注意，一定要做到兒童能夠理解的才行。此外，還要有生動鮮麗的插畫圖片，字體要美觀大方，最好還要旁注「注音符號」，幫助兒童自己拼音、閱讀。

小學語文教科書的編寫，各國都限定「生字數」。臺灣和香港的小學一年級到四年級，每年約增五百個生字；五、六年級每年約增二百五、六十個生字；小學六年，總計要認識二千五、六百個生字。寫兒童課外讀物，雖然不受這個限制，大體仍要注意到生字問題，不然寫出來的讀物，就不能夠適合兒童的程度，就不容易消化了。

研究兒童讀物的學者都認爲：兒童讀物和年齡層次有關連，學齡前的兒童只能聽大人，講故事；看圖畫，學說話；做遊戲，唱兒歌。六、七歲時候，最愛看的還是圖畫書，還有簡單的故事、童話、神話和自然故事。八歲最愛看童話，這時對兒童生活和動物故事產生興趣。九歲喜歡文字較多的作品。十歲可以閱讀長篇故事，以及遊記、外國故事、發明家故事、名人的傳記。十一、二歲，男孩愛讀有關冒險、偵探、航行、科技的故事和讀物，女孩對家庭和學校和愛情故事，產生濃厚的興趣。我們小時候的閱讀過程大致也是這樣子。

現在根據兒童的文學特質與常見的文學體類，把它分做：

一、**連環畫**：最早出現在宋、元，有些小說是上圖下文。我小時看的連環圖，有《三國演義》、《水滸傳》之類，上面三分之一是文字，下面三分之二是圖畫，文字比較多，大約在小學四年級時候看的。我不知道宋、元時代的連環圖式的小說，是不是就是這個樣子？小時還讀過「字片」，一字一圖。在我雙生子進初中前，妻妹還送他們一套英文字片，也是一字一圖。字片上畫著一個男孩兒，寫著中、英兩種文字「男孩兒、boy」；字片早就演化成「看圖識字」和「看圖說話」，做啓蒙的工具。這類配圖的作品，像國語日報夏承盈譯的《淘氣的阿丹》，圖比文重。林良的「看圖說話」，圖文並重，大都是半頁圖畫，半頁文字，如〈彈鋼琴〉；圖是林鴻堯畫的，有三隻老鼠，兩隻在琴鍵上跳來跳去，另一隻俯伏在打開的琴蓋的左上角，頭向下瞪著眼睛、翹起耳朵在聽著琴音；林良寫的文字是：

> 兩隻小老鼠，跳上大鋼琴。琴鍵上面好跑步，跑來跑去眞開心。他們的腳底下，發出陣陣美妙的聲音。

現在連環畫都是有色彩的。卡通畫和兒童漫畫，以畫爲主，人物對話很少；對話只是幫助兒童瞭解畫中的人物和故事；卡通和漫畫多帶有濃厚的誇張意味。廖未林在民國三十九年替《中央日報・兒童周刊》畫兒童漫畫人物，創造一個調皮搗蛋的「小雀班」。他說他看到國校裡的孩子「雨天共傘」就畫了「有福共享」；看到運動場上孩子踢球就畫了「精疲力竭」。畫了三年，他畫出小朋友的歡樂與愛的光輝。像童叟曾替《國語日報》畫連載的「兒童圖畫故事」，《在風雨裡長大》，以人物故事爲主，配上一些對話。劉興欽曾替《小學生畫刊》畫兒童漫畫故事《小青》也是這類作品。

二、詩歌：有兒歌和詩歌。兒歌是可以歌唱的，詩歌只可以朗誦。梁容若先生說：吃飽穿暖以後，坐在母親的懷裡唱歌謠，這要算人生最快樂的時光，誰也經驗過。我國的兒歌很少，多半隨口趁韻，毫無意義，由不識字的老婆婆們順口編造，東一句，西一句，就這樣流傳下去。像〈月光光〉、〈麻夜雀尾巴長〉。我國舊兒歌的內容並不健康完美，甚至有些迷信荒唐。所以梁先生認爲編兒歌應該由大文學家動手。兒歌是兒童歌唱自己的喜怒哀樂，所見所知，要用兒童的話，兒童的心去作。要有歌謠的特質，韻要響，句子要整齊，說起順口，唱來好聽。兒童的知識經驗範圍很小，兒歌要根據兒童當地的生活環境來作歌，臺灣和大陸的天然環境不同，講黃梨紅棗，不如歌木瓜香蕉；講牛羊成群，不如講汽車滿街。兒歌雖不以灌輸知識爲重，但不合常識的話也應當避免。如「撿得田螺餵小鵝」，鵝吃草不吃田螺，鴨子可以吃田螺；作歌的人大概因爲押韻，就改鴨爲鵝。這就要斟酌了。當然有些兒歌只爲拗口趁韻，亂說一起，目的在訓練說話，那又當別論了。（說取自梁作的〈兒童的歌謠〉）。

我過去曾選過一首兒歌〈小河在唱歌〉，稍增改一些文字。我覺得這首兒歌很好，聲韻流暢，又有意義，適合中年級學生朗誦，所以引爲範例：

聽啊！小河在唱歌：波波，活活！活活，波波！鑽過一座橋，追上鵝伯伯。河畔小草拉拉手，垂柳彎腰點點頭。他們都在喊：「小河慢慢流！」不能歇，不能緩，要流的路還很長！轉個彎，再轉彎，找到大河哥。水多力量強。

聽啊！小河在唱歌：波波，活活！活活，波波！越過小石堆，追上鴨婆婆。水中魚兒擺擺尾，青蛙含笑招招手。他們都在喊：「小河慢慢流！」不能歇，不能緩，快快流過這個灘！進水庫，儲滿水，開閘灌良田，種田不怕旱。

許多兒歌適合幼稚園、低年級的孩子在遊戲時候歌唱。詩歌像胡適先生作的〈上山〉之類都是很適合兒童讀的。史蒂文遜（R. L. Stevenson）的《兒童詩園》也是很有名的。王玉川老師的兒童詩歌集《大白貓》就有不少兒童喜歡讀的詩歌。兒歌也可以採取對唱的方式。鍾梅音說：她在初小二年級時候，唱的一首小歌〈蝴蝶姑娘〉：

一個小男孩先唱：

「蝴蝶姑娘我問你，你的家，住在那裡？」

扮蝴蝶的小女孩答唱：

「我家就住在，百花村裡；百花開，請到我家來！」

鍾梅音又說：「這些歌，好像都是黎錦暉作的；他編過兒童歌舞劇《月明之夜》、《麻雀與小孩》、《葡萄仙子》、《十姊妹遊花園》等，爲那一代的幼小的心靈，編織過多少燦爛的夢境。」

三、散文：沒有韻的文字叫做「散文」。小說、戲劇雖然也是用散文寫的，現在已經和詩歌、散文並列；這裡也就另加論述。我是把散文分做寫人、敘事、抒情、論理、寫景、詠物六類。

㈠**記敘文**：有傳記、故事、童話、科學淺談、生活記事、文化歷史等。

1.傳記：傳記和軼事屬之。在人類的歷史上，各方面都有許多人物足以做我們的楷模。我們希望這些人物在道德或言論或事業的成功，能夠在兒童幼小的心靈中立下典範，激勵他們向上的心志。我寫過的像醫藥學家李時珍、發明大王愛迪生、音樂家貝多芬和他的月光曲、司馬遷寫《史記》、王維的詩和畫、電話的發明（英國亞歷山大・格格拉漢・貝耳）、抗生素的產生（英國病菌學家亞歷山大

・福來明）。我覺得巴西球王比利、美國總統林肯、意大利畫家達文西畫的「永恆的微笑」、哥倫布豎雞蛋、孟母三遷這些人物的傳記或軼事，都是兒童常讀的作品。

2.故事：兒童最喜歡讀的是一些趣味性的故事。從小小孩聽故事開始，到喜歡看故事，到上台講故事，這總要好幾年的時光。故事的內容包括很廣：有寓言，含有教育意味，像〈狐假虎威〉、〈魚蚌相爭〉、〈愚公移山〉、〈守株待兔〉、〈塞翁失馬〉都是。神話，充滿著神奇和幻想，像〈嫦娥奔月〉、〈開天闢地〉、〈牛郎和織女〉、〈夸父和太陽賽跑〉之類。我也寫過一些神話，寫我國水稻產生的故事，收在我新近由正中書局出版的〈中國故事集〉中。我寫的〈抬驢進城〉、〈我和他誰漂亮〉、〈一巴掌打破了百萬家財〉等也屬於有含意的故事。笑話像〈傻女婿〉之類。

3.童話：這個名詞是從日本傳過來的。英文叫做Fairy tales，應該譯做「小神仙的故事」。朱傳譽說《英格蘭童話》寫的是仙子、巨人、侏儒、會說話的動物，是民間故事或傳說的變體。早期童話是口述童話，不是藝術童話。法國貝洛爾是童話之祖，作《鵝媽媽的故事》（1697），收有〈灰姑娘〉、〈小紅帽〉、〈睡美人〉等八篇童話。童話是西方的文學產品。蘇尚耀說：

> 童話是一種專為兒童編寫，內容充滿神奇、變幻和趣味，造語生動，文字平易，適合於兒童欣賞閱讀的故事。

嚴友梅對童話下了一個很好的定義；現在轉錄如下：

> 童話是一個以藝術雕琢的故事，通過詩的情感，表現精深的哲理，包涵趣味的情節，美麗的描

寫及教育兒童的意義。題材廣泛，舉凡歷史、地理、哲學、藝術、神話、傳説、民間故事、英雄事蹟以及動物植物，統通可以包括在內。任何事物皆可爲童話的材料。爲增加趣味及感染力，筆觸可以隨意渲染，獸言鳥語，出神入化，甚至超越自然，更隨時代的變遷而進展，以達成教育與娛樂的目的。童話，成人一樣可以欣賞，與小説、散文、詩歌、戲劇有同等價值。（説見〈童話淺談〉）

童話之王丹麥的安徒生（Andersen）童話中的〈醜小鴨〉、〈國王的新衣〉、〈賣火柴的小女孩〉都是極有名的短篇童話。德國格林約柯伯和威廉兩兄弟（Jakob Grimm and Wilheim Grimm）的《格林童話》（Grimm's Fairy Tales）。英國王爾德（Oscar Wilde）的《快樂王子集》（The Happy Prince）收有九篇童話。長篇像英國卡樂爾的《愛麗思夢遊奇境記》。路斯金（John Ruskin）的《金河王》（The King of Golden River）寫一家三兄弟，兩個哥哥自私吝嗇，都變成黑石頭，只有三弟充滿愛心，獲得財富。

童尙經認爲今天時代不同了，我們需要新型童話，寫作一些以科學與技術爲基幹的童話。朱傳譽説「現代童話」有新仙子故事像《彼得潘》，人性化動物像吉卜齡的《叢林故事》，人性化無生命物像安徒生的〈錫兵〉，還有純幻想故事等。

4.科學淺談：現代是知識爆炸的時代，能給兒童一些科技的常識，撰寫一些科學淺談或自然故事。我寫過〈森林之王——老虎〉、〈小蟲的本領〉、〈仙人掌〉、〈在太空館裡漫遊太空〉、〈新火山的產生〉、〈靈魂之窗〉之類是。我讀過的〈海底世界〉、〈神奇玻璃〉也都是這類作品。

5.生活教育：教導兒童如何料理生活，努力學業，待人接物，結交朋友，參加社會活動，應付突發事件的各種問題的理念；兒童作家在這些方面，可以下筆著墨的題目是非常多的。我寫過一篇〈我最得意的一件事〉，就是描述一個小學生參加校際歌唱比賽、努力練唱、終得優勝的事。像林良的〈矮腳虎〉，就是寫他小時交友的事。至於像〈學校運動會〉、〈未來科學家〉、〈參觀動物園〉、〈競選班代〉、〈我的老師〉、〈爸爸和媽媽〉、〈一次辯論會〉、〈到阿姨家做客〉諸如這類，都是記敘孩子的生活與活動的題目。不過寫這類的兒童讀物，最好是站在孩子的立場來寫。這類生活教育的記事文，也可以用趣味盎然的故事體來寫，像美國羅拔．麥克羅斯基《讓路給鴨寶寶》（Make Way for Ducklings）寫鴨媽媽帶著八個鴨寶寶，要通過市區的馬路時，警察爲牠們指揮交通，讓牠們安然到達公園，給孩子體會到當人民保姆的警察，是多麼的和善，負責任，保護人民的安全。

6.歷史：用簡潔的文字記述歷史的事件，像〈鄭和下西洋〉、〈淝水之戰〉、〈人類第一次登上月球〉之類。

(二)**論說文**：討論或說明事物道理的文章。像我的〈普通話的重要〉、〈論公德〉、〈談立志〉、〈說話〉、〈養小動物的情趣〉之類屬於議論文；我寫的〈象形字和形聲字〉、〈中國的造紙與印刷術〉屬於說明文。（這些文字都收在《方祖燊全集．兒童文學選集》中）。

(三)**描寫文**：用優美的詞藻來的，有寫景、詠物與抒情。這類的作品，我寫景的像〈西湖〉、〈阿里山的奇彩〉、〈臺灣橫貫公路〉、〈鄉居窗景〉等都是，詠物的美文像〈金魚的泳姿〉、〈月亮〉等。抒情的像朱自清的〈匆匆〉等是。

㈣實用文：書信，我寫過的有給同學〈談如何克服恐懼的心理〉、便條、日記等。

四、小說：一般的小說總是製造許多困難、衝突、爭鬥和糾葛，但寫給兒童和少年閱讀的小說，卻不宜有太多這類的困難、衝突、爭鬥和糾葛，因爲這不是一般孩子所能夠了解和克服的；跌倒了必須能夠再站起來，要是安排一連串的災禍和惡運，即使寫的是其他動物，兒童也總覺得不舒服。所以寫給兒童少年讀的小說，必須注意符合兒童的心理：純眞、快樂、好奇、冒險、幻想。適合兒童讀的，動物小說像薩爾吞（Felix Salten）《小鹿班比》（Bambi）。偵探小說像英國柯南道爾（Sir Arthur Comon Doyle）的《福爾摩斯偵探故事》（Sherlock Holmes）。生活小說像意大利亞米契斯（Edmondo de Amicis）的《愛的教育》（Coure）（副標題叫一個小學三年級學生的日記）；像其中的一則〈爸爸的看護者〉，寫少年西西洛到醫院看護父親的病，弄錯了人，竟把一個陌生人當做自己的父親去照顧，後來發現錯誤，但仍然繼續照顧，直到他過世，充滿愛與同情。冒險小說像英國狄福（Defoe）的《魯濱遜漂流記》，寫一個水手在一孤島努力求生、終於生還的故事。這對建立兒童如何同情他人、幫助他人，遇到困難、克服困難，愛人的心理與樂觀的精神是有幫助的。有些兒童小說主角是兒童，像馬克吐溫（Mark Twain）的《赫克・芬頑童傳》就是。《格列佛遊記》、《西遊記》兒童愛讀它，因爲它是幻想世界的產品，可以滿足兒童好奇的心理。也有人把成人小說改寫，成爲適合兒童興趣的讀物。

五、戲劇：大抵是一幕短劇，可以在課堂上讓學生飾演，作爲學生的一種活動，目的在訓練他們說話與表演的能力。我也曾經編寫過幾齣這類的兒童劇，如〈忘恩負義〉、〈井底之蛙〉、〈慶祝生日〉、〈好人壞人〉和〈民主殿堂〉都收在《方祖燊全集·兒童文學選集》中。寫作兒童劇要特別注意的地方，第一是要有一個健康的主題。就我所編的短劇來看，〈忘恩負義〉是據馬中錫小說〈中山狼〉改寫成話劇，說好先生救惡狼之後，惡狼卻要吃他充飢，就是忘恩負義，但人類也儘多這種行爲；使兒童體認什麼是「忘恩負義」？並暗示不應該是非不辨去幫助壞人，以免反受其害。〈井底之蛙〉是利用馬援的一句話鋪演成的，說明做一個現代人應該到世界各地去觀光，以增廣見識。這兩篇都是寓言劇。其他三篇都是取材於我們的生活：〈慶祝生日〉，是寫我們爲兩個雙生兒慶祝生日的事，指出過生日應該知道過生日的意義。〈好人壞人〉主要是在教孩子辨別好人與壞人，好人可以結交，壞人要遠離他。〈民主殿堂〉借這個趣味的短劇，闡說現代民主政治的眞諦。第二是兒童劇的對話，要特別著重口語、精鍊、生動。現摘〈慶祝生日〉中幾句對話：

母親：（拍手）讓我們一起唱：祝你們生日快樂！祝你們生日快樂！

（大家唱完了慶生歌）現在你們一起許個願，把蠟燭吹滅！

兒子：（兩個同時發出笑聲）哈哈，我們要做你們最不乖的孩子！（吹滅了蠟燭）

父親：別胡鬧！長大了一歲，就應該更懂事一點。兩兄弟間，再不可以愛發脾氣，愛胡鬧，要相親相愛！

大兒：是的，爸！

貝里（James M. Barrie）的〈潘彼得〉（Peter Pan），是聞名世界的兒童戲劇。

六、**卡通片**：日本曾將我國的《西遊記》製成卡通片。美國華德狄斯耐創造了「米老鼠」和「唐老鴨」的卡通片。趙澤修說：「動畫有漫畫卡通影片、木偶卡通影片、剪紙卡通影片等。卡通影片可以賦予萬物以生命和人性，可以生動的表達兒童們的精神世界。兒童所嚮往的事物、幻想、夢境等，都可以通過卡通影片描寫出來。」卡通片常常用誇張與趣味的手法去表現。他又說：在卡通片裡可以看到成群白鴿飛著編成一座天橋，孔雀在嘲笑烏鴉的醜陋，小雞傷心的哭了，這些動物對兒童來說，都像眞演員。

七、**兒童影片**：像《白雪公主和七個小矮人》、《灰姑娘》、《湯姆歷險記》、《金銀島》、《孤星淚》都是兒童喜歡看電影。西班牙的《八頑童》、法國的《鈕扣戰爭》這兩部以兒童爲主角的電影，白景瑞說「都是兒童影片中的晶品」。一般說來，兒童電影的情節要單純，不要太複雜；兒童喜歡動物，所以兒童電影常以動物，像狗、小恐龍搭配演出，兒童喜歡幻想，因此有以兒童和飛碟、時空隧道的科學幻想相結合，構成兒童電影的內容。

八、**其他**：如謎語、填字遊戲。

總而言之，作家對兒童讀物的編寫，應該儘量根據現代兒童的生活與知識的需要去下手，希望能夠培養兒童與少年的聽說讀寫的自學能力，使兒童能夠從各種讀物中，充實他生活經驗，擴大他知識層面，培養他良好的道德，加深他對現代生活內涵的理解。

（民國八十八年三月《中國現代文學理論季刊》第十三期）

思想與文學

思想與文學的關係是非常密切的。梁朝劉勰談寫作文章說：「夫情動而言形，理發而文見①。」英國勃魯克②也說：「所謂文學，意即有知識男女的思想與情感的記錄。」思想與情感是構成文學作品的主要內容，早成了研究文學的中外者的常談。

然而並非所有抒發情感與表達思想的文字，都可以稱做文學；這就像我們並不能將所有含有碳素的石頭，都叫做鑽石，是一樣的道理。周詩三百零五篇，吟詠情性，是大家所公認的純文學；但我們寫得不好的詩歌，雖然也抒情，卻也不能強稱之文學。春秋戰國時產生的散文，談論宇宙本體、生死情性、倫理道德、禮法刑名種種問題，若拿現代所謂文學尺度，加以衡量，其大部分只能歸之於哲學、政治、倫理的思想論著之內，不能承認它是文學。當然今天從《論語》、《孟子》、《莊子》、《韓非子》這些作品中，挑某些說理文字，細讀之，卻也不禁要贊賞它是極佳的文學作品。

「文學」除了注意內容外，還需要講究形式；除了有精闢的思想，熱烈的情感，還常需要優美的辭采，豐富的想像，適當的聲調語氣，和諧的音聲韻律，統一完整的結構，正如劉勰所說：「以情志爲神明，事義爲骨髓，辭采爲肌膚，宮商爲聲氣③。」不如此，即不足使讀者沈醉感動；思想與情感，是文學的靈魂，作品的生命，也唯如此，才能發揮盡致。

在這篇文字裏，我只專談「思想與文學」的問題，事件單純了，談起來，也比較容易。美國文學批評家韓德④也認爲並非所有說理論理的文字都是文學。他說：「文學就是『思想』經由想像、感情及趣味的文字，加以表現；它不是專門的，可以爲一般人所理解，並且感到趣味的。」我覺得他的話很有道理：思想要透過想像、感情、趣味的文字來表現，才能成爲文學；不然，就要流入哲學、科學專門性文字的範疇裏去了。

我們試著用韓德的話，去品賞一下《論》、《孟》、《莊子》的文字吧；很快就會發現孔子所說「己欲立而立人，己欲達而達人⑤」，孟子所說「仁者以其所愛，及其所不愛⑥」，莊子所說「愛人利物之謂仁⑦」，都是屬於倫理學的文字，富有哲學意味的訓言，讀來硬邦邦的。但當我們讀到孔子在河岸上，看著滔滔的流水，說：「逝者如斯夫，不舍晝夜⑧！」深深感觸時光不停溜走，就好像河裏水的流逝；這種感觸也深深驚醒了我們鬆懈的心靈。孔子用「歲寒然後知松柏之後凋也⑨」，來譬況君子處身惡劣環境，仍能堅貞卓立，不爲威武所屈，不爲富貴所淫，而不改其本志的崇高氣節；這種寄託，意味是何其深永！又如《莊子・列禦寇篇》，記莊子將死，他的弟子要厚葬他；莊子說：「吾以天地爲棺槨，以日月爲連璧，星辰爲珠璣，萬物爲齎送。吾葬具豈不備耶！何以加此？」弟子說：「吾恐烏鳶之食夫子也！」莊子說：「在上爲烏鳶食，在下爲螻蟻食；奪彼與此，何其偏也！」這段文字既很美，故事也很有趣味，寫的卻是莊子對死葬的看法，表現他超然曠達的人生觀。像這些都是表現作者思想的文字，說理的文字，但都是通過感情、想像或趣味的筆墨來表現的；像這種文字，就是所謂「文學」。讀者也因此喜歡它，在思想上得到無形移化，深刻影響。

有人說：抒情的作品最能動人心絃，賺人眼淚。作家的感情生活，卻也常常受他所吸收的思想的影響。自古有尊天敬祖的思想，以爲「萬物本乎天，人本乎祖⑩」，自然產生虔誠的拜天祀祖之情；發抒於作品，就是歌頌神明、宣揚祖德的樂章。忠孝思想，深入民心，常施之人們的言行：像諸葛亮因感激劉備的知遇，受命託孤，即盡心國事，圖報君恩，發抒於文章，就寫成鞠躬盡瘁，死而後已的〈出師表〉了。又像李密從小受祖母照顧長大，祖母老病，他就打算辭官，盡心孝養；發於文章，就是感人至深的〈陳情表〉。陶淵明作〈歸去來兮辭〉，敍述他辭官回鄉，隱居避世的事；他所以如此，雖說是由於政治黑暗、時局動亂所造成，其實也是由於他受到道家儒家的思想影響所致，寧願固窮毋濫，寧願樂天知命，寧願淡泊適性：所以詩人作家的情性的形成，生活的趨向，無不受思想的支配。

作家必須是一個有思想的人；爲了提升思想的境界，作家必須多讀思想性的書籍。思想家觀察宇宙，體驗人生，吸收各家思想，經過深思冥想，再創造自己獨有的思想，發表爲思想的論著，論宇宙，談人生，講倫理、道德、政治、經濟、社會、教育各種問題，而藉教育，藉著作，流傳各地，傳播後代，建立起自己思想的體系。思想家的著作，對知識份子，對專門學者，影響比較長遠。文學家畢竟不是思想家；他雖有思想，但卻不想作系統性的論述，也不想建立甚麼思想體系；他寫作可愛的作品，只是要一般人喜歡，所以他不要板起面孔來說教，講大道理。撲克臉，最惹人厭；教訓的忠言，最難入耳。作家也是有思想的人，凡事有見地，有好看法，自然會在他的作品裏流露出來，凡是優秀傑出的名著，作者無不在那些美麗的文字，豐富的想像，熱烈的情感，動人的故事中，反映表達了他的思想。

作品沒有感情，就不能感人；沒有思想，就缺乏深度。情感需要思想的扶持，就像花果需要枝幹，才更有力，才更豐碩。經典有了精義，能援救罪人的靈魂；作品有了思想，能提高常人的智慧。劉勰早就闡明思想的重要，說：「道沿聖以垂文，聖因文以明道⑪。」唐、宋以來，作家高倡「文以明道⑫」、「文以載道⑬」。自從漢武帝聽信董仲舒的話，罷黜百家，獨尊儒家之後，這裏所謂「道」專指儒家的思想。但道家勢力也不小，歷代都還有人相信；此外，佛陀的教義，也從西域傳進來。過去，我國的知識份子，大體受儒、道、釋三教的影響，許多詩歌、散文、小說、戲曲……大多將這三家的思想鎔融於作品之中。韓愈、柳宗元是儒家的信徒，他們寫文章就多倡導孔孟之道；李白好道，所作詩文，就多老莊之語；王維信佛，他的詩篇富禪宗之味；各具其思想的特色。現代作家受各種新思想的浸潤，涵泳更加廣泛而複雜了。

一個作家思想的形成，除了平素讀書，受前人影響之外，還深受他個人所處時代、環境與際遇等等因素的影響，產生各種不同的情思。譬如戰國末楚國詩人屈原生在強秦侵略、國家危亡之際，因此他產生強烈的忠君愛國的思想，表現於〈離騷〉、〈哀郢〉之類作品中。又如東晉詩人陶淵明身處連年戰亂的時代，看到人民生活痛苦極了，村莊成廢墟，故老多死亡，因此作〈桃花源記〉描述他理想的世外桃源，充滿了和平安樂，人人有工作，家家豐衣足食，來寄託他願望，令人嚮往。又如唐朝時有契丹、突厥、回紇、吐蕃侵犯邊境，唐人不斷對外用兵作戰；因此，當時詩人就寫下許多宣揚征戰或非戰思想的作品；宣揚征戰的如王昌齡的〈從軍行〉：「黃沙百戰穿金甲，不破樓蘭終不還。」非戰的如陳陶的〈隴西行〉：「可憐無定河邊骨，猶是春閨夢裏人。」作家的思想，脫離不了他所處的時代與環境。個人的得志失意，順泰困逆，在家離鄉……際遇不同，也都教人產生各異的思想。像曹操在漢建安十二年出塞，北征烏丸，年紀已經五十三歲了，不算小了，所以他作〈龜雖壽〉詩，自然有「老驥伏櫪，志在千里；烈士暮年，壯心不已」的感受跟想法。曹操統一了華北，在建安十三年，率大軍南征，而荊州投降；他躊躇滿志，作〈短歌行〉，自然有「山不厭高，水不厭深；周公吐哺，天下歸心」的想法與說法。當曹植受乃兄壓迫，七步作詩，自然產生兄弟相殘的憤慨悲思，說：「其在釜下燃，豆在釜中泣；本自同根生，相煎何太急！」又像孟郊離家遠行，久久不能回去，看到他母親親手替他縫製的衣服，自然產生了不知如何報答母愛的想法，作〈遊子吟〉，說：「誰言寸草心，報得三春暉！」流露他這種孝親的情思。他們都將他們自己的思想與情感，運用適當的文字抒發出來，成為動人感人的文學作品。

我們知道這些文學作品，都不是從正面來宣揚他們這種種思想，也不是用嚴肅的文字來講說這種種道理；他們只是寫一首詩，作一篇散文，編一部小說，譜一齣戲曲，將他們的思想溶化文字中，蘊含情節裏，使讀者觀眾自己去體會，去感悟，然後變成讀者觀眾的思想，作為做人做事的原則。思想雖然只是人們心理的一種論理活動，卻往往和欲望、情感成了支配人們實際行爲的一種動力；因此，文學作品對大衆行爲的影響，是非常廣大深遠的。

因爲思想對人們影響的重大，過去的專制皇帝常常想到控制人民的思想；想憑藉政治的權力，控制人民思想的，有秦始皇的焚書坑儒，想徹底消滅諸子百家的思想，使人們變成只知吃喝工作睡覺的動物，沒有政治思想的愚民；結果失敗，不到三世，就被推翻。清人以少數民族，統治廣大的漢人，康熙、雍正、乾隆三個皇帝，爲了消滅漢人的民族思想，對文化方面，力加控制，欽定四庫全書，整理過去的著作，凡涉及「夷夏之防」的，「民族意識」的，大抵都加竄改，而且大興文字獄，用刑戮、凌遲、滅族各種殘暴的手段，來壓制種族思想，政治思想；這種壓制，也沒有長久的效果，當政治黑暗腐敗動亂的時候，也就控制不住了，高壓不住了。因此，晚清產生了許多猛烈抨擊黑暗政治、污濁官場的小說，如吳沃堯的《二十年目覩之怪現狀》（一九〇二），李寶嘉的《官場現形記》（一九〇六）等；還有鼓吹推翻滿清政府、實行種族革命思想的作品，如鄒容的《革命軍》和陳天華的《猛回頭》（一九〇三）等。

思想是植根我們頭腦裏的一種心理活動，也是潛藏我們心靈中的一種秘密的語言；所以一個人若不把心裏的話說出來，誰又能知道他「思想」些甚麼？誰又能透視出在他腦皮層裏活動的情況呢？思想在未表達出來之前，是非常自由的，實在不是他人所能干涉，所能控制的？而且思想的傳播，非常快速；而且可以在暗地裏進行，也很難覺察；思想就是非常專制殘酷的政權也無法控制的了。明朝的遺老志士，就借重會黨的暗話秘語，把反清復明的思想，一代一代，相傳了下去，把民族意識，深植於人心；當它一旦發生作用，就能發揮它的無比力量，而不可阻擋。太平天國的崛起，辛亥革命的成功，都跟會黨的秘密傳播民族思想有關。 國父在鼓吹國民革命，倡導三民主義的時候，也曾深深理解到思想的特質與思想的力量。他說：

> 主義就是一種思想，一種信仰，和一種力量。大凡人類對於一件事，研究當中的道理，最先發生思想，思想貫通以後，便起信仰，有了信仰，就生出力量⑭。

文學是最佳的教育國民的利器；我們應該發揮這種力量，將方向正確的思想鎔鑄作品之中，從大眾的心靈深處，引導他們，教育他們，走向康莊大道。

【附　註】

① 語見《文心雕龍・體性篇》。

② 勃魯克（S.Brooke，一八三二—一九一六），著有《古代英國文學》（Early English Literature）。

③ 語見《文心雕龍・附會篇》。

④ 韓德（Theoder W. Hunt，一八四四—），曾任美國普林斯頓大學英文學教授，著有《文學原理及其問題》（Literature, it's Principles and Problems）。

⑤ 見《論語・雍也篇》。

⑥ 見《孟子・盡心篇下》。
⑦ 見《莊子・天地篇》。
⑧ 見《論語・子罕篇》。
⑨ 見《論語・子罕篇》。
⑩ 見《禮記・郊特牲》。
⑪ 見《文心雕龍・原道篇》。這裏的道，自然之道，不專限於儒家之道。
⑫ 語出柳宗元〈答韋中立論師道書〉。
⑬ 語出周敦頤《文辭》第二十八。
⑭ 見《三民主義・民族主義》第一講。

美的探索

愛美是人的天性。女人愛美，男人更愛美；小孩子愛美，老年人更愛美；普通人愛美，藝術家尤其愛美；也可以說：沒有一個人喜歡醜惡而不愛美的。

從前有一個癩子，半夜裏生下一個孩子，就急急叫家人點起光明的燭火，細細端詳新生的嬰兒，就是怕他像自己那樣醜，看到了那吹彈得破的粉紅的小臉頰，他才把心裏的一塊大石頭放了下來。澹臺滅明，字子羽，狀貌甚醜惡。孔子認爲相貌這樣醜，才分也一定低，可能不堪造就；沒想到滅明努力讀書，修養德行，終成了一個相貌極醜心地極美的人。孔子也不禁自疚，說：「『以貌取人』，卻錯看了子羽。」

爲什麼我們喜歡美？因爲美是屬於感覺上的一種享受：所以過去有「飽餐秀色」的成語，現在也有「眼睛吃冰淇淋」的俗話。美的東西，無論具象如人體美、自然美，抽象如聲籟美、觀念美，都蘊含著一種動人心魄的吸引力，自然令人從心裏喜歡，覺得愉快滿足，陶醉沈迷，甚至愛不忍釋。這就是美感。

大家都知道越是美的，吸引人的力量也越大。晉朝詩人潘安仁非常漂亮，坐車子上街，婦女就成群圍繞著他，向他的車子投送香甜的果子，滿車都是，有的還唱起甜蜜的歌曲，吐抒深深的情意；所以他一想起好吃的水果好聽的歌兒，就駕車上街去兜一圈兒。當然，漂亮香艷的女人，也常常教男人「目逆而送之」。

這種形象的美，常常是我們觀看這色相萬千的世界，古往今來的宇宙，最先注意到感覺到的美；因爲我們使用眼睛的時候最多，「美從眼入」，自是常事。托爾斯泰說：「『美』字，照俄文的意義，就是我們視覺所喜歡的東西。」試睜開眼睛看看這自然界、人世間、多麼美呀！到處充滿了奪目炫眼的光彩花色，搖心動魄的形狀姿態，都配搭排列得非常均匀非常調和，呈現著許多美的形象。就拿鮮花來說吧，形態就非常美，有的像蝴蝶兒、有的像孔雀尾、有的像雄雞冠、有的像喇叭、有的像酒杯、有的像小筆筒、有的像繡球兒、有單瓣、有複瓣、有一枝獨秀、有成簇怒放、有叢叢盛開，再加色彩繁多，嬌美艷麗，眞是美得教人心醉。每當我往遊新店直潭的花園新城，處處花紅草綠，翠樹成林，也就常使我萌生了遷居山中的念頭。

美，並不只限於有形的東西，無形的聲音氣味感觸，也都自有它們美的地方；通過我們聽嗅味觸各種感覺器官，也常會感受到各種美，使人心迷神醉。

和諧的聲音，入耳有說不出的舒服；這就是美。像清晨的鳥囀，山間的流泉，靜夜的松濤，海濱的潮音，都是聽來非常美妙的聲籟：至於嘈雜的市聲，不成調的琴音，機械隆隆的聲響，不但不美，

還會刺痛人的耳膜，覺得難受呢！

宜人的氣味，像草香花氣泥土味，撲鼻神爽，這就是美。像白荷的清，丹桂的濃，寒梅的雅，蘭花的幽，馨香馥馥，芬芳襲襲，都使人覺得美到極點了。最近，我家的蝴蝶蘭開了五朵潔白的花，像粉蝶兒靜靜地停在花梗上。我將它擺在客廳的茶几上，雖然和插在花瓶中的紙花不同，有一種生命的美，自然的美，但總覺得不如過年開的報歲蘭美。報歲蘭盛開的時候，你一走進客廳，那幽美的香氣，就使你心旌搖曳，好像要將生命的美儘量發揮了出來。中國菜味道之美，尤教人稱譽，而名聞世界。

過去，我讀到劉鶚描寫老殘聽王小玉唱大鼓書的美妙感受，說：「三萬六千個毛孔，像喫了人參果，無一個毛孔不暢快。」我認為這是由聽覺美的感受，而引起了身體上的一些生理變化，因而產生味覺和觸覺的一種美感。觸覺上的美，常使我們的肌膚產生一種舒暢愉快的感覺，當我們在夏日的海灘上，讓溫柔的海浪一波一波的輕輕衝盪你的身體，那種感覺的美，就像愛人的輕撫甜吻。春風迎面吹來，有人說像母親搖搖籃的手，輕輕唱的眠曲；有人說像喝了醇酒一樣的微醺，使人慵倦欲睡。這都是很美的感受。睡在新洗乾淨的棉被裏，那種香甜、柔軟、溫暖的美，也常常教人一下子就進入了美麗的夢鄉。還有女人柔滑如脂的肌膚，跟她相親，也常教人沈醉，產生了美感。有人說：「美感必須與欲望無關，無欲的快感，才是美感。」我卻認為美感，有時也會促使我們產生強烈的欲望；而欲望得到滿足的快感，不能說它不是一種美的感受。像元人王實甫的《西廂記》，描寫張生與鶯鶯「月下佳期」「軟玉溫香抱滿懷」一齣戲，義大利小說家鄧南遮的《死之勝利》描寫男女的狂熱情愛，濃艷極美。這種美感都跟欲望有關。各種生物生命的延續，就在這種觸覺之美支配下，不斷延續了下去。

由此，我們可以知道：美，不是難猜謎語，也不是幻景假象；美是透過我們視聽味嗅觸各種感覺而產生的一種美的感受。除此之外，心靈的知覺也能使我們感受到美。譬如我們看見一個母親露著乳房，讓嬰孩安詳喜悅地躺在她的懷抱裏吮吸乳汁，她的臉上流露著愛的光輝；我們心裏覺得這種情景非常美。一個年老的祖母，一頭銀白頭髮，一臉乾癟皺紋，但眼角卻帶著慈藹的微笑，這也是一種美。還有像愛國的將士勇敢步上戰場，壯烈地犧牲了；還有像焦仲卿與劉蘭芝，羅蜜歐與朱麗葉，都爲著彼此相愛，而殉情了；這種悲壯的精神，堅貞的愛情，是非常感人的，常常使我們的心靈震動不已；所以完善的行爲，往往會給人完美的感受。現代美學將這一類美，叫做內容美。

熱愛美不只是人的天性，也是許多生物的天性；因此，由於喜愛美，進而表現美，也是許多生物天賦的本能。許多生物在授粉求偶的時候，更要儘量表現自己的美。有些植物成熟時開出形態美妙、色彩艷麗、氣味香甜的花兒，來吸引蝴蝶、蜜蜂來採蜜，花蕊就藉此媒介，完成異花受粉育種的事情了。有些動物像蟋蟀輕吟、夏蟬鳴奏、雄鳥晨歌、火鶴熱舞、雨蛙鼓吹、螢火蟲發光、熱帶魚身現絢爛的彩暈，牠們都是儘量在表現自己的美，以吸引異性的青睞與熱愛。人類在婚前又何嘗不是這樣。女人恨不得自己生得漂亮，有閉月羞花、落雁沈魚的容貌；要是天生不美，也要靠化妝，靠服飾，將自己打扮得花枝招展。借人力來增添美，來創造美，以吸引異性愛上她。我想藝術的產生，大概就是基於人類有這種熱愛美，追求美，表現美的天賦稟性，所以常自設法運用自己的靈智與技巧來創造美的作品，而產生詩歌、音樂、舞蹈、戲劇、繪畫、雕刻、建築各種藝術。這些藝術無不在創造美，表現美，來美化人類的生活境界。

有人說：造物者才是最偉大的藝術家。他利用天工神力來創造自然美。像「一夜春雨綠了多少田疇，一夜秋霜黃了多少林壑」，這又豈是人類所能創造出來的？的確，自然界中許多景物，常常能給人極美的印象，極美的感受。德國美學創始者包姆加敦說：我們只有在大自然裏認識美，求最高表現。許多藝術大多從模仿自然、描寫自然入手。像成熟女人的肉體呈現著極其柔和動人的曲線美，就成了歐洲藝術家雕刻繪畫裸體藝術的對象。暴雨崩山，掣電狂雷的時候，聲籟非常雄壯動聽，我國古代音樂家伯牙因此譜下了高山流水之曲。清晨的日出，盛開的睡蓮，都非常美，法國畫家馬奈和莫內，把握住這種形象美，畫了出來，就成了印象派的名作。春天時水邊開滿了鮮花，蝴蝶飛舞，黃鶯嬌啼，情景聲音，美得教人沈醉留連。唐代詩人杜甫就把握住這種美，寫下了一首絕句：「黃四娘家花滿溪，千朵萬朵壓枝低。留連戲蝶時時舞，自在嬌鶯恰恰啼。」他們把大自然裏最美的事物描寫下來，把美表現在他們的作品裏，讓大家來欣賞，讓美永遠存在我們的心靈深處，使我們覺得世界是那麼美的。

大自然裏的東西，並非全是美的。火紅色的水蛇，在動物攝影家的畫片裏看來，色彩也很艷麗；只是當你實際看到牠昂首吐信在水面浮游的時候，你只會感到厭惡，甚至產生恐懼的心理。又如躲在暗處的老鼠，鬼鬼祟祟的，怎麼看，也只會教人感覺到醜惡。蝴蝶很美，小孩子都喜歡牠，有的還網了來玩呢；可是當牠還是幼蟲的時候，一身長著紅的藍的短刺，像一把刷子，毛茸茸的、慢慢的蠕動，你看了，皮膚自不免要起疙瘩！沙漠落日，駱駝商隊在趕路，景象很美；可是最近當我從電視螢光幕上，看到衣索匹亞、烏干達乾旱饑荒的景象，許多土地龜裂，寸草不生，一大片荒漠，徒自增添了許多悲涼悽慘的感受。自然界、人世間的事物，有的美，有的不美；有時美，有時不美；藝術家大抵選取那最美的部分表現了出來，略去那不美的部分。王維的〈塞上詩〉：「大漠孤煙直，長河落日圓」，把握了雄渾景象的美；杜荀鶴的〈春宮怨〉：「風暖鳥聲碎，日高花影重」，把握優柔景象的美，表現於作品之中。

大自然的美，很少是永恆不變的，多半是一剎那的，極其短暫的。就像黃昏夕照，滿天彩霞，一江熔金；但大地一下子就淪入黑暗中去了。就像黎明日出，發出熾亮無比的光輝，照耀著大地；但一下子也由絢爛歸於平淡。即使一種美能保持得較長久些，但在悠久的宇宙看來，還是很短暫的。像秋天把白楊染成金黃，冷霜把楓葉染成艷紅，滿山艷紅的如花，金黃的如畫，造成詩一般的秋境；這種美麗的秋境，終也會隨著寒冬的來臨而消失。就是女人的身體成熟豐滿的曲線美，也會隨著歲月增添，而肌肉臃腫，皮膚鬆弛，失去了原來的美。美的事物，沒有永恆的。就像李商隱所說：「夕陽無限好，只是近黃昏。」

美給人的感覺，都是極其短暫的。童年會過去，青春會衰老，愛情會褪色；也因爲這個原因，藝術家常常想將在宇宙間人世上這些短暫的美感，把它捕捉住，表現了出來，使某一時間，某一空間最美的形象與事情，能夠長久保留在他們的作品中，變成了永恆的美。今天，我們讀李白〈聽蜀僧濬彈琴〉時感受的美妙，說：

> 爲我一揮手，如聽萬壑松；客心洗流水，餘響入霜鐘。

這種揮手一彈的琴聲，就像萬壑的松濤，輕快的流水，洗淨了客旅中的閒愁，清遠的餘韻嫋嫋不絕，猶似秋山中鐘聲的回響。多美呀！李白聽琴時的感受！那一剎那間的美感，李白用文字把它保留下來；現在，我們讀它，猶自感受到詩人所感受到的那種美。義大利藝術家達文西在一五〇四年開始，用三年的時間，畫「蒙娜麗莎的微笑」；今天，我們猶能從他所畫的蒙娜麗莎的嘴唇與眼睛的神情，彷彿體會到那種聖潔似謎的微笑之美。許多文學家與藝術家都是爲了要將他們所感受到的美，所想像到的美，長存於世界，而努力創作不朽的作品。

現代有一些藝術家覺得自然美，太普通太古舊了，專從個人的「心象」之中，去尋求怪誕離奇的美，形式新穎的美，超越現實的美，對現代的繪畫、音樂、舞蹈、雕塑、建築、文學……都發生影響。繪畫、音樂等，直接訴諸感覺，怪誕與新穎的美，我們可以欣賞得到；文學是訴諸心靈，文字不通，含意不明，自是大衆所難感受理解的了。

人類的生活水準日漸提高，像音樂、舞蹈、繪畫、攝影這一類藝術，逐漸走向大衆化，成爲一般人增添生活情趣的涵養與活動。求美已不僅限於純藝術的範圍，而且早已經用在我們的日常生活中，求生活環境的美化，用具的美觀，在實用中求完美；因此美容烹飪，體操運動，服裝設計，室內裝潢，庭園佈置，建築造形，工業製品……無不講求其美；要求形狀式樣美，色彩光澤美，線條圖案美，節奏旋律美，氣味接觸美。有的求古典美，有的求現代美。總之，今天我們在日常生活上，無不講求美化。當然，我們也應該講求行爲與心靈的完美。我們生活在這忙碌緊張的時代，狹窄擁擠的世界，我們如能將理想中的美，表現在我們的生活上，使生活藝術化，藝術生活化，就能感到人生的美滿與快樂了！

（七十年五月三十一日青年戰士報）

說夢

一

說起「夢」來，沒有人沒有做過；連嬰孩都做過夢，你看他們睡在搖籃裏，忽而小臉兒帶著甜蜜的微笑，忽而哇哇大哭，驚醒了過來；大概只有心如死灰，情如止水的人，才不會做夢。思慮繁雜，神魂顛倒的人，夢尤其多。

但人們對於夢象，有人信有人不信。不信的認爲夢是最無稽荒唐的，若有人將夢當眞，就要譏笑他「癡人說夢」；所以許多人做過夢，也就忘記了，從不把它放在心頭，甚至一場荒唐夢猶未醒，就早已忘得乾乾淨淨了。但也有許多人相信夢，認爲是吉凶的一種預兆。周朝就有「太卜」的官，掌管占斷夢中境象，解說人事吉凶，叫做「占夢」、「解夢」、「圓夢」。春秋時師曠，漢朝時東方朔、京房，三國時周宣都寫過占夢的書。明清以後的人，遇到疑難，不能解決，也有些人就去祈夢。浙江杭州人常去西湖于忠肅祠祈夢；福建福清人常上石竹山觀音廟祈夢；北平人常到前門的關帝廟祈夢。這大概都是希望由夢中的境象，占測未來，預見幾變，所以陳士元說：「做夢，就是精神遊在知道未來的幻鏡裏。」

現代人也認爲可以從稀奇古怪的夢，探究它的含義。西方心理學家弗洛伊德在「夢的解析」裏，說夢是人在睡眠狀態下的心理活動。他認爲人有性的慾求以及其他慾求。當頭腦清醒時，這些慾求都受我們意識的監視，凡是與社會公論、道德、禮法的觀念不合的，全被克制，逐回潛意識的領域；但當睡覺的時候，意識的管制作用鬆弛，這種存在潛意識中的慾望，就會湧現出來，尋求滿足，就形成了夢。夢是可以分析的、解釋的。他常常由夢來探究精神病患者的心理癥結，叫做「精神分析」。

由我自己愛做夢的體驗，夢不只是慾望的尋求滿足；我想，夢除此之外，還應該是心靈的象徵，人事的投影，生活經歷的重現。我們平日想些什麼，憂慮些什麼，接觸些什麼，夜裏就時常會夢見我們所想，所憂慮，所接觸的事。記得小時候，聽多了鬼故事，心裏害怕，躲在被窩裏，就常常做起被鬼魅壓得透不過氣的惡夢，叫做「夢魘」。長大後，不信有鬼，這種夢也就如煙消散，不再做了。有時登上高山，看著壯闊的山河，衣袂被長風吹得獵獵的響，不禁萌生湧身，下躍，奮飛的心理。啊，能像鳥一樣的飛翔，多好！這就形成了我們飛翔的夢；在夢境中，飛越高山，飛過綠野，飛在大海上，眞是痛快極了！也因爲有這一種夢想，促使我們作家產生了許多神仙飛騰的神話，科學家發明了飛艇與飛機。還有我們在青春時期，由於生理成熟，對異性有了愛的慾望，夜裏也常常做起了美麗的綺夢。清朝作家紀曉嵐說，當他謫戍塞外，看見驛卒騎馬遞送公文的情況；那天夜裏，他就做起自己策馬狂奔，飛遞文書的夢。第二天醒來，猶自覺得髀肉酸痛呢，而寫了一首詩說：

一笑揮鞭馬似飛，夢中馳去夢中歸；人生事事無痕過，蕉鹿何須問是非。

過去有一句老話，就是「日有所思，夜有所夢」。我們從一個人的夢象，可以透視他深藏內心的想法，可以了解他平素久蘊的願望；所以夢是心靈的象徵，夢境常常和實事相反不同。受凍的常夢見穿漂亮溫暖的衣服；饑餓的常夢見大吃大喝。蘇東坡說：「餓人忽夢飯甑裂，夢中一飽百憂失。」當然工作辛勞的就夢見生活安逸。列子周穆王篇就記有一個老工人，每天工作都十分勞苦，疲憊不堪，但夜裏一上了床，就沈沈進入夢鄉，做起國王，過著非常安樂的生活。第二天醒了，又再繼續辛苦的工作，他說：「白天我是工人，夜裏我是國王；這種生活，我還有什麼可抱怨的呢！」在夢裏，心理得到了滿足。所以貧困的就夢發了大財，滿地糞穢。晉朝殷浩說：「錢本糞土。」想做官的就夢見棺材，這大概是取「官」，「棺」二字的諧音。躭心考試的就夢看榜，夢高中；讀明清人的筆記，可以知道在科舉時代做這一種夢的極多。盼望生男孩就夢蒼龍、熊羆、摘星，生女孩就夢彩鳳、虺蛇、幽蘭。生意人常夢創業艱辛發達的事，作家常夢寫文章的事。愛音樂的人常在夢中開演奏會，愛發明的人常在夢裏發明東西。這當然都是他們心理的投影與迴響。

夢和我們的睡姿也有關係，頭部沒有睡好枕頭，常夢突然下墜；雙手壓在胸前，常夢鬼魅壓身。夢和生理的情況也有關係，睡前茶水喝多了，常夢小便，小孩子甚至因此溺床；精液充溢，常夢和人談戀愛，青年甚至因此遺精。夢和情緒也有關係，心裏高興，做夢也開朗，恐懼多夢逃亡，憂傷多夢不幸，憤怒多夢和人打罵。心懷恐懼，常做夢被人追逐，拼命逃脫。害怕考試，常做夢考試不及格，然後努力而通過；有了過錯，常做夢被人告發，而極力爲自己辯護；身體衰弱的常做夢跟死去的親友歡聚。這都是由於自己心裏的憂慮，而產生了期望逃脫、及格、無罪等等夢境。我們生活中的種種活動與現象，都會凝會於夢境之中，睡前的胡思亂想，尤其容易形成荒唐無稽的夢。

有人說：「做夢終歸做夢，對於實際的人生，一無裨益。」其實，也不然。因爲人類有美麗的夢想，所以，我們的世界才會不斷進步，我們的生活才會不斷改善。一個有理想的人，他的理想也時常會出現於夢境。像黃帝一心想把國家治理好，日思夜想，終於夢遊華胥國；這是他夢中的一個理想的國度。後來他經過二十八年的努力，終於把國家治理得非常好；富庶強盛，昇平安樂，就像夢中的華胥國。一個人有了計劃，他的計劃也時常會出現於夢境。像夏禹籌畫治水的辦法，焦慮苦思，他終於在夢中見到一個人，自稱玄夷蒼水使者，提供他疏導洪水的方案，建立了大功。夢，只是他們自己心智的活動，又豈是虛妄無稽的呢？

一般人總認爲「好夢難圓」，「惡夢」卻很容易「成眞」。爲什麼會有這種說法呢？蓋每個人都希望自己的好夢能夠實現。但要好夢實現，卻也不難，只要能像黃帝、夏禹一樣的努力，就能實現；不然，「好夢」自然是「難圓」的。惡夢多半是人心裏所懷憂恐懼的事。既然是心裏所懷憂恐懼的事，自然很容易變成眞實的事了。尤其是做了虧心的事，罪惡纏身，良心自責，驚愕痛苦，常像利箭刺心，自然時常會做惡夢。在過去的史籍中，也不乏這類的記載。像春秋時，晉景公誤聽人讒言，殺害了世臣趙同、趙括全族，後來悔懼不安，夢見厲鬼，披頭散髮，拍著胸膛，大喊：「你殺我的子孫！我已訴之上帝！」景公驚懼生病，召巫詳夢。巫說：「您恐怕不能嘗新麥了。」景公聽了，病情更加沉重，派人去秦國請名醫高緩來。醫生還沒來，又夢見兩個小孩子說：「緩大夫是好醫生。他來，我們要躲到哪裏去？」一個說：「我們可以藏在膏下肓上；醫生又有什麼辦法？」景公覺得心膈之間，痛得難受。高緩到了，把脈診視後，說：「病已侵入膏肓，針灸藥力，都達不到，這病沒法治好了！」六月中，景公想吃新麥粥，突然肚子痛，上毛坑大便，卻因病弱支持不住，跌進毛坑裏去，死了。這下可眞是「惡夢成眞」了。不過，世俗則常將這種情況，歸於「惡有惡報」之說；我想，這只是病態心理所生的幻象，終於使他病重體弱，而走上了死神牽引的道路。現在「中國式接觸」之類的電視節目，若能朝心理分析這一方面去做，則更能賦予時代的新意義。

二

不論夢給人的感覺如何，人總是喜歡做夢的；做夢總比實幹容易。人不但睡覺時做夢，連張大著眼睛，也在做夢。常自己一人，胡思亂想，來滿足平日所不能滿足的慾望，叫做「白日夢」。我知道，有許多年輕人尤喜歡做白日夢，來消遣悶兒，常常墮入自己編織的綺思夢想之中。譬如他渴想異性的朋友，因羞於啓口，或拙於社交，但卻想像自己遇見了心目中的白馬王子，想像自己認識了寤寐所思的窈窕淑女，交往結合，非常快樂。又如他急需金錢，改善家人的生活，但他卻不去努力工作，卻想像自己中了愛國獎券，或發現了一窟寶藏，或忽然轉了好運，於是平空掉下了一筆意外的財富。當然能夠擁有一隻能生金蛋的母雞，能點鐵成金的神仙手指，能帶來千萬嫁妝的老婆，那敢情更好！「轉運漢巧遇洞庭紅」、「賣油郎獨占花魁」、「金銀島」、「基督山恩仇記」、「瓊瑤小說」，大家所以愛看，大概就是基於能在這種心理上給人滿足吧！但若過分耽迷於做白日夢，逃避現實生活，那就是心理上的病態了。當然，你若能夢想自己當上了作家、畫家、歌唱家、科學家、政治家，成就非凡，舉世讚美，而努力求其實現，這對於一個人的立志，也是有所幫助的。

夜夢和白日夢不同。白日夢只是一種美麗的幻想，是在我們有感覺的狀態下，在那裏遐思冥想，所以我們不會認爲它是眞實的；但當我們做夢的時候，卻不知它是夢，卻以爲生活於實境，在夢中的悲歡離合，不會感覺它只是幻象，常以爲眞實無比，只有當你驚醒過來，你才會頓覺這只是一場幻夢罷了。也因此，好夢常常給人帶來無限的空虛、迷惘、惋惜；惡夢，你就會感到慶幸這只是一場夢罷了！

三

對夢的解釋，過去我國人是根據夢象來判斷人事的吉凶，所以解釋夢象，也都是從吉凶兩方面去分析的；這和現代心理學家從夢象來分析人的心理與精神有所不同。《三國志・魏延傳》說：魏延夢見頭上長出一隻角來，就去請教占夢的趙直。趙直只好揀好的說：「麒麟的頭上，有隻角而不用，顯示不必打仗，而敵人自破。」趙直私下卻告訴別人，說：「『角』字，『刀』下『用』啦，頭上用刀，是極凶的預兆哇！」魏延終於在他大喊「誰敢殺我」的時候，被馬岱出其不意，一刀劈落馬下。《柳氏舊聞》也有一則詳夢的故事，安祿山佔領了長安，夢見自己穿了一身龍袍，袖子長到殿階的下面，宮殿中窗隔又都全部倒裝。他要黃幡綽替他解夢。幡綽被逼，不得不說些順耳中聽的話。他說：「袍袖長是垂衣而治；窗隔倒裝是革故從新。」後來大亂平定，唐玄宗回到長安，大家談起黃幡綽替安祿山詳夢。黃幡綽說：「過去，我替他占夢，就知道他不可能成事。衣袖長到了階下，是出手不得呀；窗隔倒裝，是胡人不得其位呀！自然是惡夢，只是當時不敢明說呀！」他們這種詳夢的方法，可以說是從一個人的希望或恐懼的心理來分析，另一方面又從事情的本身，來預測可能的發展。我想，當時魏延、安祿山做夢的心理，憂懼的成份居多，當然是一場惡夢。神巫判斷晉景公的夢，說他的病不能拖延到新麥收成的時節，這自然是由病況嚴重來占測的。又如有人年老無嗣，到關帝廟祈夢，夢有人給他一竿竹子。他的朋友知道他極盼得子，就對他說：「你將連續生兩個兒子。『竹』字分開，就是兩個『个』字。」這是從人的心理分析夢境。

現代心理學家解釋「夢」，常常從夢象來探究做夢的心態，——他為什麼會做這樣的夢？用來了解造成他的心理癥結、精神失常，或人格分裂的原因。譬如E・佛洛姆在《釋夢的藝術》中說，有一個三十五歲的病人，做了一個夢，說「他看見一個人坐在輪椅上，跟人下棋，突然停止不下，說：『我的兩顆棋子早給人拿走了，現在我用Thessail來補它的位置。』」心理學者首先詳細問這做夢者過去的生活情形，知道這個人的父親為人隨和，但缺乏感情；母親對人生的看法，是極端的沮喪。他從小，就被母親禁止和其他孩子一起玩，只能整天呆在屋子裏，長大了，跟別人交往，常常感到手足無措。小時，他又住過希臘德沙利（Thessail）地方，喜歡這地方的牧羊人。於是心理學者分析他這個夢說：「坐在輪椅上的人，就是他自己；下棋就是人生；兩顆棋子，就是國王與皇后，也就是他的父親與母親；早給人拿走，不過是反映他的父母從小就沒有給他愛心、關切，所以在他的人生戰場上也不能依賴父母；所以只好用Thessail補足棋子的位置，也就是說他在社會上遇到挫折，他就想去過單純的田園生活就像小時候在德沙利地方一樣的。並且認定他的消極悲觀，是深受他母親的影響。這就是心理學家由人的夢象探討人的心理情況。其實，我國過去的學者，也有從人的夢象研究人的心理。孔子說：「甚矣，吾衰也！久矣，吾不復夢見周公！」朱熹就說：「孔子年輕時，一心想實行周公理想的政治，所以常常夢見周公；到了晚年，理想既不能實行，這種雄心又消磨殆盡，所以就不再做這種夢了。」夢想，不能在生前實現，的確是人生的悲哀。

四

哲學家認爲「夢既如是似眞實幻，短暫易逝，給人的感覺是一片空虛，惘然若失」；而我們短暫易逝的一生，又何嘗不是像夢一樣的浮幻呢？莊子夢見自己變成了蝴蝶，翩翩飛舞，非常快樂！不久醒了之後仍然是一個莊子。他不知道是莊周夢蝴蝶呢？還是現在蝴蝶正夢做莊周？莊子認爲當人做夢的時候，不知道是在做夢；當他夢醒了，才知道是在做夢；人要在大覺醒之後，才知道整個人生也不過是一場虛幻的大夢罷了。馬致遠悲秋說：「百歲光陰一夢蝶，重回首往事堪嗟！」人的一生只是許多夢疊連而成。俗語說：「夜長夢多。」一個長夜，我們常常會接連做好幾個夢。做一場夢大概總要個把鐘點吧；當剛醒過來的一剎那，對夢象的記憶猶很清楚，有時還能把那夢中話說了出來呢！

「浮生若夢」，就成了我國人的一種思想。這種視人生如夢的人生觀，時時反映在我國的文學作品中。唐代傳奇小說家沈既濟作〈枕中記〉，敍述盧生夢入枕中；李公佐作〈南柯太守傳〉，敍淳于棼夢入槐安國；沈亞之作〈秦夢記〉，自敍晝夢入秦。這三篇作品都是寫他們經歷過種種榮華富貴的生活，最後醒來，深深覺悟我們人生一世，也不過是黃粱一夢，或南柯一夢，塵界不過是一個夢境罷了！人死了，這種種好夢也都要過去的！

更推而廣之，不只人的百年如夢，就是許許多多的世間事，從永恆的宇宙來看，也都短得如一夢罷了。佛家說：「一切有為法，如夢幻泡影，如露亦如電，應作如是觀。」譬如日本在一八九五年侵佔我國臺灣，後來又侵佔我國東北，又大做東亞共榮圈的迷夢。在一九三七年全面發動侵略我國的戰爭，經過八年，到一九四五年終歸失敗。日本軍閥這些侵華的迷夢，終已告落空，既害人又害己，幾陷日本於萬劫不復之境，並且給中日兩國的人民帶來幾場痛苦之極的惡夢。但今天有一些日本人，似乎尚未從這種迷夢中醒來，還想竄改侵華歷史。這又怎麼可能？既然這種夢象能夠驚醒世人，能夠訓誡世人，那就讓它留下吧！納粹迫害猶太人，殘殺猶太人；這對猶太民族來說猶如經歷了一場痛苦難忘的惡夢；而今猶太人建立的以色列，又在中東給阿拉伯的民族製造自己所曾經經歷的惡夢，大肆發動戰爭，殺害無辜的婦孺。這眞是不知夢兆的警人的大義。難怪詩人要說：在人類的世界，惡夢多，愁夢多，而美滿的好夢難圓，快樂的春夢無痕。

五

夢與文學的關係很密切。詩人作家在創作的時候，多先在心裏凝思竭慮，構想鎔鑄，好像醞酒釀蜜，到了成熟時，就能發爲芬醇的作品。因爲心智不停的活動，經常也帶著這種苦慮麗思進入了夢境。揚雄因作賦非常苦，夢見自己連五臟腸子都嘔了出來，丟在地上，只好用手一一收了起來，再用力按了回去。江淹年輕時，夢見有一個人送給他一枝五色筆，絢麗燦爛，從此文思暢發，詞采新穎，寫出的文章也一天比一天漂亮；後來又夢見一個人，自稱是晉朝人郭璞，向他討回了這一管彩筆，以後作詩就沒有好句子了，當時人就喧傳「江郎才盡」了。李白也夢見他的筆頭上開出一朵花兒來，芬芳美麗，所以能夠寫出清新俊逸的好詩。這些都是很有趣的作家夢的故事。

也有許多文人在夢裏寫作，醒來仍然記得，抄下來，就成了很好的作品。謝靈運在永嘉積穀山的西堂，想寫一首〈登池上樓詩〉，寫了一整天，就是寫不好，寫到「傾耳聆波瀾，舉目眺嶇嶔」，思路漸漸枯澀不靈了，倦極睡著，忽然見到族弟謝惠連來了，給他兩句描寫春景的好詩：「池塘生春草，園柳變鳴禽」。他從夢中醒來，趕緊振筆直書；他這一首〈登池上樓詩〉，就這樣的續成了。他認爲這是神來之筆。

楚懷王遊高唐，夢見巫山神女，願薦枕席；他們在陽臺之下，朝雲暮雨；宋玉就這件事寫成了〈高唐賦〉。楚襄王讀了這篇賦，夜裏也做了一個同樣的美夢；宋玉又爲他寫了一篇〈神女賦〉，極力誇讚男人夢中女神的美。他所寫的自屬於了無痕跡的春夢，也是弗洛伊德所謂的慾夢。

曹植偷偷愛上甄逸漂亮的女兒，沒想到她卻被許配給他的二哥曹丕；後來她死了，曹丕將她睡過的一個玉鏤金帶枕，送給他做紀念，因此也就勾起了他那一段久藏心底的舊情，做了一個夢，而風傳一時的〈洛神賦〉，就這樣產生了。他在賦中描繪這魂夢相交的伊人，是「穠纖得中，修短合度，肩若削成，腰如約素」，「雲髻修眉，丹唇皓齒，明眸善睞，笑靨承頰，柔情綽態，華容婀娜」，給我們留下古代美女的形象，也是國畫家筆下仕女的典型。

現代醫學有「夢遊症」，李白卻將他夢中飛遊浙江天姥山，寫成一首長歌，敍述種種冥茫變幻的夢境：「半壁見海日，空中聞天雞，千巖萬轉，迷花倚石，……洞天石扇，訇然中開，霓衣風馬，列仙如麻。」一覺醒來，夢中的烟霞，也就消失無踪，深寄他對人生世事的感喟！

有誼可貴，自古已然，思念深篤，也常常入夢。安史之亂平定後，大家又回到長安，只有李白因爲牽連到「永王李璘」一案，被流放夜郎。杜甫特別懷念這位老友，就接連好幾夜夢見李白，比從前消瘦多了；所以他作〈夢李白〉詩：「冠蓋滿京華，斯人獨顦顇。」這些夢見故人的詩，也給人留下無限悵惘。

鄉思也是非常深濃的。處身異邦他鄉，自不免常常想起可愛的故鄉，雖然天遙地遠，萬水千山，但也阻隔不了人的夢魂，所以有人說：「一回歸夢抵千金。」南唐滅亡了，李後主被送到汴京，他非常想念故國，時常做夢回到了江南。他所作〈憶江南詞〉，就說：「多少恨，昨夜夢魂中，還似舊時遊上苑，車如流水馬如龍，花月正春風。」史載李後主在汴京，終日以淚洗面，亡國思鄉之情之悲，可想而知！但在他記憶中的故鄉，卻永遠是那樣的美麗可愛！宋人孟元老作《東京夢華錄》，寫他記憶中的舊京風物故事，所記述的也都是它繁盛的一面，深寄他難以忘懷而回首悵望的鄉情！當然，人似秋鴻，到處飄飛，故鄉往事，時久日淡，連半個鄉夢也做不來的，也有！這更增添人幾許思鄉之悲！

男女的愛情，也常是作家寫作的題材。十六七歲的少女，春日的情懷，常常胡思亂想夢中的情人。明代的戲曲作家湯顯祖《還魂記傳奇》，就是描寫這一種少女的美夢；以杜麗娘的「遊園驚夢」爲關鍵，來寫杜麗娘在夢中和柳夢梅，在牡丹亭下，歡敍溫存，眞是「他夢酣春透」，「胭脂雨上鮮」，「雨香雲片，纔到夢兒邊」，就被人驚醒了，而譜成長長的五十五齣的愛情喜劇。湯顯祖作戲曲，除《還魂記》外，其他作品如《邯鄲記》、《南柯記》、《紫釵記》，也都跟夢有關連，後人稱之爲「玉茗堂四夢」。夢反映了我們的心靈與生活，許多作家喜歡以夢爲題材，因此「夢」也豐富了我國的文學作品的殿堂。

（七十二年一月十日十一日青年戰士報）

第二輯

論「詩」是什麼？

一、前言

詩歌是什麼？可從內容與形式兩方面來討論。從內容研究，十個人十定義，很難確定。但從歷代重要的學者與詩人的說法，仍然可以勾畫出詩歌的輪廓與特質。

我們知道在沒有文字以前，人類就已經有口頭上吟唱的詩歌；有了文字之後，才有寫定的詩歌。大約公元前三千二百年，古埃及就產生了歌謠。中國在公元前三千年有〈葛天氏歌〉八闋；巴比倫也產生了史詩。印度到公元前二千年前後才有詩歌的作品。公元前一零四三年，以色列大衛王喜歡彈琴歌唱，相傳《舊約聖經》中的〈詩篇〉有一些作品是他所作。公元前九百年至前五五四年之間，中國產生了許多詩歌；七十年後，孔子加以刪定編成《詩經》，是我國第一部詩歌的選集，收有三百零五篇作品。公元前八百年前後，希臘行吟詩人荷馬有《奧特塞》和《伊利亞特》等名作。這些詩篇都是詩人用來抒發心中的愛情，生活的感興，對時事的美刺，讚頌諸神的故事，吟唱英雄戰爭的歷史。

二、詩歌的產生

詩歌之所以產生。蓋人有七情六欲，常因外物的變動與刺激，引起情緒的激動，欲念的搖漾，於是在人心中自然萌生種種情感，種種思緒，因此有「睹物思人，觸景傷情」之說，歐陽修在〈梅聖俞詩集序〉中說：「內有憂思感憤之鬱積，其興於怨刺，……而寫人情之難言。」還有我們心裡自生的悲喜哀樂，也會跟外物交流；我們將這些情思移注於物，發洩於物，造成「情景的交融」；文藝理論家叫它做「移情作用」。也可以說：「詩歌就是情思的反影。」我們各種的歡樂悲鬱的情思要藉什麼來表達呢？透過我們精緻的語言來表達就形成散文；要是精緻的語言還不能夠盡意盡情的表達，那就必須通過動人巧妙的對話來表達，那就是戲劇；通過簡潔或細膩的描寫鋪敘，那就是小說。若是通過感性又優美的語言來抒發，這就是「詩歌」。所以前人說：詩是用來言志抒情的，歌是拖腔拉調的唱，寫出或唱出內心激蕩的情思。

蘇東坡〈臘日遊孤山詩〉說：「作詩火急追亡逋，清景一失後難摹。」說詩人一旦情感觸動，就得趕緊寫下來，一延擱，興致過了，要寫也寫不成了。我們噴薄欲發的思想，激蕩心胸的情感，若不立即抒寫下來，一轉瞬就會從思緒湧伏的腦際消失無痕。青年男女有了愛情，就不禁要抒發他們的歡樂與怨恨；工人工作忙累的時候也不禁要唱出「嗨荷！嗨荷！」的勞動歌；小孩遊戲時候，也會唱起一些快樂的兒歌童謠；我們生活閒暇時候，大家也不禁要歡樂地跳舞唱歌。鍾嶸在《詩品．序》中說：春天的花和鳥，夏日的雲和雨，秋夜的月和蟬，嚴冬的風和寒，也會影響到詩人的情和思。宴集的歡樂，離別的悲傷，凱歌的光榮，戰爭的慘烈，家庭的溫馨，閨情的哀怨，無不可用詩歌暢抒其情。甚至現代人生活的單調枯燥，工作的忙碌緊張，城市的喧囂髒亂，民主政治鬥爭的激化，機器與科技發展的奇速，也無不可用詩歌抒寫了出來。作詩靈感產生了，趕緊寫，不要讓靈感跑了。

三、詩歌是由詩人的心靈創造出來的

詩歌是由詩人的心靈創造出來的作品。我們可以把心靈體驗到想像到的情思與形象，用詩歌表現出來。詩人對於人事物的美與醜，生活的歡樂與悲哀，生命的成長與死亡，人性的善與惡的感受，要遠比一般人來得深；在現實的生活中，詩人的靈魂與肉體所承受的悲苦和歡樂，也遠比一般人深入多多；所以寫詩對情思的抒寄一定要眞實，不可以虛僞。寫詩也可以說是一種痛苦的勞役；蓋渺小的人類，實在無力擺脫時代給鑄下轗軻的命運，社會給造成不幸的境遇；我們要把這些深深烙印在心靈上的創痕記錄，寫給人看。我們也要抨擊自私、僞善、卑劣和狡猾的人事。我們要置身於大衆，與人共思慮，共呼吸，共生死，那樣的歌才是眞正人類的歌。我們要寫出人生的歡樂痛苦，要寫出英雄的慷慨悲歌，要寫出國家的興衰存亡，要寫出大自然的繁榮凋零。個人的悲歡，應該溶化在時代的悲歡裡；許多地方，詩人都借「我」來傳達一個時代的感情和願望。高尙的意志，完美的性情，純潔的靈魂，常常比美的形式與雕琢的詞句，更深刻更長久，更能令人感動。

四、詩與美、刺

我國古代因爲沒有報章輿論，人民對政治要想提出他們的意見，就只有透過歌謠的到處散播傳唱來表示；政府要想教化人民，也只有透過歌謠來宣導；所以《毛詩序》說：「上以風化下，下以風刺上。」今天「以風化下」仍然時常見於今人的生活中，像戰爭時有些詩人撰寫同仇敵愾的愛國歌詞，以鼓舞民心士氣；還有基督教的許多教人爲善的頌詩，也就是這類作品。在從前君主專制時代，人民與臣下不敢直接抨擊時政，只好藉詩歌來諷諫君上，吐抒民意；自然，也有人藉詩猛烈地譏刺時政的。白居易提倡作諷諭詩，說：「歌詩合爲事而作。」又說他身爲諫官的時候，爲了要救濟弊病，裨補缺失，除了上書奏請改革之外；當遇到難以直言，則輒詠詩婉諷。他認爲許多詩歌只是嘲風雪，弄花草罷了，像「餘霞散成綺，澄江淨如練。」「歸花先委露，別葉乍辭風。」美確是非常的美，但這除了描寫風雪花草之外，再沒有什麼諷刺寄託。像杜甫「朱門酒肉臭，路有凍死骨」之類，才是有意義的詩句。詩歌應該是有所諷刺寄託，應該「興發於此，義歸於彼」（說見〈與元九書〉）。而今民主時代，我們對政府措施的錯失，社會風氣的敗壞，倫常道德的淪亡，都可以公開發表我們的意見。詩歌的「以風刺上」的方式，則已成過去。雖說如此，詩人仍應該是正義的化身，仍然應該向大衆揭示眞理。

五、詩歌與時代

詩歌與時代有極密切的關係。元稹〈樂府古題序〉說：詩歌莫不是諷興當時的事，以遺後代的人。杜甫〈悲陳陶〉等都是就當時的事情來寫的。戰亂的時代，詩人往往將他們看到戰爭的慘烈情況與人民流離的悲鬱心境，發之於詩歌。蔡文姬的〈悲憤詩〉，「馬邊懸男頭，馬後載婦女。」曹操的〈蒿里行〉：「鎧甲生蟣蝨，萬姓以死亡。」描寫了東漢末戰亂的慘況。民國三十四年（一九四五）八月十五日，日本宣告無條件投降，墨人在江西《長江日報・副刊》上發表了一首長詩〈最後的勝利〉。現引中間幾句：

在勝利的夜裡
　我們的爆竹
　彈得土地發燒
　我們的火把
　炕得臉上發熱
　我們的喉嚨
　歡呼得完全嘶啞
……………
　在這勝利的夜裡
通宵，我們沒有合上一下眼睛

在我讀到這裡，想起當夜勝利的消息傳開，滿街都是人，瘋狂地歌舞，歡呼聲撕裂了大地，響徹了那一個長夜！有的喜極而泣，喜不日可以回鄉跟親人重聚；有的悲極而號，悲子弟犧牲再無法生歸故里！那個大時代的影子，重新在我的眼前浮現！許多好詩都是因爲能夠寫出一個時代的聲音。狄德羅在〈論戲劇藝術〉中說：「什麼時代會產生詩人？那是在經歷了大災難和大憂患以後；那時詩人的想像力被傷心慘目的景象所激動，他就會描繪出那些後世未曾親自經歷的人所不認識的事物。」

六、詩歌與地域

詩歌有濃厚的地域性，江南鶯啼柳綠，水光搖漾，詩歌寫的自然是「春林花多媚，春鳥意多哀」之類的明媚風光，「春風復多情，吹我羅裳開」之類的兒女情懷。至於西北邊塞，牛馬成群，紅草遍地，寫的當然是「風吹草低見牛羊」，「平沙莽莽黃入天」之類的景象。《楚辭》就極富楚地的色彩。黃伯思在〈翼騷序〉中說：「屈、宋諸騷，皆書楚語，作楚聲，紀楚地，名楚物，故謂之《楚辭》。」我認爲各地各民族的詩歌，除了所用的語言與聲韻不同，所寫的地方與產物不同之外，但最要緊的還是各地方各民族的不同文化，不同的生活方式與不同的感情思想，都會影響到詩歌的表現。

徐志摩翻譯的英國詩人奧文滿壘狄斯（Owen meredith）的〈小影〉（The Portrait），這是一首敘事詩，共二十節，每節四行。詩人用第一人稱「我」來敘述整個事件，先寫我所愛的婦人已死，停屍樓上，我非常悲傷。我的好友也因感傷而上樓去睡。此外，還有個少年牧師，在她臨死前爲她祈禱，也極傷苦。次寫我因她長眠，感念今後的生活將慘無顏色；因而想起她胸前掛的小寶盒中盛有我的小像，過去她媚眼曾經時常瞻戀。我不願這個寶盒隨著她長埋地下，上樓想把它取下，沒想到在昏暗的燭光下，在她胸前卻碰到一隻溫暖的手。我起先驚懼，接著才發現那是我好友的手。原來，他是爲了要取回那小盒中他的小像。現在，我引這首詩最後的兩節：

那相盒果然還在死者的胸前，
我們在燭光下把盒子打開，
盒內寶物的鑲崁，依然無改，
但只肖像卻變成非我非他的誰。

「這釘趕出那釘，眞是的！
這不是你也不是我，」我嚷道——
「卻是那貌似拉飛爾的少年牧師，
他獨自伴著她離生入死。」

這首詩寫的是法國巴黎人浪漫的愛情和男女的濫愛。中國的〈孔雀東南飛〉和〈梁山伯和祝英台〉同樣是描寫男女的愛情，但因民族文化與愛情觀念的不同，所表現的愛情也就完全不同了。後者是以殉情結束。當然時代在變，中國人的愛情觀也在變，墮落放縱的情愛，也可能早已在我國的新新人類的生活裡發生過了。

七、詩歌與生活

詩歌大半是描寫個人的生活與感觸。

在生活中的許多見聞經歷，常常引起人的遐思感觸；現實的生活與感觸，並不太容易用文字表達出來。情最難暢抒動人。我們所見的景物，也是很難描寫得恰當。況且「情隨事變，景因情遷」。這些深情與美景，我們都必須深深去觀察感受，這樣才能夠把它恰當地重現了出來。這樣作品才能夠令人讀了炫心動魄，不忍釋手。像屈原對國事絕望時說：「舉世皆濁我獨清，衆人皆醉我獨醒。」像李陵作〈別蘇武詩〉說：「徘徊蹊路側，悢悢不得辭。」無不是寫他們親歷悲痛的生活感觸，都成了不朽的絕調。一個詩人要是沒有這種生活深深的感觸，隨便抒之於詩，縱然是文字非常優美，自也無法寫得成功感人。

我們就是要寫尋常的生活，寫自然的景物，我們也要沉浸其間，探索其美；只有這樣才能夠品嘗出生活的甘甜，描寫出景物的優美；像陶淵明恬淡有味的田園詩，謝靈運精鑿奇麗的山水詩，就是這類的作品。要想描寫別人生活的情況與感情，要是不深入去觀察去體會，也不能寫得好。一些著名的詩人都是身入民間，目睹其事，身感其情，這才能夠寫出眞實的情況與無限的感慨；像杜甫的〈兵車行〉：「耶孃妻子走相送，……牽衣頓足攔道哭。」像白居易的〈買花詩〉：「一叢深色花，十戶中人賦。」就是這樣寫成的好詩。像艾青以抗戰爲主題的作品〈雪落在中國土地上〉中的一段：

雪落在中國的土地上，
寒冷在封鎖著中國呀……
沿著雪夜的河流，
一盞小油燈在徐緩地移行，
那破爛的烏篷船裡
映著燈光，垂著頭
坐著的是誰呀？
——啊，你
蓬髮垢面的少婦，
是不是
你的家
——那幸福與溫暖的巢穴——
已被暴戾的敵人
燒燬了麼？

他描寫了一九三七年寒冬，中國人民的生活，以及遭到日軍蹂躪殘踏的情況。

德國詩人歌德說：我的詩都是來自現實生活。（見愛克曼輯錄《歌德談話錄》）。別林斯基在談普希金作品時，說：「對於眞正的藝術家，那裡有生活，那裡就有詩。」我們要想寫詩就必須深入生活，去熟悉各種不同的社會狀況，去體會各種不同的人物情思。雨果說：詩人的兩隻眼睛，一隻要注視人類，一隻要注視大自然。也就是說：要觀察人類眞實的生活，要想像大自然美麗的景物。

情是自我感受外物來的，屬於主觀；景是觀照外物回味來的，屬於客觀。詩人越能深入去體會生活，越能產生眞摯的感情。我們若能將生活裡種種感受吐抒出來，那將會產生最感人的詩篇。生活是詩歌的沃土，是創作的源泉；讓我們心靈深處湧流出來的種種情思發酵吧，以醞釀成既濃烈又芳芬的美酒吧！

八、詩歌與音調、節奏之美

西方文學理論家德謨克利特，在《著作殘篇》中說：「我們是從天鵝和黃鶯學會了唱歌。」當清晨樹梢小鳥在歡歌，深夜杜鵑一邊飛一邊悲啼，抒發牠們的情感。我們聞此，能不深受感動，而寄情於詩篇！德謨克利特的說法也有些道理。亞里斯多德認爲：摹仿是出於我們的天性，音調感與節奏感也是出於我們的天性，詩人就由此寫成了詩歌。（見《詩學》）。這個說明了詩歌必然有音調美與節奏美；因爲對這兩種美的感覺，我們天生就有。詩歌有了節奏之美，音調之美，不但詩人自己吟誦時感到愉快，就連讀者朗誦時也同樣感到愉快；音節和諧的詩不但給人美感，也給人快感。聽到音樂的節奏，我們都仍不禁隨之唱歌起舞，渾然忘我，陶醉其間。可惜的是現代有一些詩人卻忘了人類有這些天生的美感，反而作詩不再講究音節與音調之美。

九、詩歌與情感

詩歌是情之產物，是以抒發詩人的情思爲主。但我們內心的情感，是由於外在的人事景物的激動而產生。一般人對於令人憂鬱的事情，初次碰到也會引起強烈的感應；第二次碰到感應心少減；第三次碰到自然變得冷淡；可是所感之心，終始如一，不少減而更加深濃的，那是詩人的感受；內在之情，到了含蘊欲吐，不得不發之於語言文字，那就是詩歌。所以說：「詩言志緣情。」哀有哭泣，樂有歌舞，喜有施捨，怒有戰鬥；這都是人之情感自然的流露與發洩。詩從眞摯的感情中流露，或感而哭歎，或哭不出而吞聲，歎不出而悲歌。文學史上的許多好詩，有的是慷慨激昂，有的是哽咽悽惻，有的是憂思之極，因此在不幸的時代裡多產生愛國憂民的好詩。詩人所寫的情感，大多是普存人心或者是永遠不變的至情。情感涵養，不要濫用，不得不寫而後寫，才能夠寫出最好的作品。

詩人的情感汩汩流出，他寫的不是條理性的理智，是深摯的情感，濃鬱的情趣，雋永的韻味，睿智的哲思。我們讀了，不只情爲之所動，心受之啓發，連人生觀念也可能因之改變。我每次讀到陶淵明饒有哲理的詩句，像「繁華朝起，慨暮不存。」「不覺知有我，安知物爲貴。」「古來功名士，慷慨爭此場，一旦百歲後，相與還北邙。」之類，感悟極深。一首好詩除了情感之外，也常有偉大深刻的思想；但在表現思想的時候，還是要含有喜怒哀樂愛憎種種的情感在內，使思想在無形中教人領受。不然，就不免有寡味似「道德論」之譏了。詩人所歌詠的眞理，往往是永遠蘊藏在許多人心靈的深處，愛情、戰爭、死亡是詩歌最偉大的題材，原因在此；因爲他能引起大多數人的共感。

劉勰在《文心雕龍》中說：「神與物遊，登山則情滿於山，觀海則意溢於海。」（見〈神思篇〉）。又說：「綴文者情動而辭發，觀文者披文以入情。」（見〈知音篇〉）。情思在詩歌裡是非常重要的。

西洋詩人的情感熱烈奔放，中國詩人的情感的表現溫婉含蓄。熱烈奔放，激動力強；溫婉含蓄，情不用盡，話不說盡，感人的意味深長。作詩抒情要婉轉含蓄。袁枚說：「天上只有文曲星，而沒有文直星。」

十、詩歌與意境

有人認爲新詩最容易寫，散文分行寫，押了韻就是詩。其實這是一種錯誤的觀念。新詩除了形式（包括音節韻律、文彩詞藻、形式技巧）之外，最主要的還是要有詩的意境。意境可以說是詩歌的生命，是詩人靈魂深處發出的聲音。詩歌缺乏意境，就是分了行，押了韻，也還不是詩歌。文字藝術的表現最高的是詩歌；詩的意境能夠美化一切平凡不平凡的事物。

明朱承爵的《存餘堂詩話》說：「作詩之妙，全在意境。」「意境」是什麼？據現代的文藝理論家的說法；意境，就是由詩人的情思、想像等所創造的一種美境，也是由詞采及結構等所構成的一種美的意象與境界。

「意象」一詞首先出現於劉勰的《文心雕龍·神思篇》，原指心中的形象；根據今人的詮釋：就是外物的形象，經過人心靈主觀的想像、塑造、描繪之後，用語言或畫筆表現了出來，造成一種動人的意境或優美的畫面；所以帕萊恩（Laurence Perrine）稱意象爲「心靈圖畫」；這跟我們視覺中外物的本象是不太一樣的，有相當的出入。菊花的形象雖然超俗而美；但在聞一多〈憶菊〉中的菊花，卻更加燦爛而教人懷念！

> 簷前，階下，籬畔，圃心底菊花，
> 靄靄的淡煙籠著的菊花，
> 絲絲的疏雨洗著的菊花，——
> 金底黃，玉底白，春釀底綠，秋山底紫，……
> 剪秋蘿似的小紅菊花兒，
> ……………

他在這片段裡，以麗藻夸飾，以顏色彩繪，寫出他意象中「我國秋之美」，那不是美國的薔薇、紫羅蘭所能比得上的。意象的創造，各個詩人的手法不同。

以「境界」一詞來論詩詞的，是由王國維的《人間詞話》開始。他說：

滄浪所謂「興趣」①，阮亭所謂「神韻」②，猶不過道其面目；不若鄙人拈出「境界」二字，為探其本也。

他認爲境界最重要，有境界自然成高超的格調，自然有令人激賞的好句子。又說境界：

有造境，有寫境。此實理想與寫實二派之所由分。然二派頗難分別；因大詩人所造之境，必合乎自然（寫實）；所寫之境，亦必鄰於理想（想像）故也。

有有我之境，有無我之境，「淚眼問花花不語，亂紅飛過秋千去。」……有我之境也。「采菊東籬下，悠然見南山。」……無我之境也。有我之境，以我觀物，故物皆著我之色彩；無我之境，以物觀物，故不知何者為我，何者為物。

境非獨謂景物也，喜怒哀樂亦心中之一境界，故能寫眞景物、眞感情者，謂之有境界；否則謂之無境界。

王國維的說法，應該是採取西方的理想主義(Idealism)與寫實主義(Realism)的理論形成。所謂「造境」，就是憑著主觀的感情及想像所創造的境界，包涵了作者的感情在內；所以說「以我觀物，故物皆著我之色彩」。像「淚眼問花花不語，亂紅飛過秋千去」，「暮春花落」原是自然現象；這裡寫作者因傷春而流淚，因淚而問花，花不但不語，更亂落亂飛，更加惱人。全句充滿了作者的傷春之情，是「有我之境」。所謂「寫境」，就是作者站在物的立場去觀察物，忠實地寫出物的眞面目。像「采菊東籬下，悠然見南山。」這是詩人客觀地觀賞外物而冷靜回味出來的境界；這時人情和物理渾然一片，反而不易分辨出何者是我，何者是物，是「無我之境」。寫境就是寫實之境，造境就是由想像創造之境。

王國維的「有我之境」，也就是近代文藝心理學所謂「移情作用」：人把他的感情移入外物就是「移情」。一個詩人將他個人的感情、知覺、趣味，移注於外物，於是無生命的、無情感的景物，也就染上了詩人的感情、知覺、趣味的色彩，而造成情景交融的妙境。許多人寫詩作詞多用這種「因情生景」的方法。徐志摩的〈再別康橋〉說：

但我不能放歌，
悄悄是別離的笙簫；
夏蟲也為我沉默，
沉默是今晚的康橋。

這一節因為離別在即，他的內心充滿了深濃憂傷的別緒，使他無心放聲高歌；現在連夏蟲也為他即將離此而無歡沉默，「沉默是今晚的康橋」，他把周遭的景物寫得多麼的有情。其實是詩人把自己的感情移注於夏蟲與康橋，覺得夏蟲與康橋亦當傷情而沉默。這就是王國維所說「有我之境」。

但是要如何才能寫眞景物，眞感情，而造成情景自然融合的妙境？王國維進一步說：要做到不隔，寫景要不隔，寫情要不隔，使語語都在目前。又說：「大家之作，其言情也，必沁人心脾；其寫景也，必豁人耳目；其辭脫口而出，無矯揉妝束之態。」自然就能止於詩之境了。

十一、詩歌與語言

我們知道語言和情思的關係是非常密切的。心感於物（刺激）而動（反應）。情思和語言都是這「動」的產物：動蔓延於腦神經系統而產生思想，動蔓延於全體筋肉和內臟，引起呼吸循環分泌運動的生理變化，於是產生情感。動蔓延於喉舌齒唇諸發音器官，於是產生語言。

詩歌是語言結晶的一種文學；歷代都留下奪目驚心之作品，教後人沉迷心醉。唐朝的詩歌的成就尤其偉大，使宋人不得不走上以「學力、議論」作詩的新路子，因爲佳言妙語都被唐人道盡用光。一種詩體發展到了巔峰，作者千萬計，假使語言不能再創出新意，自然就成了陳腔濫調，讀來無味，所以作詩不容人人皆道此語。所以詩的語言，若沒有新鮮的色調、光采、形象、生命的話，就不值得一讀。

有人說：「詩是天眞孩子的語言。」用正直純眞的眼看世界，把感受用樸素的形象表現出來。有人說：「詩的語言是最要精心經營的。」杜甫就說：「語不驚人死不休。」他嘔心苦思，作好了，常一改再改，以求用語出奇驚人。也有人作詩崇尚自然。蒲伯在《批評論》中說：「自然永遠靈光煥發」，「萬物可以從它得到生命和美」。陶淵明的《歸園田居詩》的好處，就在語言非常自然，每一句都好像衝口而出，隨手拈來，都好像從心湖中流了出來。我認爲春天的花紅草綠，純出於自然，所以充滿生命的情趣；秋夜的月圓蟹肥，純出於自然，所以含蘊有深甜的意味。「自然」要靠詩人平日醞釀情思成熟了，一旦下筆，也就沒有一行詩不自然了；看似平淡樸實，卻有深長的情味，這就是自然之美。現代新詩人雖用白話來寫，卻未必自然有味，甚至因刻意矯作，或亂寫一通，晦澀到不知所云的地步。有些人認爲詩要借用人工，藻飾雕琢，錘鍊鎔鑄，用語務求險奇警拔，淫豔流麗；但若能寫得自然，也能令人傾心驚魂。謝靈運、鮑照、謝朓就屬於這一類的詩人。現代詩人像冰心、徐志摩、聞一多、朱湘的詩比較優美華麗。胡適的詩，語言就比較平白。

大體說來，寫詩爲了避免蕪雜零亂，許多語言都必須硬下心來刪削割愛；而且要選擇一些有生氣生命、精彩靈動的字眼入詩。亞里斯多德在《詩學》中，指出詩歌用語要清新而不粗俗。但中外的許多詩人，常常襲用前代詩人用過的詞彙，陳陳相因，套語連篇，自然了無新意。要富有詩意，才能耐人尋味。

詩歌比起其他的文學作品，用語大多含蓄富暗示，句子大多簡潔而緊密；要訴說感情的深淺，可以用音樂似的語言；要描寫景色的濃淡，可以用具象化的語言；詩歌是處理各種抽象東西最佳的油彩。像朱湘的《棹歌．雨天》：

> 仰身呀槳落水中，對長空；俯首呀雙槳如翼，鳥憑風。
> 雨絲像簾，水渦像錢，一片白色的煙。
> 雨勢偶鬆，暫展矇矓，瞧見呀青的遠峰。

朱湘的《棹歌》共有八首，他用輕快的音樂的節奏，把他一邊搖槳的動作，一邊賞景的心情完全表現了出來；而且用「簾」、「錢」、「白色的煙」，來形容「密的雨絲，小的水渦和一片飄渺如煙的雨景」，是多麼具象化的描寫。

詩歌用語必力求經濟，文字要少，涵義要多。所以詩歌就是短到一行，也必須具有一個完整的內容。像日本《萬葉集》中〈詠鳥〉的一句短歌：

住家在梅花開著的崗邊，不斷地聽著鶯的歌聲。（好快活呀！）

詩歌的語言必須是創作不是模仿。你要選擇最能表現你的情感思想的詞彙，要錘鍊最能表現你的情緒聲音的語言，要讓那洋溢鬱勃的詩情，在你心中輕輕默誦；這就是天才抓住靈感的最佳方法。情感思想是默誦的語言，詩的語言要在心中醞釀錘鍊，詩的語言是心靈的手在創造；然後，我們忠實地把他抒寫了出來。現代理論家說：儘管每一個詩人都在創造獨特的用語，但是到現在爲止，還沒有詩歌特有的語言。不過，好的詩歌都是人人百讀不厭的，都是可以琅琅上口的。

當然，你若是以「詭怪晦澀」爲新奇，自然就不會有這種效果，所以千萬要記住「不要把詩歌寫得像謎語」。一定要把詩歌寫得人懂，這樣才有人看。李商隱膾炙人口的好句：是「夕陽無限好，只是近黃昏」，是「春蠶到死絲方盡，蠟炬成灰淚始乾」；到了「莊生曉夢迷蝴蝶，望帝春心託杜鵑」這些用熟典的詩句，人還可以欣賞玩味；但到了蘇雪林教授所謂《玉谿生詩謎》，讀者就很少。何況從古來，也只有李商隱一人獨享盛名。

十二、詩歌與技巧

人類最初都是從實用的觀點去觀察人事物，後來才從審美的觀點去觀察人事物。詩歌早期都寫得比較自然質樸，情感眞摯。不過比起其他文學，詩歌是最早就講究寫作的技巧。東漢人衛宏沿襲子夏、毛亨之說，作〈詩序〉就談到《詩經》有賦、比、興三種措辭法（見孔穎達疏）。王逸著《楚辭章句》就指出屈原用了不少寄託之辭，也就是今之所謂「象徵」。王充《論衡・藝增篇》談到「誇張」的手法。西晉陸機作〈文賦〉強調音聲迭代（變化）之美，情思受景物的影響，「精騖八極，心遊萬仞」的想像等等。東晉時的民歌喜用「雙關語」來寫男女的愛情。齊永明中，沈約等人開始用「平上去入」四聲作詩作文，形成後來的律絕。梁劉勰在《文心雕龍》中討論神思（想像）、情采（詞藻）、聲律、麗辭（對偶）、比興、夸飾、事類（用典）……等等創作方法。唐朝時，日本僧人空海到中國留學，東歸後作有《文鏡秘府論》，介紹我國自六朝至唐初的文學理論，其中論詩歌的對偶方式，就多達二十多種。歷代的各家詩話、資料專卷中，也多探究詩人寫作的技巧成功佳妙的地方。詩歌需要講究寫作技巧，修辭方法，自古以來就是如此。譬喻、比擬、誇張、摹狀、借代、雙關、轉品、拈連、對偶、排比、映襯、婉曲、……各種修辭，象徵、聯想、鋪敘、即景生情、因情生景（移情）……各種技巧，都是詩人常用的寫詩的方法。如徐志摩的〈滬杭車中〉：

匆匆匆！催催催！

一捲煙，一片山，幾點雲影，
一道水，一條橋，一支櫓聲，
一林松，一叢竹，葉紅紛紛：

艷色的田野，艷色的秋景，
夢境似的分明，模糊，消隱，——
催催催，是車輪還是光陰？
催走了秋容，催老了人生！

詩分兩節，前節描寫景物，後節描寫情思。前節四行，他用音、義雙關的狀聲詞：「匆匆匆，催催催」來描摹車輪不停轉動的聲音，另一面也暗示此行的匆忙催促。接著連用了三行「排比句」，描寫火車頭吐出一捲濃煙，車窗外美景隨著車行不斷在變動，有山、雲影、水、橋、櫓聲、松林、竹叢、紅楓葉。葉代楓葉，是「借代詞」。文字非常精簡，就把一路優美的景物，非常具體地描寫了出來。後節四行，起句用「艷色」二字來形容田野和秋景，寫出他心靈中的色彩感。用「夢境似的」來譬喻這些美景出現時的清楚，漸行遠去的模糊，最後消失隱沒。結尾兩行，描抒這時心裡的雜感：催催催是車輪催逼還是光陰催逼人和物？催走了秋容，也催老了人生！從辭來分析，他用了「設問」、「拈連」和「擬人」三種修辭的方法。音律和形式也很優美。把人之常見之景，人之常思之情，把它安上了靈魂和生命表現出來；這就是詩人之所以要講究技巧與方法的地方。

畫宜於描繪靜態。詩宜於描寫動作；詩歌寫人事物，最好採取描寫動作的方式，化靜態爲動境。例如：「塔勢如湧出，孤高聳天空。」「星影搖搖欲墜」，「魚在殘陽中閃著金光」「晨光偷進我深沉的夢境。」「生命便是，死神唇邊的笑」之類。這裡「湧出」「聳」，「搖搖欲墜」，「閃著」，「偷進」，「笑」，都是寫動作的動詞，含有極濃的動感，所以能夠將這些人事景物寫成「動境」，而給人留下生動的印象與意象。梅聖俞說：「狀難寫之景，如在目前。」能化靜態之景爲動態之境，也就能把難寫之景顯現在目前了。

十三、詩歌與風格

「風格」這個詞，在我國最早是用稱人物的品格，像晉人稱庾亮「風格峻整，動由禮節」。後來才用來稱文學作品。唐司空圖作《詩品》，論詩歌的風格，有二十四品：

雄渾、沖淡、纖穠、沈著、高古、典雅、洗鍊、勁健、綺麗、自然、含蓄、豪放、精神、縝密、疏野、清奇、委曲、實境、悲慨、形容、超詣、飄逸、曠達、流動。

後來風格的含義，更逐漸拓廣，用稱各種藝術作品。「風格」，就是一個詩人、作家、藝術家所表現個人作品的特色，或某一時代作品的流風。時代不同，作品的風格也常自不同。像漢魏詩溫柔敦厚，六朝詩綺豔靡麗，唐詩渾雅醇厚空靈。這是說作品風格與時代的風尚有關連。傑出詩人的作品，又常具有個人獨特的風味與格調。明高棅在《唐詩品彙・總序》中說：盛唐詩有李白的飄逸，杜甫的沈鬱，孟浩然的清雅，王維的精緻，高適、岑參的悲壯，李頎、常建的超凡……不同的風格。

但各人詩歌不同的風格是怎麼樣形成呢？我在《談詩錄・中國詩的寫作技巧與風格》中，探究我國八位詩人的作品。最後得到一個結論：就是一家作品風格的形成，是跟詩人的生活遭遇、心境性格、所處時代、個人才藝，寫作技巧等有密切的關連。像陶淵明詩的自然閒適，恬淡有味，是由於他愛好自然，淡薄名利，心境悠閒，生活達觀，用語明白造成；語多涵蘊哲思，故恬淡而有味。李白詩豪放飄逸，實因他性格豪邁，生活狂放，以及作詩喜用誇飾的手法。徐志摩，他的詩詞采絢爛，注意格律，清新靈活，這跟他留學英國帶進西洋詩的格律與情調，因而處處呈現著晶瑩的珠子，熱情的火花，可愛而動人。

新月派的詩人除徐志摩外，聞一多的字裡行間有一股股沉鬱頓挫的氣致，他作詩注意優美的詞藻，偏重醜陋的題材，簡鍊整齊的形式，雄壯鏗鏘的節奏，形成他謹嚴繁麗，喜歡雕鏤的風格；朱湘的詩筆秀麗清新，辭采瞻雅，情韻綿邈。從我上面所舉徐志摩的〈再別康橋〉、〈滬杭車中〉，聞一多的〈憶菊〉，朱湘的〈棹歌・雨天〉的片段的詩句，可以看出新月派的作品共同的風尚：注重音節格律、形式詞采。不過他們仍有各自不同的特色。像朱湘的棹歌音節輕快，文字比較清新；徐志摩〈滬杭車中〉用詞十分雅緻，結構亦精密。聞一多的描寫菊花，用詞細膩而繁麗；他的〈死水〉說：「這是一溝絕望的死水，清風吹不起半點漪淪。」全詩表現了醜惡的現實。

我們寫詩若想有個人的風格，首應充實自己生活的內容，其次要注意寫作技巧的錘鍊，這樣才能形成獨特的風格，而發出獨特的意味與格調。

十四、結　語

在從前農業發達的時代，人類生活在大自然裡，情思純樸眞摯，自然而然以詩歌來抒寄個人的情思。這就像陶淵明所說：「登東皋以舒嘯，臨清流而賦詩。」可是在今天科技猛進工商發達的時代裡，人人工作忙碌，生活緊張，即使有片刻的餘暇，也多開車到郊外吃喝吃喝，到超市擠購擠購。又那有悠閒的心境去創作詩歌！所以有人說：由於現代文明的進步，詩歌日漸開始衰微了。但是仍然有一些喜歡詩歌的年輕人，在朗誦詩歌的時候，得到生活的情趣，感到生命的喜悅；在創作詩歌的時候，寄抒了他們的憂鬱與歡樂。

只是現代文藝在理論與創作上，都傾向形式與技巧，訴之感官的直覺的感應，而抹殺了人類的情感與思想。現代畫直接用色彩和線條來敲擊人的視覺；現代音樂直接用節奏和聲音來激動人的聽覺；現代詩直接用文字來記錄人變動迅速迷離飄忽的意識之流：他們都不把「意義」放在作品裡。色彩之美與聲音之美，的確是可以訴之人類感官的直覺，可以讓我們感受到畫面美不美？曲子好聽不好聽？還能夠強烈地表現出發洩出現代人充滿著「動感狂烈」的情緒。可是現代詩卻無法給人這種「直覺」的效應；因爲詩歌必須通過文字的「含義」，才能使人感受到詩人的情思？要是文字晦澀難懂，不知所云，你所要描抒的意識流中閃爍的微弱的心聲，就無從教別人感受得到了。這樣的詩歌只是一己夢中的囈語，孤芳自賞可以，與友欣賞也可以，但卻無法教大衆傳誦。讀者少更催促詩之沒落，這是不好的。好詩是人人所愛讀的，好句也是人人所樂於記誦的。

語彙的豐富，是由創造力健旺而來。是由於對世界感應的強烈，對人類關心的密切，對事物思索的深入而來的。現在，我們寫作詩歌，應該創造新的形式、新的語言、新的風格、新的主題；這才是眞正的現代詩要走的一條新路。

【附注】

① 宋嚴羽作有《滄浪詩話》，認爲禪理在妙悟，作詩也在妙悟；妙悟不全關學、理，偏重才情興趣。謂詩惟在表現個人超妙的興會與別出的情趣。

② 王士禛號阮亭，論詩標舉神韻，就是詩要不經雕琢而工，不經鍾鍊而鍊，達到風神蘊藉，韻致深婉，神味雋永，含有個性，自然渾成的境地。（說取郭紹虞《中國文學批評史》論神韻說）。

論中國詩的音樂性

一、前　言

詩歌是人間最早產生的一種文學。在沒有文字以前，人類就已經在口頭上吟唱著各種詩歌。古人常常在閒暇的時候敲著瓦盆，擊著木杵，隨著這些非常簡單的節奏，跳舞唱歌，來抒發他們的情感和思想。

我國春秋時有「賦詩言志」，外交官辦理外交的時候吟唱《詩經》中的詩篇，來表示一個國家的立場與態度。還有吳公子季札聘問魯國的時候，聽演奏各國的樂章民歌俗謠，由於各國的民情風俗的不同，而有種種不同的感受。孔子整理當時古詩，選擇較合於禮義的三百零五篇，編成一集，並整理其樂曲，就是現在的《詩經》。從這些歷史的記載，可以說明詩歌和音樂的關係。還有我們要知道詩歌的形式和技巧，大半從民歌俗謠蛻變來的。

因此，有人說：韻的產生也許是詩歌和音樂、舞蹈未分的時候，用「韻」來點明一節的樂調，一段舞步的停頓，應和每一節樂調的末尾，同一樂器重複彈奏出的聲音。所以「韻」是詩歌、音樂和舞蹈同源的一種遺痕，主要在造成音節和韻律前後的呼應與和諧。

在古代詩歌和音樂的關係非常密切，可說密不可分；也可說詩歌就是歌詞。像周詩三百首、兩漢至隋、唐的樂府詩、宋詞、元散曲都是歌詞。這些歌詩配合著音樂的曲子，歌者重疊地吟唱。因爲詩歌起先和音樂有關連，所以很早也就講究節奏和韻律之美；到齊、梁時代，甚至還注意到聲調（平仄）的抑揚高低的變化。當然，也有人認爲古代是因書寫工具不方便，多靠口耳傳誦，爲便於記憶，也常常用「韻語」來寫詩作文的。這篇文字專就我國詩的音節、聲調、押韻與章法這些有關音樂性，加以探討。

二、音律理論的建立

古人作詩講音節，講聲調，講押韻，它目的都是在於美化詩歌的文字，使詩句語辭有音樂的情味，讀起來圓美流暢，唱起來悅耳好聽。

(一)音節之美

詩的音節的意義，就是讀詩時候，句間的稍爲「停頓」。這種「停頓」，形成了詩句間一種節奏美。據西方文學理論家的說法，許多東西顯然都有規則性循環的現象存在，人體脈膊的跳動，蟋蟀唧唧的鳴聲，都是靠這種規則的節奏作用。這跟音樂舞蹈的節拍作用是一樣的。由於時間的間隔停頓的規則現象，刺激人類心理上的感應，產生強波的幻覺；所以當連續聽到音樂的節奏，我們就會不禁隨著節奏手舞足蹈，而且心理上也會產生一種波動的美感與快感。所以詩人作詩講究音節之美，也就是這種道理。說取麥更西的〈文學的進化〉（The Evolution of Literature）。現在我舉《詩經·關雎》：

關關—雎鳩，在河—之洲。

窈窕—淑女，君子—好逑。

〈關雎〉詩每一句都包含兩個音節。這裡特加横槓（—）表示朗誦吟唱時候稍事「停頓」的記號。因此我們常見在戲臺的書齋裡，小孩子朗讀這首詩時候，隨著稍稍停頓的節奏而搖頭擺尾的情景。那種強烈的節奏感，又歷歷湧現在我的眼前。現代再舉今人無名氏作的一首〈眠曲〉：

星兒—出現在—黑夜，

寶寶—熟睡在—搖籃；

他媽咪—坐在—籃邊，

他媽咪—搖著—搖籃。

這首搖籃曲，每一行三音節，文字非常白，但當妳隨著音節作輕微的停頓，輕輕地搖著搖籃，反復輕誦。那種勻稱的節奏，若能跟搖籃搖動的節奏相合；我想睡在搖籃裡可愛的嬰兒，不久就會墜入了甜蜜的夢鄉，就是搖搖籃的媽咪也會閤上了眼睛睡著了！這種的節奏是多麼優美恬靜呢！

這也就是前人作詩為什麼要講究音節的原因。中國詩人作詩早就講究音節。而且音節的安排和詩體有關，大抵齊言體採用固定的音節，如三言詩（三個字一句），為「一、二或二、一」的音節；四言詩（四個字一句）為二、二的音節；五言詩（五個字一句）為二、二、二的音節；六言詩（六個字一句）為二、二、二的音節；七言詩（七個字一句）為二、二、三的音節。（一是一個字，二是兩個字，三是三個字）。齊言體的舊詩音節，可以說是完全屬於形式性音樂性的，和詩情詩意時常沒有什麼關連：五言詩是一個讀法，七言詩又是另一個讀法，差不多千篇一律。這種讀法所產生的節奏感是外來的一種形式，不是發自詩人內在情思的表現的一種需要；我們沿襲傳統的音節去作詩，一般是很難表現詩的特殊的意境。譬如「關關雎鳩」所表現的一種美，完全是屬於音樂的節奏感，整齊畫一的美感。自然，能手運用起來，也有可能使音節與意境達到某一種程度的協調。像〈眠曲〉每句三音節，它的節奏是配合搖籃的動作，也就是從詩歌的意義來作安排的，而表現出這首詩簡單的意境。

過去的古風歌行與詞曲，也有句子長長短短的，而不受這種限制拘束，音節的變化較多，則比較接近於詩人內在的情思的脈動。可是後來根據前人的樂調、詞牌、曲譜來寫作樂府詩、歌詞、曲兒詞的，則又走上固定節奏的路子了。

(二)聲調的變化

我們的語言本身，就有高低輕重、平仄聲調的分別，自然而然就含有和諧的美。但在聲韻學發生之前，大家還不懂什麼是四聲？鍾嶸《詩品・序》說：「千百年中不聞宮商之辨，四聲之論。」齊永明中（四八三—四九三），周顒著〈四聲切韻〉，沈約撰〈四聲譜〉，有平上去入四聲，用來作詩作文，「若前有浮聲（平聲），則後須切響（仄聲）。」就是說前面用平聲字，後面就用仄聲字（上去入）；前面用仄聲字，後面就用平聲字：要使「一句之內，音韻盡殊；（前後）兩句之中，輕重悉異。」（見沈約《宋書・謝靈運傳論》）。

齊、梁之後，逐漸形成唐五、七言律體詩的格律。如杜甫的〈春望〉詩的前四句：

國破山河在（仄仄平平仄），
城春草木深（平平仄仄平）。
感時花濺淚（平平平仄仄），
恨別鳥驚心（仄仄仄平平）！

只有「感」字出律。講究聲調，目的在使讀來聲調有高低起伏，抑揚輕重之美，因而有平仄對稱的現象。

對詩歌聲調的變化，加以人爲之力，斤斤講求音韻的聲調，製造種種格調。朗誦歌詠起來，自然順口悅耳。沈約在〈答北魏甄琛書〉中說：「作五言詩者，善用四聲，則諷詠而流靡（流暢靡麗）。」但這種人爲的束縛，若講求太過，常常反而妨害了詩的情趣，使要表現的美的詩境走樣。

講究平仄聲調的格律，在創作方面說來，是高手雕蟲小技的賣弄；但在庸才作來，卻無異一副枷鎖，寫出當然是拙劣的詩篇。有時聲調的變化，不只是用來增加朗誦時聲音之美，有一些詩人藉以表現幽思、壯志與豪情。

詞是長短句，在創調的時候，就按樂調管色的高下，安排歌詞的平仄聲調的順序。曲也是這樣的。所以作詞作曲辭都是按照「詞譜、曲譜」所規定的平仄聲調來填來寫的。換一句話說，歌詞曲辭在歌唱時候，要跟曲子的抑揚緩急配合的緣故，所以更要注意到文字的平仄聲調的安排，因此有時反要它拗澀，就是全句用一種聲調字（全仄或全平），或遇到仄聲還須分辨上去入。否則唱起來就不合調。如「蘭陵王」詞的末句，全仄（去去入），周邦彥詞就作「淚暗滴」。（滴，入聲字）。詞曲講究平仄聲調，還關涉到配合樂曲的節奏。詞牌曲調不同，規定平仄的格調也就不一樣，變化遠比律絕複雜多了，句的長短，字的多少，平仄四聲都有一定的規定；所以塡詞作曲的時候，要依據前人編定的詞譜曲譜。因此，我們現在寫作新歌詞，雖然比較自由，但也仍然注意配曲合樂的問題。

在音節、聲調、押韻這三種格律中，最束縛作者的才性的，是平仄聲調。因爲它字字受平仄。元稹有樂府古題十九會妨礙我們的文思，所以說：「選和至難」。詩限律絕，詞乏長篇，雜劇已成絕響，其因在此。平仄聲調雖然能創造詩歌優美和諧的旋律，但由於它困難；所以新詩興起之後，首先打破的就是「平仄聲調」的枷鎖，提倡恢復自然聲調之美。胡適在〈談新詩〉中說：

> 白話詩的聲調，不在平仄的調劑得宜，全靠（語言）這種自然的輕重高下了。

㈢用韻問題與押韻方式

韻就是韻母。押韻，就是一句（一行）詩和另一句（另一行）詩的句腳（最末一字），採用韻母相同的字。在朗誦與歌唱的時候，產生聲韻互應回響之美，使詩歌由於聲韻的和諧，可以低吟，可以高歌，吟詠者自己可以沉醉於這種美感之中，聽衆也可以迷醉於朗誦時吟唱時那種美的感受。我們知道民間的一些歌謠只是隨口「趁韻」，就韻成句不顧意義，所編的兒歌常常是毫無意義的，多半由鄉下老頭兒順口編造，東一句，西一句，就這樣編說了下去。許多小孩兒琅琅上口唸道：

> 邦邦邦，踏生薑。生薑辣，種苦瓜。苦瓜苦，做豆腐。豆腐少，吃菱角。菱角尖，頂上天。上天高，磨口刀。刀口快，切青菜。青菜青，拉把弓。弓沒弦，租貨船。船缺底，漏黃豆，漏小米；小烏龜，就是你。（踏，搗碎。）

像這樣的兒歌，它的情味在於「韻」。兩個句子押一個韻，而不斷地轉變韻腳，孩子朗讀了起來，的確是饒有趣味的。用韻妙處，由此可見一斑。

因此，從周詩到清末，詩人作詩差不多都押韻。當然，也有極少數例外的。據我所知，《詩經》就有這種例外：如「瞻彼洛矣，維水泱泱」一章之中，就有兩三句不押韻。一篇之中，也有全章不押韻，如〈思齊〉的四章、五章就是。全篇不押韻，如《周頌・清廟》就是。

其實，沒有韻的散文，也有自然合韻的，也往往變成有韻，現代人稱之「散文詩」；有韻的詩歌，有時不押韻，也就不足爲奇。也有人說：詩歌和押韻沒有必然的關係。日本過去的俳句、和歌到現在還無所謂「韻」，反而現代的散文詩押韻。古希臘詩全不押韻。古英文只用雙聲爲「首韻」，而不押「腳韻」；後來才有腳韻。我們讀英國詩人哥德斯密士（Goldsmith, Oliver 1728-1774）的〈荒村行〉（The Deserted Village）一節中四行：

Sweet was the sound, When oft at evening's close

Up yonder hill the village murmur rose.

There as I pass'd, with careless steps and slow,

The mingling notes came soften'd from below;

我把它漢譯如下：

最感悅耳的是每當黃昏終了時候的各種物聲

　登上那邊小山，聽到村裡盈耳的人聲。

當我無憂無掛緩步經過那裡的時節，

　各種混雜的聲音從下頭若有若無傳送上來；

從〈荒村行〉這四句，我們可以了解英詩押韻的情況：

1.close　　2.slow

rose　　below

一、二兩行，三、四兩行末字的尾音一致的押韻方式。朗誦起來一定也是十分優美的。

在中國古典的詩歌裡，無韻詩是絕少的特例；就是詩歌的詞句本來沒有韻，但在歌唱時候也會給補上一些協韻的和聲。古詩、律詩、詞曲都押韻。古詩的押韻方式變化最多，尤其是《詩經》。江永在「古韻標準」裡統計《詩經》用韻的方式，有幾十種之多。最常見的押韻方式有下列幾種：

1.隔句押韻（abcb）。

2.頭句押韻，隔句押韻（aaba）。

3.連句押韻（aaaa）：漢七言詩通常每句押韻。每句用韻較難，一般作品都比較短。但在韻味上說，卻都比較深長響亮，更宜於記憶、傳誦、歌唱。到宋鮑照作〈行路難〉：「奉君金卮之美酒，玳瑁玉匣之彫琴。七彩芙蓉之羽帳，九華蒲萄之錦衾。」「琴、衾」隔句押韻。從此之後，中國七言詩才有隔句押韻的方式。

4.交互押韻（abab）。

5.換韻：長詩多換韻，有兩句、四句、六句、八句轉換一種新韻。如哥德斯密士的〈荒村行〉就是採用兩句一換韻的方式來寫的。《詩經》中也有一章換一個韻的。

6.全篇或全章用同一類韻到底。

7.句內押韻。

8.懸腳押韻：句末的一個字是虛字，主要的押韻字是虛字上面的一個字。這樣等於兩個韻腳，聲音顯得特別和諧。這種押韻法叫做「懸腳韻」，在《詩經》中是很常見的。現舉北京的一首俗歌：

窮太太兒，抱著個肩兒，吃完了飯兒，遶了個灣兒，又買檳榔，又買煙兒。

「肩兒、飯兒、灣兒、煙兒」押韻，就是懸腳韻。

9.重韻：句末押韻的字，過去都避免重覆用它。但有時也不免有重覆的現象。

10.隔章末句遙遙押韻：《詩經》分章來寫，漢樂府詩分解來寫，現在的新詩分節（節或稱「段」）來寫。

11.疊腳押韻：是利用詞句的組織來幫助音節和押韻的。方法有兩種：一種是後一句承用上一句的韻腳字，來跟上一句諧韻；像上文所舉的「趁韻」：「邦邦邦，踏生薑；生薑辣，種苦瓜；苦瓜苦，……。」就是；修辭學稱這種用法作「頂眞格」。一種是章與章間，重疊使用一些相類似的文字及句子；這種利用反覆諧調的原理，自然使文字產生韻律美。前人又稱做「疊句韻」。如陶淵明的〈歸鳥詩〉全詩四章，每章的開頭都用「翼翼歸鳥」，朗讀起來，聲韻重疊，讀來聽來都是十分優美。下文像宗白華的〈我生命的流〉也就是這種用法。

12.隔幾句押一個韻。

中國詩歌押韻方式之多，應該是遠超過西洋詩。中國同韻部的字最多，作詩押韻可以說並不困難。再說押韻方式在《詩經》裡充滿著活力，變化多端；到漢古詩十九首之後，大都兩句一韻，才變成整齊畫一；音節在《詩經》裡，因為章法、句法的變化，所以有低回往復、一唱三歎之妙，但到了漢朝之後，因五言詩、七言詩的音節固定化，才變成直率平坦。

周朝《詩經》的句子多，一定轉韻；漢魏古風的用韻已漸狹窄，轉韻還很自由，平仄仍然可以通押。魏、晉以前詩不太長，一首詩大都不超過十個韻。〈孔雀東南飛〉之類的長篇敘事詩，沒幾句就換一個韻。齊、梁以下，韻學興起，人性趨巧，詩人逐漸走向窄路，形成隔句押韻，韻必平聲。（律詩也偶然有押仄韻的，但為例外），於是有強用一種韻到底的，不如古人的詩歌的自然。使用一韻，並不是不可以，而是在情意的表達上一定會有不能暢發的地方。唐人的律詩、絕句因為句數少，所以「一韻到底」成為律絕的定律。一韻到底的詩最單調，不能夠隨著情景曲折而變化，所以律絕僅限八句、四句。長篇排律的佳作也因此最少。

唐宋詞、元曲都有固定的譜調，有些譜容許轉韻，詞仄聲的三韻可以通押，曲則四聲的韻都可以通押。像秦觀的〈鷓鴣天〉：

枝上流鶯和淚聞，新啼痕間舊啼痕。一春魚雁無消息，千里關山勞夢魂。

「聞、痕、魂」押韻。

曲的四聲指：陰、陽、上、去；原來入聲字，分到平、上、去三聲裡。跟過去詩詞的四聲（平上去入）的不同，卻和現在國音所講的四聲一樣。原因起於後來北方的語言沒有入聲調。沈約所取的入聲調，是江、淮之間的方言。沈約是吳興人。元曲起源於中原的北曲，其次因為曲是一韻到底，所以把入聲字，分進平上去三聲，也在增加每一類韻的韻字。現舉關漢卿的〈四塊玉〉：

舊酒沒，新醅潑，老瓦盆邊笑呵呵。共山僧野叟閒吟和。他出一對雞，我出一個鵝，閒快活。

這曲中的韻，「潑、呵」陰平，「和」去聲，「鵝、活」陽平。可見曲韻平仄聲字可以通押。大概跟唱的時候，韻字可以隨樂調拖腔拉調變化的緣故。譬如「鵝」字可以唱做上聲調。

古人作詩是以韻從我，後人作詩是以我從韻。詩歌重在情思，不貴奇巧。強用一韻中字幾至於盡，那是詩人刻意在突顯個人的技巧罷了，不是常規。要是在一韻中已經沒有確當的字可用，那就應該轉用他韻；要是他韻不協，就是不押韻也沒關係，只要意義恰當就行。像杜甫詩：「暮投石壕村，有吏夜捉人。」上下句兩韻，非常妥當，不可更換；接著兩句說：「老翁踰牆走，老婦出門看。」沒有押韻，也非常妥當，也不可以改換。

可是後人作詩就不這樣，有的先規定好了「韻部」和「詩題」，然後才去作詩。像《儒林外史》十八回所寫，詩社中的一些名士集會。趙雪齋道：「吾輩今日雅集，不可無詩。」於是大家拈鬮分韻。有分到「四支」，有分到「八齊」，有分到「一東」，有分到「十四寒」……。這樣的即席湊韻賦詩，又能寫出什麼好詩來！難怪吳敬梓要借小說罵說：「明儒做詩很多都是從文章批語上採下來的幾個字眼，像『且夫』，『嘗謂』都寫在內。」也難怪民國以後，胡適先生要提倡新詩。

(四)聲韻學的興起與歷代的韻書

古代沒有聲韻書的著作，詩人作詩只有根據自己嘴上的讀音或方音來押韻的。這就跟現在一些人不懂什麼韻書，要是他們作詩採用口語也能押韻，是一樣的道理。用方音押韻，各地方音不同，因此南人與北人的用韻不同；又因音讀的變遷，東漢又與西漢不同。到了文字音韻學發達，如魏李登作「聲類」，晉呂靜作「韻集」之後，聲韻的著作日益加多，詩韻的應用才漸趨嚴謹。古人用韻比較寬鬆。像《詩經》韻相當繁多，據江永「古韻標準」有一百零八種。

但自韻書興起之後，詩人作詩用韻最大的毛病，在拘泥過去的韻書，不顧古今「字音」隨著時代變化，已經有很大的不同。宋人做詩用《廣韻》，明人用《洪武正韻》，清人用《佩文韻府》。今人做舊詩仍有許多人採用清朝「佩文韻」。《佩文韻府》是根據宋平水劉淵所作與元陰時夫所考定的「平水韻」。平水韻一百零六韻，是合併隋陸法言的「切韻」，唐孫愐的「唐韻」，北宋「廣韻」以來的二百零六韻產生的。現代人做舊詩所用的韻，至少還有一大部份是隋、唐時代的韻，大半發音還是和一千多年前一樣，這是很荒謬的。古代許多同韻的字，現在已經不同韻了。如溫、存、門、呑幾個，和元、煩、言、番幾個押韻。才、來、台、垓和灰、魁、玫幾個押韻，現在讀起來，一點都不順口。

塡詞用清戈載的《詞林正韻》。

作曲用元周德淸的《中原音韻》。

我認爲今人不管做新詩還是做舊詩，都應該採用民國三十年（一九四一）十月二日，政府公布的《中華新韻》。

新詩如果用韻，必須用現代語音，讀的韻，才能產生押韻所應有的效果。如〈本事〉：

記得當時年紀小，
我愛談天，你愛笑；
有一回，並肩坐在桃樹下，
風在林梢，鳥在叫。
我們不知怎麼睏著了，
夢裡花兒落多少？

這首歌詞是用「一ㄠ」韻，行尾「小、笑、叫、了、少」等字相押。

三、新詩的音樂性

清末詩人黃遵憲最早提出我國的詩歌應加改革，主張：「人各有面目，不必與古人相同。」要以「我手寫我口」。所作有《人境廬詩草》十一卷。我過去編《古今文選》時選注過他的〈拜曾祖母李太夫人墓〉、〈今別離〉等詩篇，仍然採用五言古詩的形式，講音節、押韻，不過他寫的是今人的生活。他只是內容的革新，不是形式的改變。

(一)自由派的作品與理論

新詩的形式的改變，是到了一九一七年（民國六年）胡適等人倡導新文學之後，摒棄了傳統的舊詩格律。其實，胡適早年作詩詞仍然沿用舊形式。一九一四年（民國三年）二月，他翻譯拜倫（Byron）〈哀希臘歌〉，仍用我國的楚辭體來譯的，如「惟希臘之群島兮，實文教武術之所肇始。」但到了一九一六年（民國五年）二月三日，他在美國與梅覲莊論文學改良（見胡適《藏暉室劄記》卷十二），說：

今日文學大病，在於徒有形式而無精神，徒有文而無質，徒有鏗鏘之韻、貌似之辭而已。

四月七日，讀蔣捷的〈聲聲慢詞〉：

黃花深巷，紅葉低窗，淒涼一片秋聲。豆雨聲來，中間夾帶風聲。疏疏二十五點，麗譙門不鎖更聲。故人遠，問誰搖玉珮，一簾低鈴聲。彩角聲吹月墮，漸連營馬動，四起笳聲。閃爍鄰燈，燈前尚有砧聲。知他訴愁到曉，碎噥噥，多少蛩聲！訴未了，把一半分與雁聲。

胡適認爲蔣捷詞全篇用十個「聲」字，描寫九種聲音，是無韻的詞，也就是今之所謂「散文詩」（Prose Poetry）。二十六日重寫〈沁園春詞〉說作文章：「要不師漢魏，不師唐宋」。七月間，胡適和他的朋友楊杏佛、趙元任等人開始作白話詩。如楊杏佛詩：「自從老胡去，這城天氣涼。」仍是五言形式，隔句一韻。二十二日，胡適作〈答梅覲莊〉，是他的第一首白話詩。全詩分五節，如第一節十一行押「ㄤ」韻五字；押「ㄨㄤ」韻兩字。第二節三十行，「ㄧㄠ」與「ㄠ」交錯押韻；第三、四、五節的文字變化更大，句子長長短短，內容討論文學革命與文字死活。我覺得這只是分行寫的議論性散文。（以上取自《藏暉室箚記》卷十三、十四）。

一九一七年（民國六年）七月，胡適從美國返國後，提倡創作新詩，除應用靈活的「白話」來寫之外；在形式方面他說要打破五言、七言的格式，打破平仄聲調，廢除押韻。可以說是徹底打破了舊詩的「句數、字數、音節、聲調、押韻」的樊籬與限制，自然走上散文詩和自由詩的路子，句的長短、行的排列形式，完全依據詩的內容，自由來安排。中國詩歌傳統的音樂性的美感，好像已給破壞無餘了。

據康白情〈新詩底我見〉等說法，新詩所以別舊詩而言，舊詩大體遵格律，拘音韻，講雕琢，尚典雅。新詩反之，自由成章，沒有一定格律。句子可以長短，句數不限定；講自然的音節，不拘音韻；文字貴質樸，不講雕琢；以白話俗語入詩，不要典雅之詞。康氏又說：自由詩是從日本、英、美輸進的。新詩是當代人用當代語來寫的。我們感興到了極深的時候，所發的自然音節也極諧和，其輕重緩急抑揚頓挫，無不中乎自然的律呂（音樂）。其音節的和諧，不但可以悅耳，並足以悅心，使我們同他起同一的感興。又說：音呀，韻呀，平仄呀，有一端在詩裡面，都可以使作品愈增其美，不過總須聽其自然。又說：新詩不重音韻，但能用一兩個音一兩個韻，可以增添自然的美，也不妨用它。總之，新詩音節的整理，以讀來爽口，聽來爽耳為標準。又說：只有心能聽到的音樂，那就都是韻了。康白情主張自然的音節、聲調、押韻的詩論，可以做自由派詩人對新詩的音律觀。

他們雖欲擺脫舊詩的音韻格律，舊詩的音樂特性，但在創作時仍然採其作法。胡適的〈蝴蝶〉：「兩個黃蝴蝶，雙雙飛上天。」仍然保存五言詩的音節與押韻。至於另一首詩〈應該〉形式的變化很大，句腳用七個「我」字，四個「他」字來押韻，這倒有點像蔣捷的詞。宗白華的〈我生命的流〉：

我生命的流
是海洋上的雲波
永遠地照見了海天的蔚藍無盡。
我生命的流
是小河上的微波
永遠地映著兩岸的青山碧樹。
……………………

他更採用《詩經》連章「疊句押韻」的方式，連疊了四疊。讀來也仍然極富音樂的美感。康白華的〈江南〉第一節：

只是一雪一不大了，
顏色一還染得一鮮豔。
赭白的一山，
油碧的一水，
佛頭青的一胡豆土。
橘兒一擔著，
驢兒一趕著，
藍襖兒一穿著，
板橋兒一給他們一過著。

我們看出他講究音節的情形，起頭兩句和結尾一句都是三音節，其他各句都是兩音節。用詞非常口語，讀起來非常自然爽朗。擔著、趕著、穿著，押「懸腳韻」。「橘兒」跟「驢兒」，「藍襖兒」跟「板橋兒」，在句頭押「懸頭韻」。正如康白情自己所說的稍加整理注意，可以增加詩的美。

自由派的其他詩人，像沈尹默、劉半農、俞平伯、朱自清，他們也都是應用現代靈活的語言來寫作新詩，文字美在自然而尖新。他們的詩採取語言自然的聲調，朗誦來流暢順口；而音節的停頓也就多是意義的停頓。要不要押韻？怎麼押呢？也完全是隨著詩人的意思自由地安排，不受任何格律束縛。自由派詩人能夠盡致地表達出他們的情思意境。

㈡新月詩人與新詩格律

新月派興起之後，這時的詩人受西洋詩的影響。徐志摩、朱湘、聞一多、方瑋德、孫大雨、饒孟侃、林徽音、卞之琳、臧克家、陳夢家等人把西方的格律詩搬了進來，拋棄舊詩的傳統的固定音節、平仄聲調、隔句押韻形式，採用了西方詩的音節和韻律。使中國詩產生了新的音樂性。像徐志摩所作的〈偶然〉：

我是一天空裡的一一片一雲
偶然一投影在一你的一波心
　你一不必一訝異，
　更一無須一歡喜；
在一轉瞬間一消滅了一蹤影。

你我一相逢在一黑夜的一海上，
你有一你的，我有一我的方向，
　你一記得一也好，

最好一你一忘掉，

在這一交會時一互放的一光亮！

這首詩分上下兩節（節猶段）。這種方塊的形式，上下兩節的字數長短力求相等，排列形式力求整齊，形狀好像豆腐干，叫「豆腐干式」，又稱「方塊詩」。上下兩節長句四音節，短句三音節，押韻都是（abccb）方式。因為形式排列的對稱而整齊，看來很美；音節自然而整齊，再加韻字聲音響，換韻多變化，所以朗讀起來相當和諧。不過在音節的停頓方面，它是由一個字、兩個字、三個字、四個字構成，與舊詩大抵兩個字一停頓的不同。徐志摩的〈再別康橋〉四句一節（段），七節二十八句，每句大抵三音節，隔句押韻，每節換韻（來、彩；娘、漾；搖、草；虹、夢；溯、歌；簫、橋；來、彩）朗誦起來音節與韻律也很流暢優美。

朱湘的〈美麗〉，聞一多的〈死水〉，方瑋德的〈海上的聲音〉，陳夢家的〈影〉都是形式排列整齊、音韻優美和諧的作品，富有圖畫與音樂的美感。朱湘採用西方商籟體（Sonnet）作了七十一首「十四行詩」。十四行詩跟我國的律絕詩一樣都受音節格律的限制。英國莎士比亞和白郎寧夫人都以寫十四行詩著名於英國文學史上。

俞平伯在〈社會上對於新詩的各種心理觀〉中說：早期新詩破除了一切桎梏拘縛，使詩人能自由發揮，但後來有些新詩人專以模仿西洋律體（像十四行詩）為時尚，把外國古老的枷鎖加在人類的心靈上。

我認爲這種說法未必全對。我們看過去的新詩，無論自由派或格律派的詩人，他們作的許多作品大都仍擺脫不了音節與韻律。因爲中國詩歌從古來就跟音樂有密切的關係，詩人又怎能完全拋掉這種根深蒂固的觀念與作法？

㈢象徵派詩人與音樂性詩篇

我國受法國象徵主義影響的現代派詩人李金髮等，他們的詩晦澀難懂，怪誕奇特，可是穆木天的〈蒼白的鐘聲〉採用了文字刻意的排列，音節與押韻的技法，甚至還採用一寫雙聲、疊韻詞，來達到他要製作特殊的音樂的效果：

蒼白的　鐘聲　衰腐的　朦朧
疏散　玲瓏　荒涼的　濛濛的　谷中
——衰草　千重　萬重——
聽　永遠的　荒唐的　古鐘
聽　千聲　萬聲
古鐘　飄散　在水波之皎皎
古鐘　飄散　在灰綠的　白楊之梢
古鐘　飄散　在風聲之蕭蕭

——月影　逍遙　逍遙
古鐘　飄散　在白雲之飄飄

他還連續應用狀聲詞「古鐘、古鐘、古鐘……古鐘」來描摹響亮而悠揚的鐘聲。我們可以由這些「窟隆」的鐘聲，想像古寺的鐘聲在天色矇朧的秋晨響起，在荒涼的霧氣濛濛的山谷中響起，迴聲搖蕩，一聲聲飄向水面的波光上，白楊的樹梢上，隨著蕭蕭的風聲飄散，飄向天空中飄飄的白雲。整首詩用這些音聲韻的來描摹鐘聲之美。把詩的音樂特性之美發揮到了極致！像戴望舒的〈雨巷〉朗誦起來，也是音節、聲調、韻很優美和諧的詩篇。

(四)抗戰期間的朗誦詩

在抗日戰爭期間，有許多朗誦詩產生，詩趨向口語，雖不注意音節，押不押韻，都不是頂要緊的，但為了便於在街頭校園軍中朗誦，詩歌的語言講的是自然的聲調與激昂的氣勢。像高蘭的〈送別曲〉的片段：

朋友，
這不是感傷的別離，
且把哀愁付之高歌一曲，
讓你那年青的臉，
激越的歌聲，

再留下更深的記憶。

四、結語

我們從上面種種有關詩歌的音樂性的探討，我們可以知道詩歌是韻文，是由韻律（Phythm）形成的文學。這種說法是不是就能夠把詩歌的特質，從形式上給下一個完善的定義？講音節、講聲調、講押韻就是詩。但卻未必，中國雖然許多文字，像頌贊誄銘都是有韻的。外國也有許多有韻的文字不是詩。如：希臘蘇格拉底用韻文翻譯《伊索寓言》；亞里斯多德用韻文寫論理學：但都不能稱之「詩」。屠格涅夫或蒲特雷（Baudelaire）寫的詩，形式好像散文，但卻被人稱做「詩」，就是所謂「散文詩」。雖說如此，但音節、聲調、押韻三者，仍是中國過去的詩歌一些重要的特質。

其次，我們要說因爲新詩是分行來寫，反而比較容易用人力構成形式之美。文字巧妙的排列，可以引人產生藝術美的感受。新詩人往往在形式上表現其巧思。

第三、新詩可以運用文字聲音的錯綜，產生美感，表現詩境。像穆木天的〈蒼白的鐘聲〉，就是一個很好的例子。所以我認爲即使到了今天，音節、聲調、押韻仍應該受到我們詩人的重視；寫的好，節奏優美，音韻鏗鏘，朗誦起來順口悅耳，可以使聽者體會出一首詩的情感韻味。寫壞了，唸起來晦澀聱牙。詩人應該創造美的自然韻律，來表現情思。

第四、中國文字是一個字一個音，本來就極適合於講究音韻。不過，最初詩歌的音律，大都是自然的音律。後來逐漸加上人為的音律。中國如是，西方亦如是。濟慈（Néat）在〈假如英詩〉中說：假如英詩必須被呆板的韻式束縛，他也願意戴上鎖鍊，接受這一種節制。

第五、新詩大部分雖然不能歌唱，仍然可以朗誦。歌唱與朗誦的不同，歌唱必須配合樂曲的節奏，朗誦偏重語言的聲調。

第六、現代詩人若要押韻，應該採用《中華新韻》。

總而言之，詩歌因為音律的和諧，給人的美感就好像優美的林籟，清晨的鳥聲，泉石的激韻，珠玉的輕響，都能挑動人的心絃，教人隨著詩人的情思而搖漾。音節、聲調、韻律的和諧，可以美化詩歌的文字，使詩句語辭有音樂的情味，朗讀歌唱起來，悅耳好聽，圓美流暢。前人說：音律是詩歌形式之一。

大家都知道白話散文發展到今天，已經非常成熟，成了人人能寫的一種文體，產生了不少膾炙人口的傑作。但新詩還不能說成熟完美。過去，胡適盼望中國出現「白話的東坡」。可是我們臺灣自從倡作「現代詩」之後，新詩日漸枯萎蕭索。現代詩只是詩人自己插在花瓶中一些孤芳自賞的花兒，寫到別人看不懂，也沒人能夠欣賞它。當然，文字的艱澀是一原因；但詩歌的音樂性，遭到詩人徹頭徹尾的忽視，朗讀起來毫無美的感覺。又怎麼能教人喜歡呢？穆木天的〈蒼白的鐘聲〉同樣是現代詩，但它有音樂之美，所以它還能教讀者沈迷。

詩歌是有所思有所感而發的。拜倫的〈去國行〉、岳飛的〈滿江紅〉都是有所感觸而作的。《詩

·黍稷》：「悠悠蒼天，此何人哉！」他們這種呼天搶地的嗟嘆，他們這種慷慨激昂的陳詞，發之詩歌，自然形成抑揚頓挫、長短輕重的音節、聲調和韻律，自然能夠使我們聽到人類發自深心的情感之聲！

詩是富有音樂旋律的文學；但詩假使只有音樂之美，沒有詩人靈魂的澆灌，沒有情思，沒有意義，這種詩歌則只是一支丁鈴噹噹、噹噹丁鈴的樂聲罷了。

談「詩的風格」的形成

研究詩歌，對作者的認識，是非常重要的；就是對作者事蹟與作品風格，要有相當的理解，這樣才能作更深入透澈的理解。這一篇文章單就作品風格加以論述。

「風格」這個詞，在我國最早是用稱人物的品格。像晉人稱庾亮「風格峻整，動由禮節。」後來才用來稱文學作品。顏之推說古人的文章，「體度風格，去今實遠」；唐司空圖的《詩品》，論詩的風格有雄渾、沖淡等二十四品。後來風格的含義，更逐漸拓廣，用稱包括「文學」在內的各種藝術作品了。姚一葦說：「不同時代的藝術品，有其不同時代的風格；不同的藝術家個人亦有其各自獨立之風格。」

所謂「風格」，就是一個詩人或作家（或其他藝術家）透過作品，所表現出個人的特色，或某一時代的流風。時代不同，作品風格也常自不同。像漢魏詩的溫柔敦厚，六朝詩的綺艷靡麗，唐詩的渾雅豐腴，醇厚空靈，宋詩的精能幽折，雋新瘦勁。唐詩又有「初唐」、「盛唐」、「中唐」、「晚唐」的分別。這就是說作品風格與時代風尚有關連。但各個傑出的作者的作品，又常具有作者個人獨特的風味與格調。就像明高棅在《唐詩品彙．總序》中所說，盛唐開元、天寶間的詩人，有「李翰林（白）之飄逸，杜工部（甫）之沈鬱，孟襄陽（浩然）之清雅，王右丞（維）之精緻，儲光羲之眞率，王昌齡之聳俊，高適、岑參之悲壯，李頎、常建之超凡。」這種種正是由他們作品的形式（如文詞、聲律）與內容（如意象、意境、理趣、情味）所表現出來各自不同的風格。

我們對某一個時代文學作品一般流行的作風，與某一位作者個人特殊的風格，都應該有相當認識；否則，就很難將作品所代表的時代精神與作家精神，淋漓盡致地分析了出來。譬如《漢古詩十九首》之一：

行行重行行，與君生別離。相去萬餘里，各在天一涯。道路阻且長，會面安可知？胡馬依北風，越鳥巢南枝。相去日已遠，衣帶日已緩。浮雲蔽白日，遊子不顧返。思君令人老，歲月忽已晚。棄捐勿復道，努力加餐飯。（緩，寬鬆）

這首詩寫一個忠臣，受到小人讒害，被放逐遠方。他不但沒有怨言，只是表示與君別離，相隔萬里，再見極難；並借胡馬依戀北風，越鳥搭窩南枝，來暗示自己對故國的懷戀；又借「衣帶日已緩」，暗示自己因爲別愁離憂，日見消瘦；而隱隱說出自己也很想回去，只是因爲「小人在朝，浮雲蔽日」，所以暫時不想回去罷了。但思君之情，卻使自己憔悴衰老。最後結束於自解，放下煩憂，努力加餐吧！知道了漢魏詩「溫柔敦厚」的特點，就會瞭解：爲什麼這首詩表現的情思，也是這樣的「一往情深，怨而不怒」？在「溫柔語中寓神奇，和平情中寄感愴」。所以魏甄后雖遭到文帝的遺棄，她縱然怨極、愁極、恨極，而所寫的〈塘上行〉：「想見君顏色，感結傷心脾；念君常苦悲，夜夜不能寐。」卻仍然是溫婉委順纏綿極了。這當然都是受漢、魏時代的詩風影響所致。

我們除了要研討各時代文學的不同作風，還要注意各個作家獨特的風格，這樣才能入其門徑，窺其壼奧，發其神妙，品賞其高下，採擷其技巧，提高其欣賞與寫作的能力。像蘇轍說李白詩類似他爲人駿發豪放；嚴羽、高棅說李白詩飄逸。因此後人都說李白詩的風格豪放飄逸。爲什麼李白詩有豪放飄逸的特色呢？我細讀他的作品，覺得他是由豪放的詞氣，誇飾的文辭，清新俊逸的風調，以及他喜歡描繪風月草木，狂歌神仙酣飲，吟唱綺思麗情，再加逸興妙想，變化多端，自然巧妙，一掃陳腐，而形成了李白詩的豪逸的風格，使人詠來，飄飄欲仙。難怪杜甫贊美他說：「筆落驚風雨，詩成泣鬼神。」我們試高聲吟誦李白的一些詩句，像：

「棄我去者昨日之日不可留，亂我心者今日之日多煩憂！」「君不見黃河之水天上來，奔流到海不復回。」「噫吁嚱危乎高哉！蜀道之難難於上青天！」

這類詩句的詞氣聲勢，都是何等豪放雄邁！眞像驟風急雨，飛馳前來；又好像狂瀾巨浪湧進了我們的心靈。又像：

「君不見高堂明鏡悲白髮，朝如青絲暮成雪。」早晨頭髮還黑亮如青絲，傍晚就變成白雪一樣的白了；他用「朝」與「暮」兩字，濃縮數十寒暑的長時間，強調表現人生的短暫，衰老極快速的感覺。「兩岸猿聲啼不住，輕舟已過萬重山。」描寫長江三峽中，舟行如風，一下子就穿過萬重山嶺，非常迅速。「一風二日吹倒山，白浪高於瓦官閣。」瓦官閣，高三十五丈；寫橫江上的風大浪高，十分險惡。「桃花潭水深千尺，不及汪倫送我情。」言汪倫送別他的深情。他巧妙運用一些數字，像「萬重」、「一風二日」、「千尺」，就將種種情景非常生動地鋪張了出來。在《李太白集》中這類誇飾的文辭，可說俯拾皆是，多到不可勝舉。又像：

犬吠水聲中，桃花帶雨濃。樹深時見鹿，溪午不聞鐘。野竹分青靄，飛泉掛碧峯。無人知所往，愁倚兩三松。（〈訪戴天山道士不遇〉）

揚清歌，發皓齒，北方佳人東鄰子。且吟〈白紵〉停〈綠水〉，長袖拂面爲君起。寒雲夜捲霜海空，胡風吹天飄塞鴻，玉顏滿堂樂未終。（〈白紵辭〉。〈綠水〉，舞曲）

這些就是杜甫所說李白詩中「清新庾開府（信），俊逸鮑參軍（照）」之類的作品。現將〈訪戴天山道士不遇〉的大意，語譯如下：

狗兒聽到我來的腳音，
在滿山流水聲中，
親熱地叫了起來。
桃花含著晶瑩的雨珠，
紅的更紅了。
在樹林深處，

沒有半個人影，
卻時時看到悠遊自在的麋鹿。
我走到清溪邊，
還聽不到廟觀裏中午打鐘聲。
野竹分開淡青的煙靄，
飛泉掛在碧綠的山峯，
可是沒有人知道，
戴天山道士上哪兒去了？
沒遇到他，我感到十分愁悵！
靠靠這一棵松樹，
又靠靠那一棵松樹，
不見他回來，
還不見他回來！

我們讀來，可以感覺到他文字的清新，風調的俊逸，意境的美麗。像「犬吠水聲中」之類是多麼脫俗。「狗叫」本是很難聽而教人討厭的聲音，但在溪水淙淙聲中，聽到狗叫，卻富有美感了。「桃花帶雨濃」的「濃」字，也用得極好，把春雨清洗後的麗景表現了出來。鹿本畏人，這裏鹿卻忘機，跟人相處交遊了；將這山中境地的安寧靜謐，不待多言，卻都表現了出來。由此，我們可以深深體會李白詩的「飄逸」了。

李白的作品純是他自我的反映，把他自己的情性溶入作品裏，表現了他豪放飄逸的類型風格，吐露著萬丈的光燄。

所以我們應該根據文學史家，文學批評家的意見，去研究作品、體會作品，這樣才能深入感受到作家詩人隱蔽的情性、才氣與風格，將它挖掘出來，才能進一步理解其作品的奧妙。

談詩的象徵

從前人講寫詩的方法，有「賦、比、興」三種；我認爲除了這三種外，還有「象徵」一種。象徵，這個西方人寫詩的筆法，其實早已存在我國的古典的文學中，只是不叫做「象徵」罷了。像屈原在《離騷》中，用「虬龍、鸞鳳寄託君子，飄風、雲霓譬喻小人」，就是借很具體的「虬龍、鸞鳳」之類的東西，「飄風、雲霓」之類的景象，來代表他意念中的「君子」和「小人」，這就是象徵。春秋時代的外交官常常「賦詩言志」。魯襄公二十七年，晉卿趙孟經過鄭國，鄭國的君臣設宴款待他，在酒會上，賓主交歡，飛觴相酬；大家朗誦舊章，曲達心意，子大叔朗誦抒寫男女愛情的民謠〈野有蔓草〉，說：「邂逅相遇，適我願兮！……」表示他熱烈歡迎趙孟的意思。這種引詩言志，也是象徵。又像：

北風其涼，雨雪其雱，惠而好我，攜手同行。

詩人借北風很冷，雪下得很大，跟一些親友冒著風雪，要離開這個地方，用來諷刺衛國政治的暴虐。又像：

采采芣苢，薄言采之；采采芣苢，薄言有之！

這本是「採茶歌」一類的民謠，一邊做活，一邊唱歌，調子輕快歡樂。芣苢就是車前子，女人服了，容易懷孕生子。這裏借歌唱「採啊採芣苢」呀，來暗示有孩子的歡樂呀！白居易以爲這些像〈北風〉、〈芣苢〉之類的詩篇，都是「興發於此，而義歸於彼」的寄託性作品；也就是我們所謂「象徵」。

可見我國詩人早已運用象徵的寫法，只是不叫做「象徵」罷了，有的叫做「譬喻」，有的叫做「諷刺」，有的叫做「用典」，有的叫做「寄托」，也有的稱之爲「言外之意」，「絃外之音」。這些名稱，我覺得卻未必完全代表「象徵」一義；就拿「譬喻」來說，也含有「言外之意」，但有些譬喻是象徵，有些譬喻卻不是象徵。所以我以爲有將象徵寫法與我國詩歌放在一起加以討論的必要。

象徵（symbol）在英語中，主要有「符號」與「象徵」兩個含義。古代埃及和中國用象形文字——符號，來表示抽象的意念，就是象徵。像畫一個圓形，代表太陽，就是象徵。所以後人用比較具體的記號、標幟、行動、圖象、人物、故事、神話、傳說、色彩，……來暗示我們的意思，就是象徵。如數學家用「÷」象徵「除」的記號。唐宋人高挑一面酒旗象徵賣酒地方。我們用行禮象徵對人的敬意，握手象徵彼此的友誼，國旗象徵我們的國家。由耶穌釘死十字架上，基督徒用十字架象徵基督博愛犧牲的精神；由於白蓮花的一塵不染，佛教徒用做法花，象徵佛所住清淨無染的西方極樂世界，所以佛都是坐在蓮花座上，袈裟上的圖案也是取意於蓮花。又如陶淵明用芳菊、青松象徵他自己高逸的堅貞的節操。唐玄宗用「解語花」象徵楊貴妃的美豔。過去有「西子病心，東施效顰」的故事，後人用「醜女學樣」象徵人的不善仿傚。晉朝人潘岳，字安仁，十分漂亮，女人都喜歡他；後人就用潘安象徵美男子。現代人用鴿子象徵和平，鷹象徵戰爭，火象徵溫暖、熱情，也象徵戰爭與憤怒，荊棘象徵重重阻難。花好月圓，是大家共認的良辰美景，大家就用以象徵愛情生活的美滿。還有用白色象徵純潔，黑色象徵悲哀，灰色象徵消沉，紫色象徵邪惡，紅色象徵危險。前人用黃色象徵尊貴莊嚴，皇帝的龍袍就是黃色的，叫做黃袍；今人卻用以象徵男女污穢不正常的關係。「黑夜」一片黑暗，就象徵黑暗；但漫長的黑夜過去了，到「黎明」終帶來了朝陽，露出一線光明，就用黎明象徵光明與希望……。象徵的用法實在太多了，可說俯拾皆是，不勝枚舉，並不是一種什麼神秘的玩意兒；我們天天在用「象徵」，來表達我們的心意，而不自覺。這些象徵的含義，大多是很容易懂的，並不曖昧；當然這些象徵，都是屬於比較簡單的一類象徵。至於像李商隱在詩中喜歡運用許多神話、傳說、故事來譬況寄托他的情思，多屬於複雜的象徵。

我們用某種物象象徵某種意思，有的是出於約定俗成，如文字、記號、酒旗之類；有的是出於聯想。這種聯想，有的是採取某物的特徵，如黑夜的黑暗；有的是訴之大家對某物的共同體認，如花好月圓的美滿；有的是利用兩者的相似點，如解語花與楊貴妃；或密切關係，如國旗與國家；或諧音緣故，如有魚與有餘；或歷史因素，如十字架與基督；也有的是借助故事的寓意，如東施效顰；而構成了象徵。

爲什麼我們喜歡利用象徵的語言來表達我們的意思呢？好處又在哪裏？我們知道象徵的語言，是一種暗示性的語言，經常是「意在言外」，意味比較婉曲深永，有時也不免顯得晦澀難解；但也是一種比較具象化的語言，因此當它傳遞到我們的大腦裏，就常構成一種「極鮮明的意象」，讓我們很快速很容易體會出它的含義。像用飛鳥象徵自由；飛鳥在高空自由飛翔的那種形象，馬上就會非常具體地映現在我們心靈中，我們也就很快親切地體會出它的象徵意義了。所以當我們心裏有些意思，用語言或者用文字來表達，一時往往很難說明白，寫清楚，這時若是用具象化的事物來象徵它，一下子，就能教人明白了。像十字路口，用紅燈指示危險，亮時我們就自然停步；綠燈指示安全，亮時我們就穿越馬路。這就是用象徵語言表示意思的好處。何況我們從生活中體驗到許多感受，產生的許多情思，既複雜又抽象，更難表達；所以許多詩人都喜歡用「象徵的語言」來表達他們的情思，來暗示他們的情思，象徵成了我們詩人時常用的一種寫詩的方法了。例如：陶潛的〈始作鎮軍參軍經曲阿〉詩：

望雲慚高鳥，臨水愧游魚。

你看在天空中高飛的鳥是多麼自由呀，在水裏漫游的魚是多麼逍遙自在呀，這是大家都會體會得到的；所以陶潛用高鳥與游魚來象徵自由自在；現在出去做官，不能再過過去這種自由自在的生活了，所以他認爲出仕是「誤落塵網中」，而自覺慚愧。這種象徵是比較簡單的象徵；所以我們一下子也就體會了陶淵明的心意。文學作品中的象徵，有的比較複雜，而且比較屬於詩人個人特殊的體悟，要瞭解，也比較要多費些心思，循著徑路，細加「聯想」，詩人的意象也就會具體而鮮明地浮現在我們的心靈中了。如李白〈清平調〉：

一枝濃豔露凝香，雲雨巫山枉斷腸。

他從沈香亭畔一枝含露紅豔的芍藥花，聯想到受唐玄宗愛寵的楊貴妃的身上。我們試著想一想那朵豔麗無比的芍藥花，凝著滾圓的夜露，吐放著微微的香氣，隨著春風輕輕擺動，在朝陽下發出動人的光彩；這多像穠麗多姿的楊貴妃因爲受到君王愛情的滋潤，而在她美豔的臉兒上晃漾著無限的喜悅與滿足的神情。花上露珠，又像染了胭脂的美人淚，——喜悅的眼淚。李白用這兩句形象鮮明的詩，去象徵唐玄宗與楊貴妃的眞實的愛情；這自不是楚襄王與巫山神女雲雲雨雨的無痕的春夢所能比擬，所以說「枉斷腸」。前句是借譬，後句是用典；這是比較複雜的一種象徵。

象徵，可以用比喻的方法來構成，像上面「一枝濃豔露凝香」這個例子就是。可是許多比喻性的詞句，並沒有什麼象徵的含義在內。例如王安石〈木末〉詩：

繅成白雪桑重綠，割盡黃雲稻正青。

白雪借喻蠶絲，黃雲借喻麥子；這是純粹的比喻，並沒有象徵意義。比喻和象徵都是「意在言外」的，但有的比喻是象徵。又如徐幹〈室思〉：

自君之出矣，明鏡暗不治；思君如流水，何有窮已時！

〈室思〉是寫閨人怨情的詩。「明鏡暗不治」一句，是平鋪直敘的寫法，屬於「賦」體。我們都知道女人常爲著喜歡自己的男人打扮得漂漂亮亮的，——就是前人所說「女爲悅己者容」；現在喜愛自己的男人走了，遠行了，對著鏡，畫黛眉，抹花粉，塗胭脂，妝扮得漂亮，也沒人看，再說由於自己獨處深閨，生活寂寞，相思綿綿，也沒有心情再去打扮了，鏡子很久沒用，蓋滿了灰塵，暗然無光，自己也不去管它，抹它、擦亮它，所以詩說：「自君之出矣，明鏡暗不治。」這是一句描述一個女人在愛她的男人走了後的生活情況的文字，這裏卻可用來「象徵她的心境」，暗示她相思的苦痛，生活的百無聊賴，沒情沒緒的情況。至於「思君如流水，何有窮已時。」用流水不停的流逝，不分晝夜的流著，比喻她內心相思的情絲，也是無盡無休的滋生著，也是暗示性，但卻不是象徵，而是明明白白的比喻這種深情。所以作品中必須具有象徵的意義，而寄託有作者的某種意思的，才算是象徵。

一般說來，「象徵詩」都有兩種含義，一種是文字表面的含義，一種是字面以外的象徵意義，——也就是所謂「言外之意」。例如班婕妤的「怨詩」：

新裂齊紈素，皎潔如霜雪，裁為合歡扇，團團似明月，出入君懷袖，
動搖微風發。常恐秋節至，涼風奪炎熱，棄捐篋笥中，恩情中道絕。

字面的意思敍述用新剪開的山東產的絲絹，裁製一把像霜雪一般潔白的合歡扇。圓圓的扇子，好像一輪明月那麼美，國君非常喜歡，進進出出，都帶在身邊。扇子一搖，就有微風發出，是一把很好用的扇子。時常害怕秋天來了，涼風奪去了炎熱，這把扇子也就被遺棄竹箱裏去了，恩愛之情也就中途斷絕了。言外之意，是班婕妤依託這整首詩暗示她自己選入後宮後，深得漢成帝的寵愛，後來因為趙飛燕得寵，說她壞話，終失去了皇帝的愛，在鴻嘉三年（西元前一八）被貶居長信宮的事。趙飛燕是歷史上有名的瘦美人，很會唱歌跳舞；班婕妤是一位很有文才的女性。班婕妤這首怨詩，是用被棄的秋

扇，象徵她自己的這種遭遇，寄託她自己被遺棄的怨情。「皎潔如霜雪」，「團團似明月」又用以象徵自己品德的完美，初婚生活的美滿。由此，可以知道象徵詩都有兩種含義，除了文字的本義外，還有象徵義存在。這首怨詩表面上是「賦體」，實際卻是「比體」，以我國傳統寫詩的方法來看，可稱之爲「賦而比」，就是西方所謂象徵的寫法，句句描寫團扇，句句象徵自己。又如陶潛《飲酒詩》之八：

青松在東園，眾草沒其姿，凝霜殄異類，卓然見高枝，連林人不覺，獨樹眾乃奇。提壺挂寒柯，遠望時復爲。吾生夢幻間，何事紲塵羈？

這首詩開頭六句也是屬於「賦而比」的這種象徵的寫法。他描寫東園中青松，平日許多野草遮沒了它的奇姿，和其他樹生長在一起，也看不出和衆樹有什麼不同的地方，但到了白露凝成寒霜的時節，那些草木盡都抵不住嚴寒；向環境屈服了，有的飄零，有的變色，只有這棵青松依然卓立寒氣之中，聳現出青蒼勁茂的高枝，表現著堅忍不拔的精神；這時，大家才覺得驚奇。「遠望時復爲」，寫他自己也非常特別欣賞這棵青松，在飲酒時時時遠望這棵青松。其實陶潛是用這棵青松作自己堅貞高潔的人格與節操的象徵；在東晉衰微的時候，時俗多半依附了權臣劉裕，只有他像一棵青松，高隱故園，特立不移。

「團扇」、「青松」，這都是詩人借外物來象徵自己。詩人也常常借前人的故事，來象徵自己的境遇與情思。陶潛的〈詠三良〉、〈詠二疏〉、〈詠貧士〉等詠史詩，都是借古人古事，作象徵，作影子，來詠歌他自己。他借秦三良奄息、仲行、鍼虎爲了要獲得君上的重用而盡心努力地工作；疏廣、疏受兩人退休還鄉時常設酒邀請親友同樂；榮啓期、原憲、黔婁、袁安、阮裕、張仲蔚、黃子廉等人安貧守道等等故事，來象徵他出仕的理想，他生活的願望與態度，他在桓玄專政時爲「安貧、求富」、「出仕、暫隱」在自己心中激烈交戰的情形。這都是借歷史上人物與故事作爲一種象徵。當然詠史詩不一定都是象徵詩，像歷史家班固歌頌緹縈救父的故事，就是純粹的詠史詩。

但這些用典故的象徵多半是比較複雜的象徵，要是我們不知道他寫作背景，寓意所在，就很難正確地指出他象徵的含義了。因爲難懂，自然成了晦澀費解了。後人只能各自用臆測的方法去解說它，因此象徵的含義也就常有許多不同的說法，甚至無法解釋它，因此增加象徵詩的神秘性，以爲詩人作象徵詩本身就有許多不同的含意在內了。有些詩人喜歡在作品裏堆砌典故，形成複雜的象徵。像晚唐詩人李商隱寫作駢文，喜歡用僻典，人稱「獺祭魚」。他作詩也喜歡採用神話、傳說、故事種種典故；寫詩好像作謎語；好像蘇雪林教授早年研究李商隱；就寫了一本書，叫做《玉谿生詩謎》嗎？也可以想見李商隱詩的難解了。不過李商隱詩，由於詞采豔麗，既炫人耳目，寓意雋隱，又耐人尋味，歷代喜歡他作品的人，還是很不少的。

現在舉李商隱的〈錦瑟〉詩：

錦瑟無端五十絃，一絃一柱思華年。莊生曉夢迷蝴蝶，望帝春心託杜鵑。
滄海月明珠有淚，藍田日暖玉生煙。此情可待成追憶，只是當時已惘然。

像這首象徵詩，我們若不知他爲何而作？就很難解釋他的象徵含義。我的好友子敏兄，對我說這首詩解者數十家，各有不同的說法；過去他在〈陌生的引力〉這篇文章裏，談到李商隱的〈錦瑟〉詩時，說：

詩是從日常生活的「平凡瑣碎」的糞土中長出來的奇異的花朵。

他的意思是說像李商隱這首詩的文字是非常美的，就像奇花異卉鬱金香、紫羅蘭那麼美麗，令人心賞目酣；但詩句所指的是甚麼內容呢？是甚麼俗事呢？現在，既然大家都不大懂，各有各的說法，那我們就不必勉強去管它了。那我們就自由欣賞他詩句的美嗎？於是他解釋李商隱〈錦瑟〉詩中兩句：

滄海月明珠有淚，藍田日暖玉生煙。

字面的意思，是：

銀色月光映綠海，有明珠含著眼淚；金色太陽照藍田，有美玉放射光輝。

是「兩幅美極了奇異的圖畫」，他認爲只要欣賞這美畫就夠了，不必硬去了解這兩句象徵的「俗事」；所以他又說「可以說是人生境界的象徵吧。但是又何必呢？」子敏是一位散文家，文章寫的很美。他主張單從美感的角度去欣賞李商隱難懂的象徵作品，這當然也是一種讀詩的方法；但我是教書先生，教書的人對字句的解釋，都要追根究底的，所以我認爲還是要更進一步去研究象徵的含義呢。

一個名詩人寫一首象徵性詩，一定有他的含義，也就是「意有所指」；假使「無所指」，那就是「無病呻吟」的作品。若是我們能夠知道那首詩所指的「主題」，那首詩所象徵的意義也就很容易地體會出來了。像〈錦瑟〉這首詩，馮浩以爲是抒寫「悼亡」之情。悼亡與錦瑟，有什麼關係？

李商隱在唐文宗開成三年（八三八）娶王茂元的女兒做妻子，經過十四年，王氏過世。王氏是一個錦瑟彈得很美的漂亮的女人。李商隱在王氏過世之後，常因看到錦瑟而感傷，即所謂「覩物思人」啊。這種傷情屢見於作品中，像他所作〈房中曲〉：「歸來已不見，錦瑟長於人。」又〈牡丹爲雨所敗詩〉也說：「玉盤迸淚傷心數，錦瑟驚絃破夢頻。」都提到了錦瑟與傷情的事。所以馮浩以爲是悼亡之作，是有它道理的。知道了李商隱的〈錦瑟〉詩，是悼念亡妻王氏的作品，那麼開頭兩句的含義，就可以迎「辭」而解了：

錦瑟無端五十絃，一絃一柱思華年。

我們可以想像得到：李商隱手摸著亡妻王氏的遺物——錦瑟，心裏不免引起了許多感觸，一根絃一根絃，輕輕撫弄著，當瑟柱繃緊了絲絃，美麗的清音就奔流了出來，又教他如何不想她！於是他不禁要自問：這錦瑟爲什麼無端要五十絃呢？這每一絃每一柱都不免要教我想起從前綺麗的年輕時候，我們那一段快樂甜蜜的愛情生活了。接著他又寫下中間兩聯：

莊生曉夢迷蝴蝶，望帝春心託杜鵑。滄海月明珠有淚，藍田日暖玉生煙。

這四句是用了許多「典故」、「借喻」的文字，來象徵他喪妻後的感受與情思，這是非常複雜的象徵，曲折的象徵，所以含義是十分曖昧的、隱蔽的，但還不到不能解釋的地步。

李商隱首先用《莊子・齊物論》中莊周夢爲蝴蝶，在夢境中，翩翩飛舞，非常快樂的寓言故事，來象徵他自己常在曉晨夢境中與他亡妻相聚，好像一對雙飛的蝴蝶；這種快樂的夢，常常教他沈迷，而不願醒來；但醒了來，卻更感到迷惘空虛了。所以詩說：「莊生曉夢迷蝴蝶。」其次用《成都記》蜀望帝死了後，靈魂化成了杜鵑鳥，每到了暮春，就在那裏悲啼不已，以寄託對故國家人的思情的神話，來象徵他懸想中亡妻王氏對他的思情，寫他每當聽到杜鵑鳥啼，使他想到他妻子雖然死了，仍然非常深愛著他，想念著他，「她」這種對我的愛心思情，也會像望帝一樣的，依託杜鵑鳥不停地啼叫了出來，也許這杜鵑也就是她的靈魂所變化的嗎？所以詩說：「望帝春心託杜鵑。」再次他又用《唐書・狄仁傑傳》中閻立本讚美狄仁傑的奇才爲「滄海遺珠」的故事，《搜神記》的南海鮫人泣珠的傳說，來象徵他自己懷才不遇，屈身下僚，猶如沉在大海中的遺珠，現在秋月朗照的深夜裏，自己常因感慨不遇，相思亡妻而掉淚，眼中含滿了閃閃的淚光。所以詩說：「滄海月明珠有淚。」接著他又用《搜神記》的楊伯雍種石藍田，生出了美玉，因此娶了美麗的妻子的故事；以及吳王夫差的小女兒紫玉和韓重相愛，韓重游學回來，紫玉已經死了，韓重到墓前祭她，恍惚間見到紫玉出現，韓重想抱住她，紫玉卻像輕煙般的消失了的傳說，來象徵他妻子的美麗，像藍田美玉；現在春日溫暖的良辰中，她卻像紫玉化煙一般的離他而去了。所以詩說：「藍田日暖玉生煙。」他懷才不遇，再加愛妻亡逝，這種心境，可想而知。所以他最後結語說：

此情可待成追憶，只是當時已惘然。

這種銘心刻骨的愛情可將成爲一段悲哀而美麗的「追憶」了，只是每當想起時總是那樣的頹喪失志，已不知怎樣說才能表達了出來。

象徵的詩，我們若不知詩人作這首詩的主旨所在，以及他所用的象徵事物的含義，就很難瞭解了，自然覺得艱澀曖昧了。所以我認為作這類象徵詩，作者應該在詩的前面最好附一「短序」，將主旨揭示出來，也就可以幫助讀者對他詩意的理解。這在古代詩人的作品中，不乏前例，如陶潛作〈榮木〉詩，就說「念將老也」，這值得效法。雖然後人對每一句詩象徵意義的領悟解釋，可能仍有些出入，但有跡可尋，總比讓我們亂猜臆測的，要好得多了。還有一點，就是用「典故」作象徵詩，一定要用得貼切；若不貼切，就不能很適當地表達出你所要象徵的意義了，也就不能稱做什麼「象徵詩」了。

談「賦、比、興」

從前學者從三百篇中歸納出賦、比、興三種寫詩的方法。這是前人的經驗論，用來寫作新詩仍然很有用。

一、賦：就是詩人直接把心中的情感思想，以及所見的人事景物，明明白白地抒寫鋪陳了出來。如〈蓼莪詩〉云：「父兮生我，母兮鞠（養）我，拊我畜我，長我育我，顧我復我，出入腹（抱）我。」將做兒女的感念父母辛辛苦苦地養育自己長大成人的恩情，直接鋪寫了出來；這就是「賦體」。相傳晉代王裒每次讀到「哀哀父母，生我劬勞」，就不禁掉淚。他的學生爲了避免引起他的傷心，甚至不再讀〈蓼莪〉這首詩了。

二、比：就是借其他的事物作譬喻來寄託情思。如〈采葛詩〉云：「彼采葛兮，一日不見，如三月兮！」只有一天沒見面，兩個人就好像分離了三月，三個秋，甚至長長的三年，表現了熱戀者的心理；這就是「比體」。

三、興：「感物起興」，就是由某一事情，某一景物，突然勾起一段情思。如〈關雎詩〉云：「

關關雎鳩，在河之洲；窈窕淑女，君子好逑。」從看到雎鳩的叫春覓侶，因此想起君子也應該娶淑女做管家婆；就是「興體」。這常常只是由於詩人一時的興會，就將兩件毫不相干的事寫在一塊兒，變成相干的了。

比興比較含蓄，賦體比較淺直，古代詩人用比興的較多；但比、興要靠細密的想像，才能使景與情自然鎔合一起。前人用賦比興作詩成功的非常多。例如王維〈山居秋暝〉：「明月松間照，清泉石上流。」寫景如畫。周蘭坡〈送別〉：「臨行一把相思淚，當作珍珠贈故人。」珍珠喻別淚，情深而彌貴。朱贊皇〈詠牡丹〉：「漫道此花眞富貴，有誰來看未開時。」由牡丹的富麗，感慨人情炎涼。這都是我們終身難忘的好句；所以我們如果能夠適當運用這種手法去寫詩，必然也能夠創造出許多能撩動人心絃的好詩，像天上虹彩一般美麗的新詩來。

寫景入畫

「寫景入畫」；「入畫」又何限於「寫景」一項？

記得我小時特別喜歡看「連環圖畫」。在假日常常到出租小人書的書舖，租回許多連環圖畫來看。《三國演義》、《西遊記》的故事，最早接觸到的就是這一類連環圖畫，上面的三分之一是文字，下面的三分之二是圖畫，畫工很精細，至今還留有一些印象。像「三顧茅廬」，一邊畫著劉、關、張三人騎著駿馬，經過一座小橋，橋下流水淙淙，天空飄著雪花；他們冒著大風雪，前往臥龍崗，拜訪諸葛亮；另一邊畫著一所茅屋，由敞開的窗戶，可以看到諸葛亮正在木榻上高臥酣眠呢！看了圖，再看畫上的文字，簡述劉備冒雪往訪，求賢若渴的故事。這的確是很有趣味的，而且是很容易理解的。

今日孩子讀的「字片」，有字有圖；還有國語日報兒童版的「看圖說話」，一個圖配著一篇可以琅琅上口的短文；這都是從便利孩子學習理解的觀點來的。

大概是民國五十五、六年之間，我在教育電視臺主講「大學國文」的節目。名稱國文，講的卻全是詩；由漢古詩直講到徐志摩；每週末二十分鐘，講一兩首詩。那時，我就給每兩句詩配上能與詩意配合的一個畫面；這對詩意的了解與欣賞，當然有幫助。記得當日講解孟浩然的〈春曉〉：

> 春眠不覺曉，處處聞啼鳥。夜來風雨聲，花落知多少？

我就配了兩幅畫圖：第一幅畫著一個詩人正從睡夢中醒來，倚枕聽窗外花枝上的許多鳥聲。第二幅就借用唐詩畫譜的圖片，一隻鳥兒在花枝上張著尖喙在啼叫，幾片花瓣兒隨風飄落了下來。看了這兩幅圖，對詩意不待講解，已儘自了解了一大半。詩人因春暖好睡，不覺得已到天亮；他從枕上聽到窗外處處都是鳥聲。因爲鳥啼，他這才覺得天已經亮了，他才想到昨夜睡夢中聽到的風雨聲，因而忖想到不知花兒又落了多少？由圖而詩，這對詩境的體會自然格外有情味了。因此，後來有一次我註釋徐幹的〈室思詩〉（見《古今文選》新一四一期），我就根據詩的內容給配上了許多插圖。這是一首六章抒寫一個女人溫柔敦厚哀怨悱惻綢繆繾綣的閨思。配插圖原在增加讀興，幫助理解。但由這些經驗，使我體會到不僅「寫景」可以入畫，「敘事」、「抒情」也都可以「入畫」。

爲什麼這些寫景的、敘事的、抒情的文字可以入畫？可以配上插圖呢？我細細品味過，主要的原因是這些詩文都寫得非常具象化，也就是能給人非常具體的形象與情景，就好像「畫」那麼鮮明清晰生動。前人批評景寫得好，就說「寫景如畫」。我們試閉目想想劉鶚描繪大明湖的一段文字：

> 對面千佛山上，梵宇僧樓，與那蒼松翠柏，高下相間，紅的火紅，白的雪白，青的靛青，綠的碧綠；更有一株半株的丹楓，夾在裏面；彷彿宋人趙千里的一幅大畫，做了一架數十里長的屏風。

這可不眞像讀一幅畫吧！假如你是一位畫家，你就可以蘸著油彩，據此畫出紅欄粉牆，青瑣綠瓦的寺廟，在這寺廟的周遭再給添上幾筆翠綠的松樹柏樹，還有少數一兩棵紅如二月花的秋楓。這麼一畫，可不就成了一幅色彩美麗的風景畫吧！現代攝影家用柯達攝下彩色風景照，畫家用 oil colors畫下彩色的風景畫，作家當然也可以用彩筆寫下「如畫」的美景。

南齊的名畫家謝赫談畫畫，認爲要「應物寫形」，「隨類傅彩」。由此，也可以見出繪畫是多麼講究具體形象的一種藝術。過去寫實的西洋畫自不必說了，就拿寫意的國畫來說，基本的訓練也仍然在「給人鮮明具體的形象」。文學的作品也常是這樣的。像唐詩人王維的詩，所表現的意象就很具體鮮明，色彩就很明麗靈動。我們讀王維的作品，就有這種可以「入畫」的感覺。所以蘇東坡贊美王維說：「味摩詰之詩，詩中有畫；觀摩詰之畫，畫中有詩。」像「明月松間照」一句，是一幅畫；「清泉石上流」一句，又是一幅畫；「漠漠水田飛白鷺」一句，更是一幅精美的小畫。因此，我們不妨說：「寫景能入畫，才是好作品。」

從前有些畫家常常取王維的詩意作畫。譬如他的〈少年行〉：「新豐美酒斗十斤，咸陽遊俠多少年。相逢意氣爲君飮，繫馬高樓垂柳邊。」有人就據這四句畫了一幅畫：兩匹高頭駿馬，繫在一株扶疏的彎彎的楊柳蔭下；一匹躺著，放鬆了軀體在休息；一匹站著，轉過頭來，看著路邊畫樓上牠的主人和客人豪興遄飛地飮酒；酒樓後面還有兩三聳拔而上的高峯。他把少年人意氣相投、結伴行樂的詩意，畫得十分生動。當然也有一些文字能夠表現出來的勝境，能夠描寫出來的極美聲態，畫家的彩筆卻往往不能畫了出來。像王維的「細枝風亂響，疏影月光寒」之類的詩句，就未必是每一個畫家都能夠畫得出來的了。

最後，我盼望大家都能寫出「如畫」一般的作品，那就能給人留下「畫」一樣的鮮明的印象了。後代的畫家也許也會依據你的作品，畫出一些美麗的畫，或替你配上一些生動的插圖。

唐詩欣賞

大家都喜歡詩歌，因爲詩歌是用最美妙精鍊的文字來抒寫生活的情趣，心靈的感受；所以無論年輕年老的人都喜歡詩，沈醉在詩境中。一首好詩，就是讀了一百次，仍覺得清新有味；因此，我們都能夠隨口背出幾句前人的詩來。

詩歌可以說是人間最早的一種文學，在文字產生以前，人類在嘴巴上就高歌低吟著各種詩。最早詩就是歌詞；古時候人常常相聚一起，唱歌跳舞。聰明的詩人，早就曉得利用靈活的舌簧①吟唱新詩，抒發自己心裡頭的悲哀和歡樂，讚歎天地間的眞善美，或是諷怨人事上的虛僞、醜惡和黑暗。

古代祭祀時候唱頌歌②，就是祈告神降福給人；快樂的宴會歌，就是希望大家能多打一些野味回來，或是能盡興地多喝幾杯美酒；在牧羊看牛時候，高唱一支「天蒼蒼，野茫茫，風吹草低見牛羊」③的民歌，眞可使人喜愛那廣大遼闊的草原；兒童遊戲時候，唱著「我打麥，你打麥，打把剪子送姊姊」的兒歌，可使大家玩得更高興；在搖船舂米時候唱著「嗳嗳吓」「哎喲荷」簡單的歌聲，配合著工作，會教人忘記了疲倦；戀愛時候若躺在草地上唱吐露心曲的情歌，將可博得愛人的歡心和愛慕；

打漁時候，在煙雨中駕船撒網兒，遙遙地唱答著「漁翁樂陶然」④，將會使人感受到安然怡樂的意味；批評政治時有諷刺歌，參加戰爭時有出征曲⑤，講故事時有敘事的史詩歌劇。總之，詩歌的效用是難以說盡，所以從古到今，世界上已經產生了無數的詩歌和詩人，詩歌在各國文學史中也都佔了極重要的地位。

中國數千年來的文學史，簡直可說就是由「詩歌」編成。堯、舜時代⑥就有〈擊壤歌〉⑦、〈卿雲歌〉⑧。中國現存的最古老的詩集，是周朝的《詩經》，收有三百零五篇作品，包括周、魯、商三頌⑨，大、小二雅⑩，周南等十五國風⑪。雅、頌多是廟堂宮廷的樂章，風多是流行各地的歌謠。這時詩歌是和音樂、舞蹈配合來唱的。詩歌和音樂、舞蹈脫離了關係，大概是到了漢朝，有些人寫詩，並不是用來配樂歌唱的，只單純用來抒寫情思的，產生了「純詩」，像李陵、蘇武⑫的詩，大概就是屬於這一類的作品。漢武帝⑬的時候，擴大了主管樂舞歌曲的樂府⑭，後人就將這能唱的「詩歌」以及仿擬的作品，都叫做「樂府詩」。純詩與歌詩就分開了，作者都非常多。

從詩歌形式的發展來看，周朝時候，代表北方的是《詩經》⑮。《詩經》裡大都是四言詩，四言就是四字一句，像「窈窕淑女，君子好逑」就是。代表南方的是《楚辭》⑯，《楚辭》是戰國時代楚地的詩歌，句子裡每每含有「兮」字之類的語助詞，像「旌蔽日兮敵若雲，矢交墜兮士爭先」⑰就是。漢朝的皇室、貴族所做的歌詩，大都是楚辭體。像漢高祖⑱在平定了天下，回到了故鄉，在沛縣⑲的宮裡，和父老朋友子弟們一起喝酒高興的時候，他自己用琴竹敲擊十三絃的筑⑳，慷慷慨慨地，高聲唱著他自己的新作〈大風歌〉：

大風起兮雲飛揚，
威加海內兮歸故鄉，
安得猛士兮守四方！

這是由一百二十個兒童組成的大唱和團合唱著。唱到激越高亢處，漢高祖親自下場跳起舞來，樂聲一次一次演奏，歌聲也跟著一次又一次演唱，形成了極盛大熱烈的場面。也因為我國的詩開始是歌詞，詩人為了配合這種演唱反覆的形式，也就常常把詩寫成重疊的數章。《詩經》裡的詩多成三章、四章，也有多到五章的，像〈王風〉的〈采葛篇〉：

彼采葛兮，一日不見，如三月兮！
彼采蕭兮，一日不見，如三秋兮！
彼采艾兮，一日不見，如三歲兮！

這首詩寫一個青年喜歡一個少女。這個少女忙著採葛，採蕭、採艾，就像現在鄉村裡的姑娘正忙著採麻、採茶、採棉花呀；只一天不見，在戀愛人的心中，就好像離別了「三個月、三個秋天、三個年頭兒」那樣的長久。作者用重疊反覆的章法，來表示想念之情逐日的加深。這種重疊反覆的形式，仍然是現代歌詞常用的重要結構。也有人為了配合曲譜，採用長短不同的句子，來寫作歌詞的，叫做雜言詩；像漢朝的《鐃歌》十八曲㉑的歌辭就是。

古代的詩人寫詩，若不用於歌唱，大都採用整齊的句法。只是四言詩，整首限四字句，字數少，很難暢抒情思；漢朝時候，寫四言詩的人少了，產生了五言詩、七言詩，每一句雖然只多了一個字或三個字，但在意思的表達與發揮，卻都容易多了，節奏也靈活多了。另外還有三言、六言等體。除字數受限制以外，其他像句數、用韻、平仄與對偶，都沒有定則與限制，非常自由，與唐代的律體詩㉒不同。唐人將律體詩，叫做今體詩或近體詩，也就將過去這種舊詩體，叫做古體詩，也叫做古詩、古風。

從魏、晉時代起，曹植、王粲、陸機作詩，就喜歡用對偶句子；同時聲韻學漸漸興起，發展到齊永明㉓中，沈約、謝朓將「四聲」㉔「八病」㉕應用到文學上去，作詩特別講究平仄變化；所以到了唐朝就產生律體詩，有律詩、絕句、排律㉖三種，有嚴格的格律規定。五、七言律詩都是由八個句子構成一首，兩句叫做一聯，上下兩句的平仄聲調，要依規定的法則變化，要完全不同。譬如上句用「仄仄平平仄」，下句就要用「平平仄仄平」；上句用「平平平仄仄」，下句就要用「仄仄仄平平」。平指平聲，仄指上、去、入三個聲調。韻多押平聲韻，一韻到底，中途不可以轉韻。而且中間兩聯四句，詞意必須對得很工整。例如：杜甫的〈春望〉詩：

國破山河在，（首聯）（仄仄平平仄）
城春草木深。（平平仄仄平）
感時花濺淚，（頷聯）（仄平平仄仄）

恨別鳥驚心！（仄仄仄平平）
烽火連三月，（頸聯）（平仄平平仄）
家書抵萬金。（平平仄仄平）
白頭搔更短，（尾聯）（仄平平仄仄）
渾欲不勝簪。（平仄仄平平）——押平聲　侵韻

杜甫這首律詩，寫他在安祿山叛亂的時候，陷身賊區，看到長安城裡，草木叢生，人民逃光，處處戰亂，音信斷絕，心裡感傷悲痛，非常動人。我們可以看出作者注意平仄、叶韻、對偶的地方。其中「感」字仄聲、「烽」字平聲，似乎不合規律；但五言律體一、三兩字的平仄，可以不論，也不算出律了。中間兩聯的對偶：「感時」對「恨別」、「花」對「鳥」、「濺淚」對「驚心」；「烽火」對「家書」、「連」對「抵」、「三月」對「萬金」，都對得非常嚴密。

至於絕句，由四個句子構成一首短詩，有對句，也有不對句。排律不限八句四韻，有多到兩百句一百韻的長詩。它們也都講究平仄、押韻的格律。

我國的詩歌發展到了唐朝，各種體制都已經具備；以後作詩的人都沿襲這些體制從事創作，一直沿續到清末，其中曾有詩旁支的革命，像宋詞、元曲的興起，都是詩人們對詩體的改革。民國五年，胡適提倡用白話作詩歌，主張詩體解放，完全甩掉舊詩詞的形式，詩歌才擺脫了舊詩的束縛，走上了一條嶄新的道路，成爲一種新詩體了。

我國歷代都有許多偉大的詩人與動人的作品，但卻沒有一個時代，能夠像唐朝的詩歌那樣的，成爲大衆文學，上自皇帝，下至賣酒拉車做生意的小百姓，都會作詩，連老太太也懂得讀白樂天的詩。可說當時的詩歌是一種最通俗的文學了。根據《全唐詩》，流傳到了今天，唐代詩歌還有四萬八千多首，包羅了兩千三百多位詩人。唐代的確是我國詩歌史中的黃金時代，達到登峰造極的境地了！

唐代著名的詩人，初唐有王勃、楊烱、盧照隣、駱賓王、陳子昂、沈佺期、宋之問等人；盛唐有李白、杜甫、王維、孟浩然、儲光羲、高適、岑參、王昌齡、王翰等人；中唐有韋應物、劉長卿、錢起、郎士元、張繼等人；晚唐有柳宗元、韓愈、張籍、王建、元稹、白居易、李賀、盧仝、孟郊、賈島、杜牧、溫庭筠、李商隱等人。盛唐時代的詩歌，尤其是燦爛奪目，光焰萬丈。所謂「盛唐」就是從玄宗開元初年到代宗永泰元年（公元七一三—七六五年）之間，約五十三年。這時詩歌所寫的內容，主要有包羅萬象的李白；有反映現實生活與社會的杜甫；也有描寫邊塞戰爭的，如高適、岑參；也有描寫田園山水的，如王維、孟浩然。這裡僅就這幾位詩人的一些作品，加以介紹，並略及中、晚唐的一些作品。

李白

李白是一個天才橫溢的詩人，人長得很漂亮，眼睛大大，烱烱有光，留著五綹烏鬚，神采飛逸。他喜歡結交朋友，到處浪遊喝酒。他寫的詩，如同他的爲人，像天馬飛行空中，東西南北，任情馳騁，非常豪放飄逸，隨手寫了下來，都像飛霞、夜星、珍珠、美玉，那樣的動人心魄。他作有一首〈醉興〉：

江風索我狂吟，山月笑我酣飲。醉臥松竹梅林，天地藉爲衾枕。

他寫的就是他的生活。賀知章說他是天上謫降人間的仙人。

李白四十多歲的時候，玄宗皇帝徵召他入京。他到長安，成了宮廷詩人，生活非常得意。這時，他寫了許多典雅美麗的樂章，像〈清平調〉，就是用紅艷的芍藥花來象徵楊貴妃，留下了「雲想衣裳花想容」的名句。

李白的好詩很多，大抵所寫跟他的生活感受有關。他在長安雖然受到皇帝的寵遇，可是並沒有得到重用，只好和賀知章、李璡、李適之、崔宗之、蘇晉、張旭、焦遂幾個朋友，天天在長安酒樓裡喝酒。當時人叫他們做「飲中八仙」。一個胸懷傑出才幹的人，生活在這種環境中，心靈的寂寞，可以想像得到。他每天出門的時候，遠遠看到長安城外高幾千尺的終南山㉗，秀麗蒼翠，難以形容，山頂上面時時有白色煙雲，自由自在，飄浮舒卷。看了這浮雲自由舒卷，超脫遺世，他可能想過：人的生活，假使能夠像這終南山上的浮雲，那該多好。因此，他寫下了〈望終南山〉詩：

出門見南山，引領意無限。秀色難爲名，蒼翠日在眼。有時白雲起，天際自舒卷。心中與之然，託興每不淺。何嘗造幽人，滅跡棲絕巘㉘。

因此，李白深深感受到時光的飛逝，人生的短暫。我們讀他的〈將進酒〉的歌詞：

君不見黃河之水天上來，奔流到海不復迴；
君不見高堂明鏡悲白髮，朝如青絲暮成雪。

由這矯健凌厲的詩句，強勁逼人的氣勢，我們可以感受到我國這一條發源於青海巴顏喀喇山㉙北麓，流經九省，長約四千四百公里的黃河：濁流滾滾，水勢滔滔，從高高天際下來，奔流入渤海的快速情勢。李白用這一長串文字來表現它，使我們自然產生時光飛逝的悲感。就像這黃河的流水，一去不回。這時若再照著鏡子，看到自己鬢邊的白髮，又怎能不驚悟到：「人也會一下子老了！早上頭髮還像青絲一般的黑亮，到了傍晚就會成白雪一樣的白了！」這兩句詩，他都用誇張的技巧來表現，留給我們非常驚心駭目的深刻印象。

他在〈將進酒〉這首長歌中，又說「天生我材必有用」，又感歎說「古來聖賢皆寂寞」，最後又說「五花馬，千金裘，呼兒將出換美酒，與爾同銷萬古愁」；他想借酒來銷除這種「懷才不遇」、「寂寞以終」的愁悶。這種人生觀當然是一種消極的人生觀，不是我們所應該學習的。我們應該好好把握飛逝的光陰，短暫的生命，發揮天生的材幹，多做一些有益於家庭、社會、國家的事情！

李白也時常想念他可愛的故鄉，在靜靜的深夜裡，思鄉的情愁更加深濃。他有一首〈靜夜思〉，就是寫這種思鄉之情：

牀前明月光，疑是地上霜；舉頭望明月，低頭思故鄉。

明亮的月光照在牀前面，白白淡淡的，看來眞像灑了一地秋霜；想起離家又快一年了，再擡頭看看窗外明月，常教人想起童年月明時節，在故鄉的許多往事，像「少時不識月」，把月「呼作白玉盤」啦，像獨自坐在月下冥想白兔在月窟中搗藥啦，還有中秋月明夜和家人歡宴賞月啦！想了這許多，自然會勾起思鄉之情了。我想許多離鄉人在看到月亮時也都會特別想起了自己的故鄉；李白「舉頭望明月，低頭思故鄉」這兩句詩，眞是寫出了無數人的鄉思。

安祿山造反，攻陷了長安、洛陽；李白爲了避亂，隱居江西廬山㉚屏風疊㉛。他在廬山的香爐峰㉜上，遠望白水瀑㉝，寫了兩首〈望廬山瀑布〉詩。今選錄第二首如下：

> 日照香爐生紫烟，遙看瀑布掛長川，飛流直下三千尺，疑是銀河落九天。

白水瀑，在黃龍峯㉞南幾里，瀑布由山腰飛瀉而下，高三四百丈，在空中亂噴四射，像飛珠，像散霞，像銀星；李白用銀河從天上飛落，來描寫它，眞寫得好。

也就在李白隱居廬山不久，永王璘㉟發起了勤王軍。李白就被邀請出山，成了永王幕府中的謀士。沒想到永王只是想稱兵割據，並不眞想北伐勤王，所以永王失敗後，李白也就被肅宗判罪，流放到貴州西部的夜郎（今桐梓縣）去。這時，李白已經是五十八歲的老人了。他溯著長江，向西走，經過湖北江陵、宜昌，上三峽，到了四川巫山，離白帝城很近，剛好遇到了大赦，他又搭船，順長江東還，作有〈早發白帝城〉詩：

> 朝辭白帝彩雲間，千里江陵一日還；兩岸猿聲啼不住，輕舟已過萬重山。

白帝，本是天神名。《晉書．天文志》：「西方白帝。」詩中的白帝，是一座山城，在四川奉節縣東白帝山上，晨間常被雲霧所籠罩。盛宏《荊州記》㊱：「朝發白帝，暮宿江陵，凡一千二百餘里，雖飛雲迅鳥，亦不能過之。」長江瞿唐峽、巫峽、西陵峽，兩岸連山，猿猴最多，在寒天晨間，啾啾啼叫，傳佈山間空谷，久久不絕，特別淒厲。

這首詩開頭的兩句，眞是神來之筆，措辭極妙，只十四個字，就把船行三峽之中非常快速的氣勢，密佈在字裡行間了。他把握了「白帝山城雲霧多」和「長江上游行舟快」這兩個特點，把它們巧妙連接在一起，就寫成了這樣生動的兩句「朝辭白帝彩雲間，千里江陵一日還」。

中間，他還用「白帝」是「城名」又是「天帝名」的雙關語氣，把人間的白帝城，寫得好像是天上的帝鄉似的，來表現他遇赦回去的快樂的心境，好像是從天上彩雲間下來，現在要前往江陵，一天就可以到達呢！這既是寫實，又富想像的美。

他又用「輕」字形容舟行的快速，「萬」字形容兩岸山嶺的重重疊疊。由於「猿啼」和「舟行」兩件事，緊連寫在一起，更加使我們好像看到了「輕舟」在「猿啼」不停的聲中，飛速地穿過了千萬重的山嶺景象。他遇到大赦，坐船東回，輕鬆愉快的這種心境，也由這四句短詩完全表現了出來。

李白寫詩總是輕鬆的，一揮即成；他的好友杜甫，作詩卻很艱苦，因此李白還寫了一首詩，贈送給杜甫：

飯顆山頭逢杜甫，頭戴笠子日卓午。借問別來太瘦生，總爲從來作詩苦！

不過，杜甫的詩也寫得非常好，宋人楊萬里就尊稱他爲「詩聖」。

杜甫

杜甫，湖北襄陽人，生在河南鞏縣，後來在洛陽附近偃師的首陽山下，置有田莊。他像李白一樣

的喜歡旅遊，到過王屋山、猗氏、金陵、姑蘇、杭州、會稽、洛陽、開封、濟南……許多地方。安祿山叛變的時候，他離家前往鳳翔，追隨肅宗皇帝。後來回鞏縣去。不久，官軍戰敗，他帶著妻兒，逃向秦州——現在的甘肅天水縣，輾轉逃到四川成都。他的詩有一千四百五十六首，大都是忠實的反映社會與生活，批評當時人奢侈糜爛的生活，記述安、史動亂㊲的慘況。後人稱他的作品爲「詩史」。他寫詩非常用心，態度認眞，自己也說「語不驚人死不休」，作好了，常常一再修改，所以能做到「窮理盡性，巧奪造化」的境地與水準。

杜甫到了成都，就在西郊萬里橋南，百花潭北，浣花溪西邊的草堂寺附近，在一棵兩百年的老楠樹下面，蓋了一間茅屋，叫做草堂。草堂的周圍有許多花樹，景緻很美。他在那裡寫了一百多首詩。現在，這草堂的遺跡，還保存了下來，成了紀念這位大詩人的聖地。

杜甫在成都的時候，曾經到處遊玩，到城外拜訪過武侯廟㊳，有「丞相祠堂何處尋？錦官城外柏森森。」錦官就是成都。諸葛亮，做過蜀漢的丞相；廟前有一棵老柏樹，非常高大。他對諸葛武侯六出祁山，病死軍中，未能恢復中原，重興漢室，很感慨的說：「出師未捷身先死，長使英雄淚滿襟」，寄給無限的同情。他遊城南蜀先主劉備廟，登上望江樓㊴，近看錦江㊵春景，遠望玉壘山㊶浮雲，有「錦江春色來天地，玉壘浮雲變古今」的好詩，留給後人無窮的想像意味。〈江畔獨步尋花絕句〉，尤其寫得好：

黃四娘㊷家花滿溪，千朵萬朵壓枝低。留連戲蝶時時舞，自在嬌鶯恰恰啼。

杜甫描寫春天到了，黃四娘家附近的溪邊一帶，都是繁花怒放，密密的花兒把花枝兒都壓得低低的；只這一句，就把春景寫得生動極了。因此，蝴蝶兒快快樂樂的在花叢中遊戲飛舞，留連依戀，不想飛走。這句也寫出了詩人自己留連花下、不想離開的心理。逍遙自在的黃鶯兒，也在這些花枝上恰恰恰恰地歌唱著。恰恰，狀聲詞，描摹鶯啼的聲音。這句也寫出了詩人自己愉快自在的心情。就這四句，他把自己因看了美麗的景緻，而產生的沈醉愉快的心情，融入了他所寫的景物之中，造成了一種情與景交融的妙境了。這首詩除了文字平日美麗，音節讀來也非常和諧優美。

作者個人最愛讀的，還是杜甫的〈聞官軍收河南河北〉詩：

劍外忽傳收薊北㊸，初聞涕淚滿衣裳。卻看妻子愁何在？漫卷詩書喜欲狂。白日放歌須縱酒，青春作伴好還鄉！即從巴峽穿巫峽，便下襄陽向洛陽。

因爲每當我讀杜甫這首詩的時候，就會使我回憶起民國三十四年（公元一九四五）八月十五日，我在福建省永安城㊹的那一個晚上，日本無條件投降的消息，忽然傳到了這個山城。當我們經過八年抗日戰爭飽受痛苦之後，忽然聽到勝利的消息，那時的瘋狂歡喜，眞是言語筆墨所難以形容，鞭炮聲不停響著，全城的人都放下了手邊的工作，跑到街上，瘋狂地叫著，笑著，許多人高興地掉下了眼淚，也有狂歌漫舞的，也有喝酒慶賀的，大家都說：「我們不久可以回鄉了！」眞是歡樂充滿了整個城市。

杜甫這首詩寫的也就是這心境。自唐玄宗天寶十四載（公元七五五）十一月，安祿山在河北薊縣（即范陽郡）叛變，長驅南下，河北、河南，望風瓦解。其間叛軍雖爲爭權，互相殘殺，但這個動亂仍持續了八年，到肅宗寶應㊺元年（公元七六二）十月，叛軍紛紛投降，唐朝的官軍才逐漸收復河南、河北；代宗廣德㊻元年（公元七六三）正月，並佔領叛軍的老巢范陽㊼。當這個消息傳到四川的時候，杜甫正在梓州（今四川三台縣）；梓州和成都，都在四川劍閣縣劍門關以南，故稱「劍外」。薊北，指薊縣以北。這首詩就是寫當他在四川聽到官軍收復了河南、河北這個好消息歡喜欲狂的心情。

杜甫忍受了八年離亂的苦痛，開始聽到這個大好消息，忍不住高興到「涕淚滿衣裳」，又悲傷，又歡喜；接著寫一家人都像他一樣的高興，再沒有什麼可憂愁的了，所有憂愁都一掃而光了。接著又寫他自己本來正在看書讀詩，這時當然也因欣喜欲狂，那能定心看呢，隨手捲起書卷，和家人一起唱歌喝酒，大大慶祝一番。接著又寫他想到要趁著這明媚春天，帶著妻兒回鄉去啦！說到回鄉！就恨不得即刻從巴峽穿過巫峽，順著長江，直回湖北襄陽，再轉往洛陽，看看這兩個地方的老家呀！

人受外面的事物的刺激，引起激蕩的情思，叫做「興會」；杜甫這一首詩完全描寫他自己一時興會所至、激蕩而生的情緒變化和心裡想法，流暢的好像泉水一般的湧出來，貫串成一根琴絃，撥動我的心靈。每當我讀它，我就憶起了抗日勝利的情景！

高適、岑參

中國地處亞洲大陸的最肥沃最美麗的地區，自周、秦以來，就有許多異族覬覦這一片土地。唐朝時候，有契丹㊽、突厥㊾、回紇㊿、吐蕃(51)……等來侵犯邊境，唐人也就不斷對外作戰用兵，因此有許多青年從軍出塞；從軍出塞也就成了當日詩人寫作的好題材，產生許多描寫塞上風光、征戰生活的作品。像高適在玄宗開元間，出了河北臨榆縣的榆關[52]—現在的山海關，到了熱河的營州（今朝陽縣）一帶，防守奚[53]、契丹；岑參在天寶年間，曾經追隨高仙芝[54]、封常清[55]，到了新疆，經過天山、雪海，駐戍安西、輪臺、北庭，對抗吐蕃、突厥、大食[56]。他們常常生活在一望無際的草原上，住在軍帳氈幕裡，看到的是遍野的苜蓿，強韌的白草，成群的駱駝駿馬牛羊，捲地飛起的風沙，聽著胡琴[57]、琵琶[58]和羌笛[59]，欣賞異國情調的歌舞；也常常行軍於冰天雪地、無垠荒漠之中，親炙悲壯劇烈的戰爭，沙場白骨纏草根的情景，所以他們所寫的詩篇，就成了邊塞詩人的代表了。像高適的〈營州歌〉：

營州少年愛原野，皮裘蒙茸獵城下；虜酒千鍾不醉人，胡兒十歲能騎馬。

描寫營州胡兒的生活：秋天時節，他們穿著毛茸茸的皮袍，騎著馬在城外原野上打獵，打完獵，回來就痛快地喝酒。東北、蒙古一帶，用牛馬乳造酒，叫「奶子酒」，酒味淡薄，所以詩說「虜酒千鍾不醉人」。虜稱胡虜。鍾，是盛酒器。

封常清在天寶十三載冬天出兵，越過了新疆西南邊的葱嶺[60]，攻破了播仙城[61]，大軍凱旋回來的時候，岑參作了六章凱旋歌。封常清時以「御史大夫」[62]的銜頭，充當安西四鎮節度使[63]，所以岑參詩題作〈獻封大夫破播仙凱歌〉。現在選錄一章如下：

官軍西出過樓蘭，營幕傍臨月窟寒；蒲海曉霜凝馬尾，葱山夜雪撲旌竿。

樓蘭，就是現在新疆羅布泊邊的大戈壁。蒲海，疑即「蒲昌海」的省稱，就是羅布泊，長一百多里，廣二百多里。葱山就是葱嶺。這首詩描寫封常清率軍西行，經過了樓蘭，夜裡駐營山上，就好像到了月窟，天氣非常寒冷；後來到了蒲海，清曉時連馬尾都凝結白霜了；及至大軍橫越葱嶺的時候，又遇到夜裡大雪紛飛，迎面猛撲旗竿；極力描寫行軍的艱苦，也可見先人開拓邊土的勇毅！

王維

寫田園山水的詩歌，從晉、宋開始興盛，像陶淵明㊹描寫田園的生活，謝靈運㊺刻畫山水的風景，都非常有名。唐代詩人受陶淵明影響的，像王維、孟浩然㊻，也都有相當成就。

王維是一位畫家。他喜歡用畫去捕捉如詩的情趣，用詩去描繪如畫的美景。所以蘇東坡㊼說他「詩中有畫，畫中有詩」。像他所作的六言詩〈田園樂〉：

桃紅復含宿雨，柳綠更帶朝烟。花落家童未掃，鶯啼山客猶眠。

全詩看來就像一幅寫生畫。從這裡面，可以看到那是一個春天的早晨，在園子裡有幾樹粉紅的桃花盛開，花上還含著昨夜的雨珠，垂柳也冒出一些新綠葉，更飄著一帶輕烟般的白霧，滿園落花，家裡的小廝正拿著掃帚，打算清掃，一隻黃鶯邊飛邊叫，客居山中的人，猶自沈沈貪睡，尚未醒來呢！他寫景蘸滿了色彩，簡簡單單的幾句，就勾畫出一幅田園生活樂趣的圖畫來。也許這首詩就是他晚年隱居在藍田縣輞川山莊時所作的吧。

孟浩然

孟浩然，湖北襄陽人，是王維的朋友，晚年隱居鹿門山。他也喜歡描寫美麗的大自然，所作的律絕最好，文字清淺淡雅，恬適有味。當我在春雨綿綿的三月，越睡越想睡的清晨，我就深深的體會到孟浩然所寫的〈春曉〉的妙處：

春眠不覺曉，處處聞啼鳥。夜來風雨聲，花落知多少？

有人說：孟浩然寫的詩，常常把一個「自我」寫進詩裡面去，成了詩境的一部分。這首詩就是寫他這個詩人在春暖的清晨，從睡夢中醒來，就聽到窗外，處處鳥聲，大概是許多早起的鳥兒，在盛開花兒的樹枝兒上叫著，這才驚覺到天已經大亮了，這才引起他想到昨夜睡夢中聽到滴滴答答的風雨聲，因而忖想到不知花兒又落了多少？這種寫法，就是古人所謂「興」，今人所謂「聯想」；由聽到鳥啼，聯想到風雨聲；又由風雨聲，聯想到花落；詩人自己也成了這美麗幽怨的詩境中的人物了，眞是越讀越有味了。

張繼

由孟浩然的詩，使我又想起了湖北襄陽的另一位詩人張繼來。他寫的〈楓橋夜泊〉，也是大家所喜歡讀的一首詩：

月落烏啼霜滿天，江楓漁火對愁眠。姑蘇城外寒山寺，夜半鐘聲到客船。

楓橋，在江蘇吳縣閶門⑱西十里。橋附近有寒山寺，相傳唐太宗貞觀⑲中，詩僧寒山子⑳曾經在這裡住過，因此得名。這首詩是寫他乘坐客船，夜裡停泊在楓橋㉑邊的一些雜感。他看到月亮開始西落，聽到烏鴉已在啼叫，感覺到滿天的霜寒逼進船來。這時若是在家，自然正和妻兒睡在溫暖的被窩裡，沈沈進入甜蜜的夢鄉；這當然引起了他離鄉思家的旅愁，而更加睡不著了。再看看江邊，只有一帶紅楓秋葉，隨風飄零，飛落船來，要持送我這一個遠行客；還有一些漁舟，漂泊煙波，閃爍著幾點微弱的燈火；還有我這一個對著鄉愁渴想入眠的人。在這寂靜淒清無聲的夜裡，我忽然遙遙聽到姑蘇城外寒山寺，夜半鐘聲，一聲聲傳到了我這隻客船上來。這就像我們作客他鄉，一個人住在旅館裡，想著到處漂泊，睡又睡不著，在半夜裡聽到輪船或火車嗚嗚的叫聲，當然更覺得難受了。

這首七言絕句，雖然只有短短的四句二十八個字，情味卻非常動人。只是前人對寺廟半夜敲鐘的事，有持懷疑的說法。像歐陽修[72]就認爲「半夜三更不是打鐘的時候」。其實，唐人的詩句，寫半夜打鐘的很多。吳景旭[73]指出：有白居易的「半夜鐘聲後」，王建[74]的「未臥嘗聞半夜鐘」，許渾[75]的「月照千山半夜鐘」，皇甫冉[76]的「夜半隔山鐘」，溫庭筠[77]的「無復松窗半夜鐘」。可見「夜半鐘聲到客船」一句，只是寫實罷了。所以後來孫仲益[78]〈過楓橋寺〉詩猶說：「烏啼月落橋邊寺，欹枕猶聞半夜鐘。」我們讀南朝人的〈烏夜啼曲〉：「可憐烏臼鳥，彊言知天曙；無故三更啼，歡子冒闇去。」白居易〈慈烏夜啼詩〉：「夜夜夜半啼」，也可以證明張繼詩所寫的時間，正是半夜，所以起句說「月落烏啼霜滿天」。

由於張繼這首〈楓橋夜泊〉詩的流行，後代人特別在寒山寺內修建了一座六角形的鐘樓，掛了一口大鐘。另外又建了一所楓江樓，在樓上遠眺，附近的綠疇，江上的帆影，都一一呈現眼前，景色美麗極了。

孟郊

唐代詩歌的好處，眞是無法一一說出。最後，再就我國固有的倫常關係、親子之間的愛，來介紹孟郊的〈遊子吟〉：

慈母手中線，遊子身上衣；臨行密密縫，意恐遲遲歸。誰言寸草心，報得三春暉？

這首詩寫他的母親，在他離鄉遠行的時候，親手替他縫製衣服，針線縫得非常細密堅牢。他離家久了，遲遲不能回去，非常想念他的母親，看著身上母親親手縫製的衣服，才深深的體會到母愛的偉大；母親對他愛的細微，替他設想的周到，怕他遲歸，所以特別縫製細密堅牢。想到這裡，覺得自己的心情，就像小草一樣的，在春天三個月受到溫暖無盡的日暉的愛撫，怎能報答得了！表現在母親對子女的愛的偉大，白居易也有〈慈烏夜啼〉詩，寫慈烏失母，夜夜悲啼，因爲母親對子女愛的深重，子女還沒有機會報答，「未盡反哺心」，母親就死了，所以非常悲傷。我想孝順父母，也是中國人一種極完美的德性，值得我們發揚。

唐朝的詩歌，可以說「美不勝收」。唐朝詩人大都用平白的文字，和諧的韻律，美麗的詞采，自由豐富的想像，來抒寫眞實深摯的情感，完善富哲理的思想，構成了詩歌的生命和靈魂，創造了感人極深的詩境，使唐朝詩歌成爲最通俗也最有價值的文學，所以至今我們還很喜歡讀它呢！

【附注】

① 舌簧：簧，是笙、竽之類樂器的管中的薄薄銅片；吹動時候，銅片振動，就會發出美妙的聲音。舌簧，譬喻詩人懂得運用靈巧美妙如簧的舌頭去吟唱新詩。

②頌歌：讚美神明和祖先的詩篇。

③天蒼蒼……見牛羊：南北朝時北方鮮卑族的民歌。一說斛律金作。描寫塞外陰山一帶人民的生活與風光。

④漁翁樂陶然：民國三十年代流行歌曲，寫漁翁生活的逍遙快樂。

⑤出征曲：軍人所唱的戰歌，唐朝作品最多，多半描述遠征邊塞的生活，和敵人作戰的情思。

⑥堯、舜時代：公元前二三五七至公元前二二〇八年。唐堯、虞舜，是中國古代史中的兩位聖明的皇帝。

⑦擊壤歌：《帝王世紀》：堯帝時候，天下太平，百姓無事，有老人擊壤唱歌。壤，土地；擊壤，用東西敲地做節拍而唱。歌詞是：「日出而作，日入而息，鑿井而飲，耕田而食，帝何力於我哉！」（作，耕種。息，休息。哉，啊。）

⑧卿雲歌：《尚書大傳》說：舜要讓帝位給大禹的時候，大家和唱的一首樂章，讚美天空中的彩雲，太陽月亮的光華，燦爛的星星，調順的四季，誠信的萬邦，現在我們配合上天把帝位讓給善人。歌名「卿雲」，由於起句「卿雲爛兮」。卿雲，祥瑞的雲彩；爛，燦爛；兮，啊。

⑨頌：用於祭祀天地的神明和宗廟祖先的樂章，叫做「頌」；《詩經》中收有周頌、魯頌、商頌三種。《詩經》是中國周朝時候詩歌的總集。

⑩雅：在宮廷中宴會、朝會時候演唱的歌詩。前人認爲朝廷的政事有大有小所以詩篇有「大雅」、「小雅」。雅，政事。

⑪風：周朝時候流行各國的民歌。《詩經》收有：周南、召南、邶、鄘、衛、王、鄭、齊、魏、唐、秦、陳、

檜、曹、豳等十五國風，抒寫各國人民的生活、社會與情思。

⑫ 李陵、蘇武：都是漢武帝時代的人，兩人是好朋友。李陵率領軍隊攻擊匈奴，兵敗被俘，投降匈奴。蘇武前往匈奴辦理兩國的外交，被扣留了十九年，才釋放回漢。臨別時候，兩人都作有感傷離別的詩歌。

⑬ 漢武帝：劉徹（公元前一五七至前八七），漢朝第六代皇帝。他對外驅逐匈奴，平定南越、東越、朝鮮、滇、及西南夷，和西域各國來往通商；對內興辦學校，尊崇儒家，提倡音樂和文學。

⑭ 樂府：是秦朝就設立的一個機構，到漢武帝時候擴大它的組織，由音樂家李延年主持，蒐集各地的民歌，鼓勵文士創作歌詩，配上樂曲。

⑮ 詩經：周朝的民間歌謠與宮廷樂章有三千篇，經過孔子整理刪定，留下三百零五篇，分做風、雅、頌三體，就是《詩經》，包括周朝初年（公元前一一二二年）至春秋中期（公元前五七〇左右），長達五百五十多年的詩歌，內容有宗教、宴會、打獵、社會、生活、愛情及舞曲。

⑯ 楚辭：是漢朝劉向蒐集的戰國時楚人屈原、宋玉及漢朝人賈誼、淮南小山等人作的辭賦編成的，叫做《楚辭》。它保持南方文化的特性、風格和形式，用楚國的語言，寫楚國的風物，文字華美，想像豐富，感情熱烈奔放，充滿著濃厚的宗教情調，大量採用神話與傳說。

⑰ 旌蔽日兮敵若雲，矢交墜兮士爭先：見屈原《九歌．國殤》。這是一篇祭祀爲國戰死的將士的樂歌。全篇是七字句；每一句都有一個「兮」字，猶今「啊」字，表示語氣的助詞。

⑱ 漢高祖：劉邦（公元前二四七至前一九五年），沛縣人。秦朝末年，他起兵爭奪天下，滅秦之後建立大漢帝

國，成爲漢朝第一代皇帝，在位十二年（公元前二〇六至前一九五年）。

⑲ 沛縣：在今江蘇沛縣東。

⑳ 筑：古樂器，形狀像中國古琴，有十三根絃。

㉑ 鐃歌十八曲：鐃歌，漢朝的軍樂曲，本來有二十二支，後來剩下十八支。鐃，樂器名，形狀像鈴。

㉒ 律體詩：中國舊詩的一種詩體，和古詩不同，對平仄、押韻、句數、對偶等等，都有規定的格式，就像法律一樣的要嚴格遵守，所以叫做「律體詩」。

㉓ 永明：是南北朝時代齊武帝在位期中的一個年號，共十一年（公元四八三至四九三）。

㉔ 四聲：我國的字音，過去有「平、上、去、入」四種聲調，如區取去曲；「上、去、入」三聲的字（像取、去、曲）都叫「仄聲字」；「平」聲的「區」字，叫「平聲字」。古人作律體詩，要特別注意平聲字和仄聲字交錯應用，這樣讀起來，聲調就有高低抑揚的變化，比較好聽。注意：古音的平上去入的四聲，和現代國音的陰平、陽平、上、去的四聲不同（如夫、扶、府、付）。現代國音沒有入聲。

㉕ 八病：梁沈約主張寫詩應該注意音律，認爲一個句子中，前面用平聲字，後面就應該用仄聲字；前後兩句的聲調變化要完全相反；爲了要達到這種效果，提出寫作五言詩「八病」之說：一、平頭，就是上、下兩句頭兩字同聲調。二、上尾，就是上、下兩句最末尾的一個字同聲調。三、蜂腰，就是同一個句子裡的第二字和第四字同聲調。四、鶴膝，就是第一句的第五字，和第三句的第五字同聲調。五、大韻，五言詩兩句一個韻，其他的九個字不能用和韻腳同一韻的字；如用「新」字押韻，其他九個字要是用了「津、鄰」之類的字，就

是跟韻脚相犯，這就叫做「大韻」。六、小韻，就是韻以外的其他九個字，聲調相同，也不行。七、旁紐，就是兩句十個字不能用同韻字；如用「田」字，其他就不好用「煙、延、演、燕」之類字。八、正紐，如「壬、衽、認、入」爲同一聲母字；一個句子裡，有「壬」字，再用「衽、入」之類的同聲母字，不好。紐是聲紐，聲母的舊稱。這些都是沈約所認爲作五言詩最忌諱、要避免的八種毛病。

㉖ 排律：我國一般的律詩，一首限八句，中間兩聯四句必須對偶；這種排列整齊的對偶句，在律詩中要是超過了三聯六句以上，就叫做「排律」。一首律詩以「八個句子、四個韻、中間兩聯對偶」形成短詩的格式；但也有詩人用這種格律連續來寫，有長達一兩百句的，唐朝人總稱爲「律詩」。直到元人楊士宏編《唐音》一書，首先把這一類長詩，列爲「排律」。

㉗ 終南山：一名南山，在中國陝西省西安市西五十里，東到藍田縣，西至鄠縣，連綿八百多里，又名秦嶺。

㉘ 巘：山峰。

㉙ 巴顏喀喇山：起於中國新疆的托古茲達阪，向東到青海西境，才叫做巴顏喀喇山，其北有噶達索齊老峰，是黄河的發源地。

㉚ 廬山：在中國江西省星子縣北，九江縣南，現在是夏季避暑的勝地。唐玄宗天寶十四年（公元七五五），安祿山叛亂；第二年，李白避亂，隱居廬山，作詩說：「吾非濟代人，日隱屛風疊。」（詩見《李太白全集》卷十一）。

㉛ 屛風疊：在廬山，從五老峰下來，峰九疊像屛風。

㉜香爐峰：廬山的西北峰，奇峰尖圓，煙雲聚散，遠看狀如香爐。山下有瀑布下瀉，非常有名。

㉝白水瀑：又叫白水湖，水從山中腰飛瀉而下，好像無數匹的白練。瀑布下注地方都成了深井，深不可測。

㉞黃龍峰：廬山上的山峰名，下有黃龍潭。

㉟永王璘：李璘，是唐玄宗的第十六子，封永王。玄宗天寶十四載（公元七五五）十一月，安祿山造反。第二年六月，唐玄宗逃往四川，傳位給太子李亨，是爲肅宗；並派永王李璘爲江陵郡（今湖北江陵）大都督。九月，永王璘召募將士幾萬人，參加平亂戰爭。李白這時被永王璘網羅，參贊軍事。永王璘有自立爲皇帝的意思。

㊱荊州記：南北朝人盛宏之著有《荊州記》三卷（見《隋書》卷三十三《經籍志》二），爲地理類的書，已佚。荊州，治今湖北江陵。

㊲安、史動亂：安祿山，唐玄宗時胡人，屢建戰功，領平盧、范陽、河東三鎭節度使，因爲和承相楊國忠不和，在天寶十四載（公元七五五）十一月，在范陽（今北平）反叛。第二年六月，攻陷京都長安，自稱大燕皇帝。唐玄宗皇帝逃往四川，到馬嵬坡，發生兵變，殺死楊國忠，縊死楊貴妃；玄宗讓位給肅宗，派郭子儀平亂。肅宗至德二年（公元七五七）九月，郭子儀收復西京長安；安祿山部將史思明投降。第二年（公元七五八），史思明又反叛；直到唐代宗廣德元年（公元七六三），收復河南、河北，史思明敗死。安、史之亂，經過八年才算完全平定。

㊳武侯廟：指諸葛亮祠。諸葛亮（公元一八一至二三四），字孔明，東漢末盜賊紛起，天下大亂，避亂荊州。

劉備三次拜訪他隱居地方，出來幫助劉備在今四川成都建立國家，史稱「蜀漢」，與曹丕的魏國，孫權的吳國，成鼎足三分天下的局面。他爲蜀漢承相，封武鄉侯，曾屢次出兵攻魏，病卒軍中。諸葛亮祠，在成都城外。「承相」兩句，見杜甫的〈蜀相〉詩。成都從前產錦有名，設有專管織錦事情的官，所以成都又叫「錦官城」。

㊴ 望江樓：是指劉備廟中的一座高樓。安祿山叛亂之後，杜甫於唐肅宗乾元二年（公元七五九）十二月，到成都。上元二年（公元七六〇）春，在成都郊外築草堂而居。杜甫這首〈登樓〉詩與下文的〈尋花絕句〉大概都是作於這年以後。

㊵ 錦江：岷江支流，經成都縣南，前人用江水洗濯錦緞，色彩更加鮮豔，所以叫做錦江。

㊶ 玉壘山：在四川理番縣東南新保關，奇石千尺，屹立城外。

㊷ 黃四娘：〈江畔獨步尋花絕句〉大概是杜甫在成都時所作；黃四娘家大概是他住在草堂時的附近人家。

㊸ 薊北：今北平一帶，古稱薊州；薊北即指薊州。

㊹ 永安城：民國二十六年（公元一九三七），是中國抗日戰爭之後，福建省的臨時省會。抗戰勝利的那年（公元一九四五），我正在永安黃歷福建省立農學院附屬高級農業學校讀書。

㊺ 寶應：唐肅宗的年號。

㊻ 廣德：唐代宗的年號。

㊼ 范陽：今北平。安祿山曾爲范陽節度使。

㊽契丹：唐朝時候，契丹國據有今天的中國東三省、熱河等地方。
㊾突厥：唐時的大國，據今中國綏遠、新疆、寧夏、青海、阿爾泰山等地。後來滅東羅馬，建立了土耳其。突厥，頭盔的意思。
㊿回紇：爲突厥的一部，原信摩尼教，隋煬帝時獨立建國；唐朝時候，擁有外蒙古、新疆畏吾兒的地區；後來滅了突厥，佔有內外蒙古，改信回教。
51吐蕃：就是現在中國的西藏、西康。吐蕃在唐初國勢最強，曾經兩次娶了唐室公主，屢次爲唐人邊患。唐僖宗（公元八八八）後逐漸衰弱。
52榆關：山海關在河北榆河的西岸，又稱榆關、臨榆關，自古是重要的關塞，有天下第一關之稱。
53奚：唐朝時的小國，據今熱河承德等地。
54高仙芝：高麗人，唐玄宗時爲節度使，駐守新疆一帶，平定大食等七十二國。
55封常清：先做高仙芝的幕僚，後爲大將，屢次出征各地。
56大食：就是古代阿拉伯帝國，穆罕默德建立，最強時東破波斯，南侵印度，佔有亞洲西部，非洲北部，歐洲的西班牙。唐玄宗末（公元七五五）分裂爲黑衣大食和白衣大食兩個國家。
57胡琴：絃樂器，由西域傳進中國，有竹製琴桿、琴筒，筒口蒙著硬蛇皮，上搭著兩根長絃，然後用竹弓張著馬尾，在絃線中間拉來拉去發出聲音，好像西方的小提琴，聲音比較響亮尖銳。
58琵琶：胡人的樂器，漢武帝時候傳進中國，有五絃及四絃兩種，最早是用木撥彈奏，唐玄宗時改用手指彈奏，指法有三十多種，音色優美。

59 羌笛：羌，西域一個種族，散居在甘肅省張掖縣、四川省松藩縣一帶。羌人的笛子，管樂器，有五孔、三孔。

60 葱嶺：在新疆西南部的疏勒、蒲犂等縣的西邊，是中國各大山的發脈，世稱「亞洲的山脊」。

61 播仙城：據岑參的《獻封大夫破播仙凱歌》六章的內容看來，播仙城似在葱嶺以西的地方。

62 御史大夫：官名。唐朝有御史臺，相當現在的監察院；御史大夫相當監察院長；御史臺掌管圖書法令，糾察彈劾，巡視各地刑案軍事等事。

63 節度使：唐太宗時候把天下分做十道（道猶今中國的「省」，美國的「州」），後來擴爲十五道。首長叫採訪使或節度使，猶今中國的省長，美國州長，下管若干郡和縣。人事財政完全獨立自主，邊疆要地加重他兵權，叫節度使。

64 陶淵明：（公元三七五至四二七），一名潛，東晉時代的田園詩人，以描寫農村生活，自然美景著名，文字自然美麗有味道，有《陶淵明全集》，詩今存一百二十六首。

65 謝靈運：（公元三八五至四三三），南北朝宋時詩人，描寫山水的文字，警奇豔麗。

66 孟浩然：（公元六八九至七四〇）唐玄宗時的詩人，以描寫景物空靈淡雅著稱。

67 蘇東坡：（公元一〇三六至一一〇一），宋朝著名的文學家，詩詞散文都寫得非常好，書畫也有名。他在黃州時，自號「東坡居士」，有《東坡全集》、《東坡詞》等著作。

68 閶門：吳縣是春秋時吳國京城，閶門是它西門。

⑥⑨ 貞觀：唐太宗年號。他在位二十三年（公元六二七至六四九）。

⑦⓪ 寒山子：唐貞觀時的高僧，著有《寒山子詩集》二卷。他和拾得交往，曾在寺裡住過，故名「寒山寺。」

⑦① 楓橋：舊名封橋，後因張繼詩有「江楓漁火」句，改名楓橋。

⑦② 歐陽修：（公元一〇〇七至一〇七二），宋朝名政治家與文學家，詩詞散文都極有名，號「六一居士」，死謚「文忠」，著作有《歐陽文忠集》、《六一詩話》、《新五代史》、《新唐事》。

⑦③ 吳景旭：清朝人，編有《歷代詩話》八十卷，論述歷代的詩，上起《詩經》，下到明末，分做十集，先列舊說，引用各書，互相考訂，材料豐富，也時有他個人的看法。清何文煥又集古今詩話，自梁鍾嶸《詩品》至明顧元蒙《夷白齋詩話》共二十八種，也稱《歷代詩話》。

⑦④ 王建：唐代宗大曆十年（公元七七五）進士，曾任陝州司馬，從軍邊塞，以樂府歌詞著名，有《王司馬集》八卷。

⑦⑤ 許渾：唐文宗太和六年（公元八三二）進士，擅長懷古性的律詩，對偶工整，嚴守格律。他有別墅在潤州丁卯橋邊，著作就叫《丁卯集》。

⑦⑥ 皇甫冉：唐玄宗天寶間（公元七四二至七五五）進士；代宗大曆初（公元七六六）卒，有詩集三卷，文字工巧，情調新奇。

⑦⑦ 溫庭筠：字飛卿，唐宣宗大中初（公元八四七）進京考試，好幾年都沒考上，所作樂府歌詩多寫宴會打獵，歌舞閨情，溫柔靡麗，有《溫飛卿詩集》九卷。

⑱ 孫仲益：孫覿，字仲益，宋徽宗大觀間（公元一一〇七至一一一〇）進士，別號鴻慶居士，官至吏部和戶部尚書，著作有《鴻慶集》。他作有《楓橋修造記》。〈過楓橋寺後〉就是他留題寒山寺的詩，其中「猶」字，一作「遙」字。

樂府詩的演變

樂府詩，就是現在所說的歌辭。它產生於漢代。孝惠帝使夏侯寬爲樂府令；這個樂府令，只像周末秦時的樂官，掌管郊廟樂章，與民間歌辭還沒發生關係。到武帝設立樂府官署，製作郊廟樂歌，收集民間謠曲。後代沿用這種造樂採詩制度，樂府詩才放射出特異的光彩。

一、漢朝樂府詩的興起

漢武帝立樂府後，一面教貴族文士作郊廟用歌詩，一面令樂府收集民歌入樂。據《漢書・藝文志》記載當時所採集的趙、代、秦、楚各地歌詩，共一百三十八篇。可惜這些民歌，現在大都散失了，但對後代詩歌影響卻極大。至哀帝時，因爲他不喜歡這種俗樂，曾下令裁減樂府職員，只留一部分人掌管郊廟燕會的樂章。這個措施，並沒有阻止民歌的發展。俗樂民歌經過一百多年的提倡，已經深爲一般人所愛好，所以哀帝後樂府詩的製作仍然很多，到了東漢尤盛。

漢貴族文士作的歌詩，如唐山夫人的《房中歌》，司馬相如等作《郊祀歌》一類作品，雖然典雅富麗，都是從《詩經》、《楚辭》模擬來的三言、四言式歌詩，缺乏活潑的生命。以後文士作郊廟樂章，也都是這一類作品。但當日從民間採集的歌辭，如《相和歌》、《雜曲》、《雜謠》中所收的，都是最有趣味的作品。如〈江南可採蓮〉：

> 江南可採蓮，蓮葉何田田，魚戲蓮葉間。魚戲蓮葉東，魚戲蓮葉西，魚戲蓮葉南，魚戲蓮葉北。

這詩音調和諧，文字活潑，正是民歌本色。又如〈公無渡河〉、〈枯魚過河泣〉，都是有情感有風趣的小詩。

又如〈戰城南〉：「戰城南，死郭北……。」〈十五從軍征〉：「十五從軍征，八十始得歸……。」是暴露戰爭的痛苦的作品。〈婦病行〉：「婦病連年累歲……。」〈孤兒行〉：「孤兒遇生，命當獨苦……。」寫病婦孤兒的苦楚，都是寫實的社會詩，眞切感人。也有些寫神仙思想的，如〈善哉行〉。關於男女問題，也有許多佳作，如〈上邪〉、〈有所思〉、〈豔歌行〉，文字質樸，感情深厚，與後代綺麗浮豔的歌辭不同。

東漢中葉以後，民歌對社會的影響，已深入普遍。有些文人開始公然倣作，如《雜曲》中所收張衡〈同聲歌〉、繁欽〈定情詩〉、辛延年〈羽林郎〉、宋子侯〈董嬌嬈〉諸篇，也都是清新輕麗的好歌辭。

二、漢末魏晉的樂府詩

東漢文人的倣效民歌，使文人的作品，逐漸民歌化；到了建安，這種趨向，格外明顯。這時文壇領導者曹操父子都是極力提倡大量造樂府歌辭的，詩人如阮瑀、王粲、陳琳也都作了許多樂府詩。

當時樂府的特色，是依漢舊曲而作新詞，或模擬舊題而製新歌。而且把篇幅加長，如曹操、曹植的作品，少者百數十言，長者二三百言，爲兩漢樂府所少見；文字亦稍見整鍊華美。當時文人已將樂府詩看作主要文學之一。

這時期作品，因爲是模倣兩漢的，雖然辭華漸富，其思想、內容、情調、精神都還保存著兩漢的遺風。如曹操〈蒿里行〉：「鎧甲生蟣蝨，萬姓以死亡。白骨露於野，千里無雞鳴。」陳琳〈飲馬長城窟行〉：「長城何連連，連連三千里。邊城多健少，內舍多寡婦。」王粲〈七哀詩〉：「西京亂無象，豺虎方遘患。……出門無所見，白骨蔽平原。路有飢婦人，抱子棄草間。」阮瑀〈駕出北郭門〉：「後母憎孤兒，飢寒無衣食。」這些寫漢末戰亂、徭役、難民、孤兒的痛苦現象，都是繼承著兩漢寫實文學的特色。

在另一方面，漢黃老與游仙思想，也在此時開始盛行。於是感傷人生無常，及追慕神仙飛昇的文字，大量產生。如曹操的〈短歌行〉、〈秋胡行〉、〈陌上桑〉、〈氣出唱〉，曹植的〈苦思行〉、〈升天行〉、〈仙人篇〉、〈遠遊篇〉、〈桂之樹行〉等，都是這類作品。又在曹植作品中，有許多是借題抒寫胸懷、發洩憂思的，如〈吁嗟〉、〈浮萍〉、〈盤石〉、〈鰕䱇〉諸篇都是。游仙與詠懷，是當日樂府詩兩種特色，但也是兩晉游仙、詠懷詩的先導。當時名作家，除了上述幾位外，還有魏黃初間的左延年。他的〈秦女休行〉，敘秦氏女爲親報讎的故事，也是一篇頂有名的作品。

到西晉時，文人倣作樂府歌辭的風習還是很盛，如傅玄、陸機都是一代能手。作品多，範圍廣；

但他們的文字，漸趨綺麗。傅玄言情之詩，如〈昔思君〉、〈豔歌行〉，都夠妍麗。陸機所作，更非漢魏樂府詩面目，滿篇駢詞儷句，如〈日出東南隅行〉：「清川含藻景，高岸被華丹……。」〈苦寒行〉：「凝冰結重澗，積雪被長巒……。」〈悲哉行〉：「和風飛清響，鮮雲垂薄陰……。」對偶工整，文字華美，卻缺乏眞實情感，動人意境。這是西晉人的通病，於是樂府詩漸漸失去了民歌色彩。這種色彩，到東晉時，才又復興。

三、南北新民族的歌謠

西晉衰落，邊陲異族大量深入，漢人被迫南移，造成北方胡人盤踞，南方五朝偏安的局面。這個割裂時代，民歌卻特別興盛。但由於南北民族性、自然環境、生活方式種種不同，形成南北不同色彩的作品。

南人由於山水秀麗生活安定，所產生的民歌，多是形式短小，音調自然的小詩。所詠唱的全是男女纏綿宛轉的戀愛。代表作品，一是《吳歌》，一是《西曲》。

《吳歌》，出於江南，起初是民間徒歌，晉人南遷後才採集合樂。據《古今樂錄》說，《吳歌》有〈子夜〉、〈上柱〉（已佚）、〈鳳將雛〉（已佚）、〈上聲〉、〈歡聞〉、〈歡聞變〉、〈前溪〉、〈阿子〉、〈丁督護〉、〈團扇郎〉等十曲。又有〈七日夜女郎歌〉、〈長史變歌〉、〈黃鵠曲〉、〈碧玉歌〉、〈桃葉歌〉、〈長樂佳〉、〈歡好歌〉、〈懊儂歌〉、〈華山畿〉、〈讀曲歌〉諸曲。又有〈子夜變歌〉等新曲。（以上均見《清商曲》中）。其中〈子夜歌〉、〈讀曲歌〉最多。今各舉一二首，以作代表：

〈子夜歌〉：「宿昔不梳頭，絲髮披兩肩。婉伸郎膝上，何處不可憐。」

〈子夜四時歌〉：「春林花多媚，春鳥意多哀。春風復多情，吹我羅裳開。」

〈讀曲歌〉：「花釵芙蓉髻，雙鬢如浮雲。春風不知著，好來動羅裙。」

作風純樸自然，天眞浪漫。可是它用細膩筆描寫豔情的部分，卻成爲梁、陳間帝王貴族文人狎客作的宮體詩的來源。如梁簡文帝〈詠內人晝眠〉、〈傷美人〉、〈夜聽妓〉，陳後主的〈玉樹後庭花〉、〈三婦豔詞〉，江總的〈宛轉歌〉、〈閨怨篇〉，把民歌加以富麗綺豔，但在意境上及風格上，都輕浮柔靡到了極點。特出的作者，有宋鮑照，模仿民歌，做到巧似的地步。

《西曲》，《樂府詩集》說：「出於荊、郢、樊、鄧之間。」是流行湖北西部一帶的歌謠，而以江、漢二水爲主。所以在那些作品裏充滿著水上船邊的情調，以及旅客商婦的別情。較之《吳歌》，表情要勇敢熱烈些。如〈石城樂〉說：「執手雙淚落，何時見歡還！」〈那呵灘〉說：「聞歡下揚州，相送江津灣。」等是。但沒有《吳歌》中那些特有的嬌羞細膩情態。據《古今樂錄》說，《西曲》共有三十四曲。今讀《樂府詩集》，其中文士們擬作頗多。如〈烏夜啼〉、〈烏棲曲〉、〈估客樂〉、〈楊叛兒〉……諸曲，有梁武帝、梁簡文帝、沈約、劉孝綽、徐陵、庾信等人作品。但那些無名氏篇章，想都是出自民間的。

在這些南方民歌中，不論吳聲楚曲，他們在辭句修飾方面，有一相同點，喜歡用雙關的隱語，如以「梧子」雙關「吾子」，「芙蓉」雙關「夫容」，「藕」雙關「偶」，「絲」雙關「思」，「蓮」雙關「憐」，「匹」雙關「配」，「歡」雙關「愛」，這種表現法，也可以算是當日民歌的一種特徵，漢、魏歌謠裏是沒有見過的。

統治北方的遊牧民族，過馬上生活，在原野與沙漠裏馳驅戰爭。他們的民歌，充滿著尙武、男性、社會化的色彩。如鮮卑族的〈敕勒歌〉說：

敕勒川，陰山下。天似穹廬，籠蓋四野。天蒼蒼，野茫茫，風吹草低見牛羊。

這種蒼茫雄渾的氣象，比起南方的「春林花多媚，春鳥意多哀」的情調，是完全不同的。又如《魏書》所載的〈李波小妹歌〉說：

李波小妹字雍容，褰裙逐馬似卷蓬，左射右射必疊雙。婦人尚如此，男子安可逢。

所寫正是北地女子的典型，比起南方寫的「婉伸郎膝上，何處不可憐」，「恃愛如欲進，含羞未肯前」的江南少女；那剛強柔弱之分，是再明顯沒有了。由這兩點也可見出南北民歌差別的地方。

《樂府詩集》中雖無北歌之目，然梁《鼓角橫吹曲》中所收〈企喻〉、〈瑯琊王〉、〈鉅鹿公主〉、〈紫騮馬〉、〈黃淡思〉、〈地驅樂〉、〈雀勞利〉、〈慕容垂〉、〈隴頭流水〉、〈折楊柳〉、〈隔谷〉、〈幽州馬客吟〉……等曲，實即北方的歌謠。他們歌詠題材，比起南方來較爲廣泛切實。如〈企喻歌〉表現尙武精神，〈瑯琊王歌〉表現戰爭與孤兒，〈紫騮馬歌〉表現婚姻制度，〈地驅樂歌〉表現畜牧，都富有社會性。在表現方法上說，北方多是直爽率眞的說明。如寫戀愛就說：「老女不嫁，蹋地喚天。」「枕郎左臂，隨郎轉側。」沒有南方那種隱曲委婉細膩象徵的手法。不留餘味，但充滿著活躍的生命和力量。

北方文人的作品就遠不如南方。雖說魏文帝提倡文學，在當日少數文人裏，不是模倣南風，就是南人入北，眞能創作代表北地的作家極少。如膾炙人口的後魏胡太后作的〈白楊花〉，就是一種南化的情詩。其他如北齊邢邵的〈思公子〉，魏收的〈挾瑟歌〉，裴讓的〈有所思〉，都是南方宮體文學的化身，不過趕不上南方的香豔。到了北周，庾信、王褒、王克、劉瑴一大批人的入北，才創作些帶有北方情調的清貞剛健作品。

四、隋唐的新歌詞

隋初，文帝倡爲質樸文字。當日歌詩，如虞世基、薛道衡輩所作，文辭皆清遠俊拔。至煬帝喜愛新聲豔曲，於是江南梁、陳的唯美文學，又告復活；豔篇綺調，又大盛行。如隋煬帝的〈春江花月夜〉、〈泛龍舟〉等是。

到唐代因爲太宗、高宗、武后、中宗、玄宗幾位皇帝，都愛好音樂文學。這個時代，音樂特別發達，詩歌特別盛行。樂府詩也擴大了範圍與內容。但在初唐，仍停留於倣作時代，如陳叔達、虞世南的作品，沿襲陳、隋的卑靡浮豔之習，而缺乏新意。又如沈佺期、宋之問、劉希夷們，用五言律體創作樂府，則又生硬枯澀，使樂府生命近乎消滅。直到開元、天寶後，洗卻六朝鉛華的新曲、新詞、新作家，一天比一天多；樂府歌辭才發生了轉變，成爲當日詩歌的一支主流。

一、岑參、高適、李頎、崔顥、王昌齡、王之渙、王翰等，他們人生觀都是現實、進取的，無論擬古題，作新歌，都是用活語言，新意境，不拘聲調，熱情而雄放地寫作新詞。他們歡喜用五七言長歌或絕句，描寫塞上風光，驚人戰爭，以及各種不平凡的人事現象。如岑參的〈白雪歌〉、〈涼州〉、〈走馬川行〉，高適的〈燕歌行〉、〈古大梁行〉、〈塞下曲〉，李頎的〈從軍行〉，崔顥的〈雁門胡人歌〉、〈黃鶴樓〉，王昌齡的〈從軍行〉，王之渙的〈出塞〉，王翰的〈涼州詞〉，都是名作。如「忽如一夜春風來，千樹萬樹梨花開」，「戰士軍前半死生，美人帳下猶歌舞」，「秦時明月漢時關」，「黃河遠上白雲間」，「葡萄美酒夜光杯」，都是傳誦人口的雋句。

二、到李白，樂府詩算是達到最成熟最高超的階段。在他集中，樂府詩有一百四十幾篇，其他的詩也多是樂府詩的變形。他的作品充分表現了新精神。如〈將造酒〉、〈遠別離〉、〈蜀道難〉、〈幽州胡馬客歌〉、〈戰城南〉、〈長干行〉、〈荊州歌〉、〈長相思〉、〈玉階怨〉、〈少年行〉、〈行路難〉諸作，有的是酒後放歌，有的是離筵別曲；有時是暢發議論，有時是頌讚山水；有時寫邊風塞雲，有時詠懷弔古；有時上天下地作神仙語，有時描摹小兒女情態。隨題寫來，無不體貼入微，精妙絕倫。五言、七言、長短參差的字句，到他筆下，都安排得自然和諧。他多方嘗試，使兩漢以來無數民歌的功用與精神，完全發揮出來，這才算是最大成功。

三、杜甫的樂府詩取材更複雜，描寫安、史之亂前後，政治的衰落，社會的動亂，民生的疾苦，戰爭徭役的罪惡。如〈麗人行〉寫楊貴妃姊妹的奢淫，〈兵車行〉是寫民眾苦於徭役。其他如〈縛雞行〉、〈哀江頭〉、〈哀王孫〉、〈新安吏〉、〈潼關吏〉、〈石壕吏〉、〈新婚別〉、〈垂老別〉、〈無家別〉，都是這類暴露黑暗政治，悲憫民困國難的作品。他的作品，多隨意即事、標立新題，跟過去人作樂府詩模擬舊題、剽竊舊意的不同。

杜甫以後，有張籍、戴叔倫、王建諸人深受杜甫影響。他們所用手法跟杜甫相似，但態度更客觀，所取題材更廣泛。如戴叔倫的〈女耕田行〉是反映戰亂時鄉村的光景，〈屯田詞〉是寫農民的窮困。又如張籍的〈西州〉、〈征婦怨〉、〈築城詞〉，是寫邊亂、戰爭、徭役所造成的人間種種悲劇慘象，〈山農詞〉、〈賈客樂〉都是批評苛租重稅制度，〈妾薄命〉、〈別離曲〉則是替婦女喊冤之作。王建也有〈水夫謠〉、〈田家行〉、〈去婦〉也都是這一類攻擊租稅、力役、替婦女代言的社會文學。

四、杜甫這派新樂府詩，到了元稹、白居易，正式建立了鮮明的文學主張。白居易在〈寄唐生詩〉中說，他作樂府歌詞目的是「惟歌生民病，願得天子知。」在他〈新樂府序〉中又說：「其辭質而徑，欲見之者易喻也。其言直而切，欲聞之者深戒也。其事覈而實，使采之者傳信也。其體順而肆，可以播於樂章歌曲也。總而言之，爲君爲民爲物爲事而作，不爲文而作也。」他想藉樂府歌辭來傳達民情，對政府盡到諷喻作用，使政府在政治上有所改革。他們創造許多歌辭來實踐理論。元稹有樂府古題十九首，新題樂府十二首；白居易有《新樂府》五十首，《秦中吟》十首，都是描寫民生批評政治的作品。社會詩到了元、白達到最高發展了。在文學成就上說，元稹作品有些艱澀毛病，白居易文字則淺顯通俗。這時努力於社會詩歌運動的，還有劉猛、李餘、李紳、唐衢諸人。和白居易齊名的劉禹錫，也運用民歌的精神與語氣，來作歌辭，歌詠各地風光，如〈楊柳枝詞〉、〈竹枝詞〉、〈踏歌行〉等是。

五、樂府詩到了晚唐，社會詩沒落了，復衍梁陳宮體豔風。這時作者，有李賀、李商隱、杜牧、溫庭筠諸人。他們的作品，多是寫游獵歌舞，醇酒美人的，供藝妓歌唱爲主。樂府至此，轉入五代以後倚聲塡詞的時代了。

談民歌童謠

民歌俗謠是傳唱在大衆口頭上的歌曲，大家喜歡唱它，卻不知作者是誰。當它活在人們口頭上，也就是它產生、存在、流行的時候；當它不流行、沒有人唱，也就是它死亡、消失的時候。

民歌也是有它的作者，也是屬於個人的創作，只是作者也許是一個打魚的，也許是一個砍柴的，在打魚的時候唱兩句漁翁樂、或採樵歌；也許是年輕的男女，兩人相悅，在月下對唱著情歌；還有祭神有祭神曲，跳舞有舞曲，打花鼓有花鼓歌，採茶有採茶歌，搖船有搖船歌；春夏秋冬季季有歌，一年十二月年頭到年尾月月都有歌。心裏快樂有歌，悲哀也有歌，遊戲有歌，娛樂也有歌，歌頌好官有歌，批評政事也有歌，此外還有兒歌童謠。這些歌謠大都是一人創作，群衆傳唱。群衆傳唱，有的是甲唱乙和，有的是甲問乙答，有的是甲起乙續，有的是甲作乙改，如此繼續推展，民歌就是這樣的流傳各地。個人創作的歌詞，因爲大衆的傳習歌唱。由於唱者，你加一點，他改一點，我添一點，到了後來都變了形，成爲社會公有的歌，以多樣性的歌詞，傳唱在大家的口上，不知道誰是這首民歌的作者了。

從前北京大學的《歌謠週刊》，收有一首，〈看見她〉的歌謠，它的異文就有四十五種之多，流行的地域達到十二省之廣，內容歌詞，大半一致，只是文字繁簡長短不一罷了。像〈說了一個一〉、〈張打鐵〉、〈老太太〉也都是有許多大同小異的唱詞。這就是因爲經過許多人「再創作」，不斷衍展變動的結果。

當然許多有名的作家詩人，依據民歌俗謠的曲子而寫的歌詞，流傳下來的也不少。如屈原作的〈九歌〉，是依據沅、湘間的祭神俚詞改寫；又如劉禹錫作的〈竹枝詞〉，是依據巴、渝的民歌改寫。屈原、劉禹錫都是名詩人，所以他們的作品就流傳至今。

民歌俗謠的起源非常早，像周朝的《詩經》，大部份原來就是民歌；郭茂倩的《樂府詩集》中漢、魏的《相和歌》、《雜曲》、《雜謠》，東晉、南北朝時的《清商曲》、《鼓角橫吹曲》中所收的樂府詩，大都是流行民間的歌謠。唐、五代的詞，元、明的曲，這些新歌俚曲也都是從民間來的，後來文人模仿創作，就成了正統的文學了。

民歌民謠常用來抒唱內心強烈的感情，唱一遍是不夠的，所以常用重疊反復的方式來唱，來表示情感的深摯。例如《詩經・王風・采葛》：

彼采葛兮，一日不見，如三月兮！
彼采蕭兮，一日不見，如三秋兮！
彼采艾兮，一日不見，如三歲兮！

如果用採麻、採茶、採棉，代替採葛、採蕭、採艾，改成現在的民歌，可以寫成：

她在採麻喲。一天沒見，好像隔了三個月喲！
她在採茶喲。一天沒見，好像隔了三個秋天喲！
她在採棉喲。一天沒見，好像隔了三個整年喲！

現代抒情的流行歌曲，還常常採用這種重疊反復的方式來演唱的。歌詞重疊的形式是跟音樂、舞蹈有關的，有的是配合樂舞的迴旋往復的音節，有的是配合對唱的人各唱一章的情況而產生。還有像《詩經》裏的「兮」，現代歌詞中「喲、呀」都屬於「襯字」；它是用來拖長字音，湊足音節，使能夠跟樂調合拍的一種方法。歌詞的押韻，表現音樂的回應，樂調的節奏，一段舞舞步的停頓。韻在民歌俗謠中，也是很重要的；不過，民歌俗謠不像文人作詩那樣的精密，常常用同樣的字來押韻，換韻、趁韻的現象極爲常見。

此外，就是「和聲」，就是在每一句或每一章歌詞的結尾，用同一詞語作爲和聲。例如紹興〈大發財歌〉：

新春大發財，元寶滾進來，順流！
大元寶，疊庫房，順流！
小元寶，買田莊。順流！
零碎銀子起樓房，順流！

今年造起前三廳，順流！
明年造起後三堂，順流！
中間造起桂花亭。順流！
桂花亭上有句話，順流！
冬穿綾羅夏穿紗。順流！

「順流」兩字用在每一句的句尾，有聲無義，只是利用和聲協韻，來加強旋律的美，使歌唱顯得更加活潑花俏。和聲在西洋的歌曲中更爲普遍。現在我國的民歌也極盛行。譬如〈鳳陽花鼓歌〉，每一段都用「郎底郎底郎底噹」作收尾。我們常見一人主唱歌詞，到每節收尾，就由其他歌手唱和聲。

從《詩經》以來，民歌最常用的技巧，就是用比、興的手法引入正文。比就是譬喻。興，就是興起、引起的意思。例如：

關關雎鳩，在河之洲；窈窕淑女，君子好逑。（雎鳩，水鳥）

桃之夭夭，灼灼其華；之子于歸，宜其室家。

蒹葭蒼蒼，白露爲霜；所謂伊人，在水一方。（蒹葭，蘆荻）

〈關雎〉、〈桃夭〉、〈蒹葭〉這三首作品，開頭的兩句都跟後面兩句所歌詠的事情有些關連。「桃之夭夭」一例，由桃花的鮮豔，譬喻少女的美麗，于歸（出嫁）之後婚姻生活一定美滿幸福；這種由於前後意象的相似而構成的，就是「比」。「蒹葭蒼蒼」一例，著重前後情趣契合，音韻和諧，不頂著重上下文義的相連；這種「興」體，後代衍成「趁韻」。「關關雎鳩」一例，由看到黃河的沙洲上，公鳥對母鳥關呀關地叫，勾起年輕小伙子想娶老婆的念頭；這種寫法是「興兼比」，前後兩件事意象既相似，情韻又契合。

這些比興趁韻的寫作方法，仍然大量表現在後代民歌童謠之中。例如：

天皇皇，地皇皇
我家有個夜哭郎，
過往君子念三遍，
一覺睡到大天亮。

這也是由情趣而趁韻的民歌。據說念此可以禳解小孩兒的夜哭。又如：

天河出叉兒，
袂襖馬褂兒。
天河掉角兒，
棉褲棉襖兒。

「叉兒」和「褂兒」，「角兒」和「襖兒」，意義毫無關連，只是趁其同韻而搭連一起。至於像：

天上星多，
月不明；

地上人多，
心不平。

這是興體又兼比體。

我國的詩人喜歡用隱語來寄託、來象徵、來暗示自己的意思，所謂「微言大義」。屈原的「香草美人」，大半有他的寄託；阮籍的《詠懷詩》，有許多地方無法解釋。顏延之說：「志在刺譏而文多隱避，百世之下，難以情測。」詩人採用隱語來表示意思，大都有不好說或不能說的苦處。隱語利用意象的相似，就是「比喻」；利用語言的諧聲，就是「雙關」。讀我國的民歌童謠，可以發現他們也常常用比喻、雙關的歌詞，來抒唱他們的情懷，形成比較委婉含蓄的抒情。例如湖南益陽的一首民間情歌：

隔河望見牡丹開，
一朵鮮花不過來；
只望老天快下雨，
風吹牡丹過河來。

這就是利用比喻來抒發自己愛情的作品。北魏胡太后愛上部將楊華，楊華害怕，率領部屬，投降江南梁朝。胡太后作了一首〈楊白花歌〉說：

陽春二三月，楊柳齊作花。春風一夜入閨闥，楊花飄蕩落南家。

楊花就是楊華，意義雙關。「楊花飄蕩落南家」，意思指楊華投奔南朝。民歌裏像這類的雙關語非常多。又如：

高山頭上陽雀叫，
你要成雙飛過來。

「成雙」，意謂雀要成雙，人也要成雙；這是音義雙關。又如：

三兩棉花四兩線，
去年紡你到今年。
爲你才走這條路，
爲你才爬這架坡。

「紡」是紡線的紡，又是拜訪的訪；「去年紡（訪）你到今年」，是由語音相同而構成的雙關語。

古代沒有報紙作人民的喉舌，來反映民意民情。老百姓對政事有意見，常常要借歌謠來傳播、來表示贊成或反對。春秋時代，子產爲鄭國的執政大夫，大事改革，重劃農地組織合作農場，規定職業不同要穿不同制服。當時的民歌唱說：

取我衣冠而褚之！取我田疇而伍之！
孰殺子產，吾其與之！

規定要穿制服，舊的衣服帽子都不能穿，都要藏（褚）了起來；五家要組成一個合作農戶叫「伍」：

人民覺得很不方便，大加抨擊，所以說：誰要去殺子產，我就參加。過了兩年，子產的改革有了成效，民間產生歌頌子產的歌謠說：

我有子弟，子產誨之，

我有田疇，子產殖之，

子產而死，誰其嗣之！

民間的歌謠常見的一些技巧，就是走上「遊戲」的路子。用淺辭俗言，取笑悅人，叫做「詼諧」。故設隱語，叫人猜解，叫做「謎語」。故用滑稽的文字，來諷刺嘲笑人事的醜陋；或圓轉的聲韻，形成一種巧妙的歌詞：叫做「文字遊戲」。這在民歌俗謠是非常盛行的。例如北平兒歌：

小小子兒，坐門墩兒，

哭哭啼啼要媳婦兒。

要媳婦兒，幹什麼？

點燈說話兒，

吹燈作伴兒，

到明兒早晨，梳小辮兒。

這就屬於詼諧性質的兒歌。如《後漢書・劉玄傳》中的長安民謠：

灶下養，中郎將；

爛羊胃，騎都尉；

爛羊頭，關內侯。

東漢初，劉玄做皇帝的時候，亂授官爵，燒飯煮菜都做了大官。於是民間就產生這首在詼諧中帶有嘲諷的俗謠，充滿著開玩笑的意味。既諷其醜惡鄙陋，又借此嘲弄規勸。有人說：這類歌謠是表面滑稽，內裏沉痛。還有代表人民心中願望的預言，多藉童謠來傳播，熒惑大衆。這種童謠多以隱意遯辭的字謎來表示意思。如《後漢書・五行志》所載漢獻帝時的童謠：

千里草，何青青？十日卜，不得生。

「千里草」三字合起來，就是「董」字；「十日卜」三字合起來，就是「卓」字；隱言當時董卓的勢力雖強盛，不久即將敗亡，不得生存。大概是當時人厭惡董卓專橫，故作童謠隱語來咒罵他。文士詩人也有用謎語這種技巧來描寫事物、寄託情意的。像庾信的〈鏡賦〉：「鏤五色之盤龍，刻千年之古字，山雞見而獨舞，海鳥見而孤鳴。」就是描寫銅鏡。

在民歌童謠中，純粹以文字遊戲，來表現聲韻的圓轉，排列的特別，技巧的花俏，顛倒錯亂，卻合拍合節，饒有情趣，十分有味。例如北平歌謠：

老貓老貓，上樹摘桃。一摘兩筐，送給老張。老張不要，氣得上吊。

上吊不死，氣得燒紙。燒紙不著，氣得摔瓢。摔瓢不破，氣得推磨。

推磨不轉，氣得做飯。

這種的文字遊戲，重點不在意義，是在聲韻的湊合。它的特點在：

一、重疊：如「老貓、老貓」上下重疊，「氣得」「氣得」隔句重疊。

二、接字：下句開頭和上句結尾，用同樣文字，形成接字的方式。如：「老張」、「上吊」、「燒紙」、「摔瓢」、「推磨」都是。

三、押韻、換韻、趁韻：完全隨口轉變。

四、排比：從「老張不要，氣得上吊」以下五個句子，都是屬於意思相近，形式相同的排比句。

我小時候，大家數著手指頭上的螺紋，而朗誦的一首兒歌，也是用「排比句」寫成的：

一螺窮，二螺富。三螺四螺開當舖，五螺六螺磨豆腐。七螺八螺自來有，九螺一簸穩吃穩坐。

（螺紋開口的叫做「簸」，成圈的叫做「螺」。）

民間的歌謠也常用來描寫生活、抒發感情。例如北平歌謠抒寫小姑娘急著出嫁的心情：

哎喲，我的媽呀！

我今年全十八啦。

人家都用轎子娶啦，

我還怎麼不拿馬車拉呀？

又如描寫單身漢生活的苦樂：

光棍光，

光棍病了誰給做碗湯。
光棍苦，
光棍衣裳破了誰給補。
光棍得，
光棍吃飽了一家不餓。

民歌俗謠全是自然的流露，生動活潑，流行傳唱於山野農村，爲純樸群衆的產物。現今城市發達，個人的意識愈高張，社會愈分化，屬於大衆藝術的民歌俗謠則自然趨向沒落。現在，臺灣的民歌俗謠不如大陸的盛行，原因也在此。我們的文化機構應該多做一些倡導民歌俗謠的蒐集與推廣的工作。

（原刊於民國七十九年十二月臺灣省立臺中圖書館編印「文化之旅」系列講座叢書之三——文藝營系列活動專輯）

第三輯

談神話與傳說

每個民族各有神話與傳說：蓋原始時代的人民看見天地萬物的種種現象，遠非人力所能做到，就創造各種說法來解釋，因此產生「神話」；神話的描敍，演進到漸漸接進於人性，就產生「傳說」。

神話與傳說對於古代的宗教、風俗、文學與藝術的萌生與發展，實在有密切的關係。從古代的文獻資料來看，我國神話與傳說的內容包羅很廣，有人類、天地、日月星、山川、四靈、節氣、神仙鬼怪、動植物、旱魃與洪水、夢與符瑞等十一個大項目。研究這些神話與傳說的內容及影響，也是富有趣味的工作。

現在，人類已經進入太空的時代，太空人已經登上月球，揭開月亮神祕的面目；太空船開始探查火星和金星，拍攝照片回來；科學已經足以說明太陽和地球的形成過程，以及許多事物的情狀；這時再來談天地星辰、人類萬物的各種神話與傳說，已經沒有什麼實質的意義。雖然如此，但當我們再讀到古籍中的那些神話與傳說，仍然可以感受到前人用豐富的想像，美麗的情思，來解釋當時難以解釋的現象。

宇宙是怎樣的狀況？天地是如何分開的？日月星辰是如何產生的？山川草木是怎麼來的？人類是怎麼誕生的？要是只讀那些聖經古典，而不讀其他科學書籍，的確會使你沈迷深信；所以天主教徒仍然相信《舊約全書．創世紀》所記：上帝用了六天時間，創造天地萬物。地是空虛混沌，淵面黑暗，上帝在第一天造了光，分開了晝夜；第二天造空氣，稱空氣爲天；第三天聚水爲海，讓陸地露出，生蔬果草木；第四天造大光（太陽）管白晝，小光（月亮）管黑夜，又造群星，掛在天空，普照大地；第五天造飛鳥游魚；第六天造昆蟲野獸牲畜，並照著自己的形象造男人，叫做「亞當」，用亞當的一根肋骨造了女人，叫做「夏娃」，這就是人類的始祖。第七天工作完畢，就歇工安息。這也就是我們一週七天，「工作六天，一天休假」習俗的來源。用上帝創造來解答這樣困難的問題，的確是非常聰明的一種方法。

不過，要是「創世紀」的記載可信，那麼學者依據《舊約全書》亞當子孫的譜系，就可以推算出地球誕生的年齡。一六五四年，愛爾蘭亞爾馬總主教厄謝爾根據譜系推算出，上帝創造地球的年代，當在公元前四〇〇四年。今天研究地球的科學家，根據地殼與礦物，認爲地球的年齡應該接近四十六億年。

在我國的古籍中，也有各種開天闢地的神話。說的比較抽像的，像漢朝劉安《淮南子．天文訓》所說，宇宙是從虛廓產生，有清陽和重濁兩種氣，清陽的上升成了天空，重濁的凝滯成了大地，四時與萬物都是由天地間陰陽之精而來的；這應該是受《易經》陰陽之說的影響。說的比較具體的，像吳徐整的《三五曆記》說：沒有天地的時候，宇宙混沌，狀如雞蛋，盤古生在其中，天日高一丈，地日厚一丈，盤古也每天長一丈，這樣經過一萬八千年，天極高，地極厚，盤古也極大，成了巨人。梁任昉《述異記》說：盤古死後，大腦袋變成高山，眼睛變成太陽月亮，脂膏變成長江大海，毛髮變成遍地的草木。盤古這樣的誕生的故事，大概是由小雞卵生的現象轉化來，而且用這些解說宇宙的混沌，天地距離之遠，日月萬物的由來，確是一個很有趣味的設想。天地在夜裏，黑暗渾沌，難以分辨，黎明從地平線露出光來，慢慢天亮了，才能夠從一團渾沌中，分出天地面貌；古人對宇宙天地的說法，也可以說是從生活的實際經驗構思出來。

古希臘神話裏，有天神、日神、月神、愛神、戰神、海神、酒神等等，有許多完美動人的故事，對歐洲的宗教信仰、文學藝術，有非常深鉅的影響。我國關於太陽、月亮、星辰、山川也有許多有趣的神話故事，成了古代我國人對大自然的觀念，而爲詩人所歌詠，爲畫家所彩繪。這裏僅挑數則，介紹如下：

就拿「太陽」說吧，據《山海經》的記載，女神羲和生十個太陽。朝陽是從暘谷出來的。他母親羲和先在丹淵（咸池）幫他洗得乾乾淨淨，所以太陽從東方海中的大扶桑樹上一出來的時候，就光輝四射，燦爛非凡，普照大地，翳滅幽暗！所以陶淵明的詩說：

逍遙蕪皋上，杳然望扶木，洪柯百萬尋，森散覆暘谷，靈人侍丹池，朝朝爲日浴，神景一登天，何幽不見燭。（蕪皋，山名。扶木即扶桑樹）

他所歌頌的就是神話中「日出」的盛景。

十個太陽大概是輪流出來的。但當天熱不雨形成旱災的時候，古人的傳說就說是十個太陽同時出現。《淮南子・本經訓》說：「至堯之時，十日並出，焦禾稼，殺草木，而民無所食。」《楚辭・招魂》說：「十日代出，流金鑠石。」《呂氏春秋・愼行論・求人》說：「堯曰：『十日出而焦火不息。』」十個太陽，烈炎當空，燃燒大地，鑠石流金，草木焦枯，河川枯涸：由此可以想像古人對於暑熱大旱現象的一種說法。又說：堯命后羿上射太陽，射中了九個，落了下來，所以現在的天空中還留下一個太陽。這神話說明了現在太陽只有一個的原由。

我國關於月亮的神話也不少。像《淮南子・覽冥訓》就有：后羿向西王母要了不死之藥，他的妻子嫦娥偷吃了，奔向月宮，成爲女仙；於是就產生美麗的「嫦娥奔月」的故事。這大概是在神仙說發達之後，人類希冀長生不老，因此有西王母不死藥之說的產生。和月亮有關的，還有玉兔搗藥、吳剛伐桂的神話故事。

牽牛和織女的神話，是古代農業社會那種以勤耕力織爲主的思想的產物。我們知道由這傳說，產生了七月七日婦女乞巧的風俗，喜鵲築橋的傳說，同時也產生了許多歌詠牽牛、織女雙星相會的詩篇。像《古詩十九首》中就有：

> 迢迢牽牛星，皎皎河漢女。纖纖擢素手，札札弄機杼。終日不成章，泣涕零如雨。河漢清且淺，相去復幾許？盈盈一水間，脈脈不得語！

這首詩描寫牽牛、織女二星的故事。織女是天帝的孫女，很會織天上的雲錦，下嫁牽牛郎後，沈醉於愛情，荒廢了織事。天帝大怒，將她召回，只許每年七月七夕，相會一次（見《風俗通》），平日的夜裏，只許隔著銀河，脈脈含情，遙遙相望，不能過河歡聚。文學和民間傳說結合一起，產生了如此絕妙、描寫愛情的作品。

黃河、漢水是我國古來有名的河川；「河漢」乃借人間的河流，稱天上的星河；西方稱做the Milky Way是希臘大神宙斯（Zeus）的妻子赫娜（Hera）的乳房所流的乳汁的殘跡。這種直接用我們人間所看到的人事物，想像天上的人事物的現象，是非常普遍的。像地上有皇帝，所以天上也就有玉皇大帝；皇帝有皇宮，天帝也就有天宮；皇宮中有文武百官，天宮中也就有文武衆神。神話本來就是人類想像的產物，也就不能脫離人類生活的現實基礎。

《周書》說：「神農之時，天雨粟，神農耕而種之，然後五穀興。」大概是隨著風雨，吹來了穀物的種子，萌芽爲苗，長成結穗；神農注意到穀物這種生長的過程，教導人民鋤草耕種，生產五穀。後人卻用「天雨粟」來神化這件事。

還有許多自然的現象，人類卻用自己的感情與感受去解釋它，民間因此產生了許許多多的傳說。譬如杜鵑鳥夜裏啼叫，杜鵑花有紅的顏色，都是自然的現象；蜀人卻因爲國王杜宇（號望帝）讓位給鼈靈，離國的時候，正趕著杜鵑鳥啼、杜鵑花開的暮春。杜鵑的叫聲，好像說「不如歸去」。蜀人想念他，聽到杜鵑鳥叫，就說是「我們的望帝啊」，認爲是杜宇死後的靈魂所化的，而且造出「杜鵑啼血」，染紅山花的說法。（見《寰宇記》與《零陵記》）。杜宇的故事，引發了許多客旅羈愁，也產生了許多詩篇。杜牧的《杜鵑詩》就說：

杜宇竟何冤？年年叫蜀門。至今銜積恨，終古弔殘魂。芳草迷腸結，紅花染血痕。山川盡春色，嗚咽復誰論！

還有人們看到兩棵樹枝交纏糾結一起，不是說夫妻恩愛故事的譬況，就是說男女愛情悲劇的象徵。看見山上有塊大石，像人站著遠望，就創造了一個故事，說：從前有個女人，因爲丈夫遠行，她在這裏餞送丈夫，以後天天來這遠望，久而久之就變成石頭了，叫做「望夫石」。

許多神話與傳說，就是這樣的衍化產生出來的，而且和一般人民美麗的想像力與純摯的感情生活有密切的關係。因此我國有許多非常美化的故事，流傳各地，記載古籍之中；我想如果有人能將我國古代這種種神話傳說，作一徹底完整的研究，將是一件很有意義的工作，將可寫成一部可以使國人讀來極有興味的有關民俗學的專著，同時也可以使我們共享前人的美麗的幻想，外國人也可以由此讀到我國古代優美的神話與傳說。

（原刊於民國七十九年十一月中華文化復興月刊第二七二期）

元宵文學

談到元宵的文學，當然和元宵的風俗有很大的關聯。元宵節起源於漢朝，但夜遊觀燈大概產生於南北朝。據《隋書・柳彧傳》所記正月十五夜的情況，已經是：

充街塞陌，聚戲朋遊，鳴鼓聒天，燎炬照地，人戴獸面，男爲女服，倡優雜技，詭狀異形，內外共觀，曾不相避，高棚跨路，廣幕凌雲，袨服靚粧，車馬填途，肴醑肆陳，絲竹繁會。

到唐朝更加熱鬧了。根據《朝野僉載》等的記載：唐明皇先天二年正月十五、十六、十七夜，在長安安福門外，作燈輪高達二十丈，點著五萬盞燈，豎著好像銀花火樹，好像鐵鎖星橋。有數以千計的宮女，穿羅綺，曳錦繡，戴珠翠，施香粉；又挑選一千多個穠艷如桃李的少女，在燈輪的下面跳舞踏歌，舞袖繽紛，猶如落花。這三夜完全開禁，寺觀街巷，燈明若晝，士女沒有不出來逛街看燈的，歡樂之極了。元宵燈夜，早成了一個多彩多姿的佳節；因此也就產生了一些描寫元宵燈節盛況的文學作品。像唐武后時蘇味道就有一首〈正月十五夜〉詩，說：

火樹銀花合，星橋鐵鎖開。暗塵隨馬去，明月逐人來。游妓皆穠李，行歌盡落梅。金吾夜不禁，玉漏莫相催！

歡樂常苦短，大家反而怕漏催更盡，一下子就到天亮了。

歷代慶祝元宵節的情況大同小異。我們讀孟元老的《東京夢華錄》、陳元靚的《歲時廣記》、蔡條的《鐵圍山叢談》，可以知道宋代元宵節的情況，大概在年前就開始準備，在汴京宣德門前，張燈結綵，金碧輝煌，做了許多山棚燈樓，中間揭一個大榜，用金字大書「與民同樂，萬壽綵山」八個字。又用棘刺圍成一個大遊樂場，長約一百多丈，表演飛丸、走索、爬竿、擲劍各種玩藝兒；左右兩廂，有名倡歌妓，演奏歌舞。皇帝親率宮人，駕臨宣德樓上；百姓圍集露臺下觀賞。宋仁宗時，晏殊有詩描寫這元宵夜的盛況，說：

金翠光中寶焰繁，山樓高下鼓聲喧。兩軍伎女輕如鶻，百尺竿頭電線翻。

宋代元宵放燈，和唐朝一樣的，原爲三天，後來增了兩日。當十八夜收燈後，樓臺寂寞，里巷蕭條，常給人留下了一片空虛。晏殊有〈正月十九日詩〉，說：

星逐綺羅沈晚色，月隨歌舞下層臺。千蹄萬轂無尋處，衹是華胥一夢迴。

唐、宋人描寫元宵燈夜的詩詞，大都是寫實的。盧照鄰的〈十五夜觀燈詩〉，說他在高樓上飲宴看燈的情景：

錦里開芳宴，蘭釭艷早年；縟綵遙分地，繁光遠綴天；接漢疑星落，依樓似月懸；別有千金笑，來映九枝前。

遙望遠處的燈影繁密，像星點，像月輪。這種賞燈雖然美妙，但總不如下一首韓仲宣詩；說他找了些朋友，去逛街看燈來得直截盡興：

他鄉月夜人，相伴看燈輪。光隨九華出，影共百枝新。歌鐘盛北里，車馬沸南鄰。今宵何處好？唯有洛城春！

這首詩雖已將元宵燈夜寫得十分熱鬧；人卻說王諲的〈觀燈詩〉，寫燈花火樹，到處歌舞，更能表現出昇平的氣象：

暫得金吾夜，通看火樹春。停車傍明月，走馬入紅塵。妓雜歌偏勝，場移舞更新。應須盡記取，說向不來人。

觀燈，聽歌，看舞，樂雖樂，但還不如那些年輕人趁著觀燈時看人，來得動心醉神。陳嘉言有詩說：

今夜可憐春，河橋多麗人；寶馬金為絡，香車玉作輪；連手窺潘掾，分頭看洛神。重城自不掩，出向小平津。

女的看男，那裏有意中的潘安；男的看女，那裏有夢中的洛神。蓋古時女人身處深閨，平常不大上街，只有在元宵燈夜可以打扮得漂漂亮亮的，出來觀燈，男女混雜，勿須相避。因此在燈輝如花開，煙火如星雨之際，在滿街車馬，樂聲悠揚之中，男人不但看到了走馬燈轉，魚龍燈舞，也看到了頭戴著蛾兒、雪柳、黃金縷的女人，笑語盈盈，眼角留情；所以由這歡樂的燈夜，卻也常常造成了許多浪漫的愛情。辛棄疾的〈青玉案〉詞，寫的就是這種情愫：

東風夜放花千樹，更吹落，星如雨。寶馬雕車香滿路，鳳簫聲動，玉壺光轉，一夜魚龍舞。蛾兒雪柳黃金縷，笑語盈盈暗香去。眾裏尋他千百度，驀然回首，那人卻在、燈火闌珊處。

這種愛情雖然很美，卻也十分短暫，常隨著燈節過去，而給人帶來無盡的相思。歐陽修的〈生查子〉詞，寫的就是這種哀怨之情：

去年元夜時，花市燈如畫。月上柳梢頭，人約黃昏後。
今年元夜時，月與燈依舊；不見去年人，淚濕春衫袖。

這闋詞，有人說是宋代女詞人朱淑眞的作品，更增了些綺艷。明代戲曲家湯顯祖利用元宵燈夜，男女艷遇的故事，安排了詩人李益與霍小玉在元夜觀燈相遇、墮釵定情的情節，寫成了《紫釵記》的「第五」至「第七」三齣戲。後來兩人終結成夫婦。現在將其中有關的動作、對話與唱詞，抄錄片段如下：

生：呀，小姐憐才，鄙人重貌；兩好相映，何幸今宵！
旦：（作羞避介）浣紗，叫秀才還咱釵也。
生：咱李十郎，未曾婚聘；今何幸遇仙月下，拾翠花前，便當寶此，用爲媒采！
浣（惱介）書生休得無禮！

旦（背笑介）還俺釵來！

生：選個良媒送上。

……………

生：花燈夜，有天緣，逢月姐。

浣：秀才，你把個香閨女覷得眼乜斜！

旦、浣（下）

生（弔場）……千金一刻，天教釵掛寒枝；咱拾翠；他含羞，啓盈盈笑語微，嬌波送，翠眉低。就中憐取，則俺兩心知！

這段描寫男女眼眉傳情的事，既大膽又有趣；可見元宵觀燈也造就了許多良緣，也產生了這些元宵的愛情文學。無名氏作雜劇看燈與鬧燈，所作的曲詞就更加俚俗露骨了：

轉過了荼蘼架，那些姊妹們好看煞。穿紅著綠，站在簷兒下，賣風流，故意把人來罵，勾引那有情人說了幾句知心話！遇著了有情人，就說幾句知心話！

這自然是民間的產物了。

至於無名氏的《衆神聖慶賀元宵節》雜劇，演聖人在位，天下太平，三界諸神，同降下方，祝賀元宵，增添福壽。其中的唱詞，如：

我則見綵繞鰲山，銀臺畫燭，諸般奇異，千丈接天齊，萬盞花燈，左右前後，珍珠翡翠，端的是綠繞紅圍。

喜鰲山勢結巍巍，巧樣花燈，繡帶風吹；樂藝施逞，耳邊廂迓鼓如雷，動仙音聲清韻美，擺列著絲竹金石；酒泛瓊盃，香裊金猊，看了這富貴奢華，索強似閬苑瑤池。

看鰲山錦繡堆，太平年景物奇，萬姓謳歌齊賀喜，值堯年舜日，萬萬載樂雍熙。齊享著昇平之日，錦江山一統華夷，興禮樂增添和氣。

這則完全是描寫元宵夜花燈的盛況，謳歌天下昇平的作品，文字比較典雅。

過去的戲曲與小說，以元宵爲背景來撰寫一些故事的，並不很多。比較膾炙人口的，戲曲有明人凌濛初的《宋公明鬧元宵》，寫宋江到汴京看燈鬧事；無名氏的《鬧花燈》寫羅成、秦瓊元宵觀燈，大鬧長安。小說只有抱甕老人的《今古奇觀》中的〈十三郎五歲朝天〉一篇，寫一個五歲的孩子，在元宵觀燈，被人拐走，終而脫險，抓到拐賊的故事。

其他小說，像明蘭陵笑笑生的《金瓶梅》，清曹雪芹的《紅樓夢》、李汝珍的《鏡花緣》、魏子安的《花月痕》……等，有描寫元宵夜景的，放煙火的，各種花燈的；但最令人賞心的，還是製作巧妙的燈謎。宋人已有元宵猜謎的習俗。《東京夢華錄》已有「沙書地謎」的記載。後來有人將謎語，張掛花燈上面，讓大家猜，叫做「燈謎」，又叫做「燈虎」，增加元宵遊戲賞樂的趣味。明、清時這種習俗特別盛行，小說中也就多有這類的文字了。現在我從上面幾部小說裏，摘錄幾則造得比較巧妙有味的燈謎，聊供諸位一笑：

曹雪芹在《紅樓夢》裏，透過史湘雲編了一支〈點絳唇〉，做了一謎：

溪壑分離，紅塵遊戲，眞何趣？名利猶虛，後事終難免。

你且猜猜看：這到底是何俗物？原來這是「耍猴兒」，被賈寶玉猜中。耍猴兒都是先剁去了尾巴，所以最後一句說「後事終難覓」。這應該是屬於雅俗共賞的燈謎。

李汝珍在《鏡花緣》裏所造的燈謎，大都淺近；可以說大多是一貼出麵糊還沒乾，就會被人猜中的。像「腿兒相壓」爲「交脛國」，「臉兒相偎」爲「兩面國」之類。但也有些地方，是作者故意借小說中人物林之洋的淺薄，來增加小說的趣味。像：

「遊方僧」，打《孟子》四字。

林之洋猜做「到處化緣」，引起鬨堂大笑。其實謎底是「所過者化」四字。又如：

「守歲」，打《孟子》一句。

林之洋又猜做「要等新年」，又引人取笑。謎底是「以待來年」。這當然是小說家逗趣說笑的文字罷了。不過，《鏡花緣》裏也有做得極好的燈謎，像：「席地談天」，打《孟子》一句——「位卑而言高」。就是頗有意味的。至於像「天地一洪爐」，打一縣名——「大冶」。「大」字包括「天地」兩字，又顯豁又貼切。小說家也常常借寫元宵燈謎來表現他自己的才華與巧思。

現在，我們從電視上，看到臺北龍山寺元宵夜猜燈謎的熱鬧，可以想像到歷代民間的燈謎製作精巧的情況了。

有關元宵的文學作品，大多表現我國人生活的歡樂輕鬆的一面；但離鄉背井的人，雖身處元宵佳節，卻也不能寫出什麼歡樂來。像南宋人被金人逼迫，南渡長江，於是這元宵佳節往往給他們帶來無比惆悵悲痛的回憶。劉昌詩的《蘆蒲筆記》中，猶留有〈鷓鴣天〉詞十五闋，描述他們憶念舊京上元節之情。如說：

憶得當年全盛時，人情物態自熙熙，家家簾幙人歸晚，處處樓臺月上遲。花市裏，使人迷，州東無暇看州西。都人只到收燈夜，已向樽前約上池。

但願我們在過元宵佳節的時候，也能夠不忘懷夢中的故國，希望我們能夠在不久將來回到自己的故鄉，帶著兒孫，重溫一下幼時提著小燈籠，戴著假面具，唱著「東街買買燈，西街買買燈」的舊夢吧！

（七十一年二月六日元宵前二日青年戰士報）

何謂「鄉土文學」

一、開　頭

好幾天來，我總想澄心靜慮，寫一篇討論「鄉土文學」的文章，但總因準備遷居，裏裏外外，忙忙碌碌，跑來跑去，總無法靜下心來動筆；不過，在我的頭腦裏，總無法抹去它，總時時盤旋著它，因爲每當我想到「鄉土」，就自然使我憶念起那童年時可愛的故鄉，芬芳的土地，淳樸敦厚的鄉鄰，無憂快樂的生活，還有那些屬於我的故鄉一切的人事物。

故鄉，多麼美麗的一個地方，她就是我們心目中所謂的「鄉土」。吾鄉故土，是我們從小生長的地方，也是我們離鄉背井後所特別繫念的地方，因爲你對她有特別深濃的感情。因此，我們長期居住一個地方，即使她不是你的故鄉，你也會對她產生同樣的鄉土感，從心裏熱愛它，稱爲第二故鄉。有人說：鄉土專指農村。其實不然，無論是繁華的城市，還是寧謐的鄉村，只要她是你的故鄉，也就是你所生活或所懷念的鄉土。鄉土給人的感受，在那裏有我們的愛，有我們生活的美夢，和人生的雪泥鴻爪，你一回想起來，就會覺得甜蜜溫馨；即使是痛苦的，你也會覺得親切。遠離她，會使你時時懷想；失去她，會使你無時無刻不感到悲傷，熱淚盈眶。這就是我早年所體驗到的鄉土。

在抗日戰爭期間，我離開了故鄉，到過一些地方，見到來自東西南北的人，大家同心協力，參加抗日工作，使我深深體會到愛鄉的人也必然愛國；這才感受到整個中國就是吾鄉吾土，是我們全中國人所共有的鄉土。大家都為了保衛我們的家庭、故鄉與國家，和侵略者作殊死戰，許多人為了這個大鄉土奉獻了可貴的生命，所以鄉土是包含了我們生存的一個鄉村，一個地域，一個國家。這些不同省份，不同地方的中國人，由於所承受的文化是來自同一源流，具有相同的特色，所以我們有共同的鄉土意識。這鄉土意識也就是中華兒女熱愛我們國家的民族意識；因此，我們能夠為保衛我們的國家，而視死如歸，奮戰不懈。就是這個地方被敵人所佔領、所滅亡，這種鄉土意識，還是會深深地植根在每一個人的心裏。像宋朝滅亡了，鄭思肖畫蘭花，畫根不畫土，暗示國家滅亡了，已無土可以著根。又像臺灣被日本佔領，日本人想用政治力量，消滅中國的語文，一八九五年在臺北士林芝山岩惠濟宮，設立學務部，強迫臺灣同胞學習日語日文，愛國的臺灣同胞終於起來反抗，燒了日語教材，殺死日本教師，埋在芝山岩附近，插個木牌，寫著：「說日本話的人葬此。」後來日本人拘捕屠殺了許多臺胞。鄭思肖畫蘭花的根而不畫泥土，臺灣同胞不願放棄國文去學習日文，這都是由於愛自己鄉土，愛自己國家意識所激勵，表現了出來，就成了悲憤無言的畫，轟轟烈烈的行動了。法國作家都德所作短篇小說「最後一課」，所表現反映的，也就是這種熱愛鄉土與國家的民族意識。

二、臺灣的鄉土文學

「鄉土文學」是十九世紀末葉產生於德國，以描述田園農村的自然景物，風俗人情，生活情趣，鄉民淳樸敦厚的性格與情思，爲主要的內容。我國從前雖然沒有「鄉土文學」的名稱，卻早已有鄉土文學的存在。到新文學運動之後，「鄉土文學」的美名，已正式在當時文壇上出現，蹇先艾、斐文中、許欽文、王魯彥都已經在寫作懷念故鄉情愁、童年瑣事、風土習俗的散文與小說，周樹人就稱這些作品爲「鄉土文學」。臺灣鄉土文學的產生，可能也跟它有點血緣嗎？

說起臺灣鄉土文學的提倡，是在日治時代，是基於熱愛國家的心理而產生。日本佔領了臺灣，積極推行日語日文，想將中國的語言文字徹底消滅，中國的文化連根拔除，強迫臺灣孩子在學校裏唱日本的歌謠、講日語、學日文、讀日本歷史，而且所有的書籍、雜誌、報紙、全用日文，大小機關，全說日語；所以不到三十年，社會官場，應酬交際，辦理事情，已有許多人說日本話，留日的青年甚至連臺語的發音都不會了。臺灣愛國的志士看清日本人這一點詭詐陰謀，深怕再過幾年，上了年紀的人死了，大家就不會講中國話（這裏指閩南語，因爲當日我國語言，尚未統一），不讀中國書了，而忘記了自己是來自福建泉州、漳州等地區的中國人，臺灣是被日本人鐵蹄佔領之下的殖民地。到民國十三年，連溫卿在《臺灣民報》上高喊：「保護民族的獨立精神，極力保護自己的民族語言。」他又引用荷蘭人的話：「消滅荷蘭的不是劍，而是德語。」日本統治臺灣的殖民政策，就是用日語取代臺語，日文取代漢文。臺灣許多人認爲應該趕緊設法保存臺語與漢文，有名的歷史家連橫先生也引述顏之推所說「今時子弟但能操鮮卑語」，來表示他對當日日語盛行的感慨與隱憂，說「余懼夫臺灣之語，日就消滅，民族精神，因之萎靡。」他就積極開始整理臺語，編著《臺灣語典》，目的就是在保存中國的語言文字，以免被日本的語言文字所消滅；另一方面，他也是爲了配合當日臺灣作家提倡的鄉土文學而作。這個工作是極其困難，不易做到的。他說：

比年以來，我臺人士，輒唱鄉土文學。欲提倡鄉土文學，必先整理鄉土語言；而整理之事，千頭萬緒，……爲臺灣前途計，余不得不從事於此。

臺灣同胞在日本政府壓迫之下，不得不講日語，不得不學日文。臺灣詩人作家學者因不甘眼見自己國家的語言、文字與文化，在這裏被日本帝國主義者所消滅，因此藉提倡寫作鄉土文學，藉整理臺語，編著語典，蒐集歌謠，編輯《臺灣國風》來保存它。這種苦心孤詣，這種愛國精神，實在教我們欽敬不已。

當時，國語已在國內開始推行，白話文已經成爲國內新文學的主流。臺灣作家張我軍在《臺灣民報》上，發表了一篇〈新文學運動的意義〉，提倡在臺灣建設白話文學，來改造臺灣語言，以對抗日本語文的推展，使臺灣文學能夠成爲中國文學的支流，臺灣的文化能夠歸屬中國文化之內。林克夫在〈鄉土文學的檢討〉中，說：「我希望臺灣人個個學中國文，學中國話（指國語），用中國白話文來寫文學。」然而在異族政府統治之下，要想在臺灣推行我國的國語與白話文，當然是不可能的；因此，臺灣同胞只好提倡「鄉土文學」，特別用泉漳語，寫作詩歌、文章、小說，描繪臺灣的風土人物，傳說故事，抒發懷土念國，摯情遙思，大量介紹中國的小說戲曲故事，以感動廣大的群衆，以激發臺灣同胞愛國的精神。所以自民國十六年以後，臺灣的文學作品帶有一些鄉土的色彩。

當時，臺灣同胞又因備受日本統治者的壓榨奴役，生活非常痛苦。作家大多走上寫實的路子，表現在日本佔領之下，受奴役壓榨，生活痛苦的作品，如：守愚的〈長工歌〉：

竭盡牛馬的氣力，
一任風吹雨打日炙，
到了病倒。
日未出時，
工作起，工作到日落。
一天作工十二小時，艱艱苦苦，直到人家快圍爐，
還不免女哭寒來兒喊餓！
唉，我的頭家呀，
猶是嫌我不勤勞！

表現反帝國，反殖民的民族意識，如虛谷所作詩的片段：

我們便是滅亡在頃刻，
也不願在敵人的眼前表示痛苦。
表示苦情，

是比死更可憎！

我們便是死屍遍野，

也不願在敵人的面前表示失意。

表示失意，

是比死更羞恥！

流露著對國家熱愛之情的，如巫永福的〈祖國詩〉。現在也摘錄一節，如下：

未曾見過的祖國

隔著海似近實遠

夢見的，在書上看見的祖國

流過幾千年，在我的血液裏

住在我胸脯裏的影子

在我心裏反響

啊！是祖國喚我呢

或是我喚祖國！

今天，我讀這些作品，猶自不禁熱血奔騰，感動不已。

日治時代，臺灣許多青年作家提倡鄉土文學的目的，是在保存我國的語言文字，保存我國的文化，以培植臺灣同胞愛民族的感情，是在喚醒同胞，號召同志，從事復歸祖國的運動。

在這種民族主義的思想不斷灌注下，臺灣同胞的心裏，都熱烈希望中國能夠很快強盛，臺灣能夠很快回歸祖國的懷抱；所以當民國三十四年十月二十五日臺灣光復的時候，臺灣的同胞都欣喜欲狂，個個都熱烈學國語，講國語，認國字，寫文章。一邊學，一邊教，一邊講，一邊寫，於是臺灣的地方文化又再回到我國悠久的文化傳統中來了，臺灣的地方文學又終於滙入我國優美的文學巨流裏來了，過去，臺灣同胞爲了抵抗日本文化侵略，爲了保護我國語文與文化，提倡鄉土文學的理想已經實現。

臺灣光復以後，仍有臺灣鄉土性的期刊雜誌，像《臺灣文化》、《臺灣風物》、《臺灣文獻》、《南瀛文獻》、《臺北文物》，介紹臺灣的風土人物，傳說故事、歌謠文學，以及臺灣與大陸的密切關連，目的都在溝通省內外同胞的情誼。現在談民國三十四年臺北市民汪思明作〈歡迎祖國〉唱詞中幾句：「第一歡喜是即邦，臺灣愛著還中國，一時太平好安樂，同胞兄弟眞大福，做人亦有好面目。」猶可感受到當日臺灣同胞心中的喜悅。臺灣文學，也由於臺灣光復，走上中國新文學的路子了。

但近幾年來，有少數人打起「鄉土文學」的旗幟，來攪混人們的視聽。並非說鄉土文學不可提倡，而是某些人故意利用鄉土文學的名頭，在自己的國家內，製造畛域之見，攪弄分裂，劃分省籍，破壞團結；並且特別標舉「現實主義」，故意挑一些小疵小弊，惡形描繪，惡意譏刺，說這就是臺灣的現況，在國際人士間，在同胞心目中，來誣衊政府爲人民謀幸福的努力，來塗污國家追求完美的形象，想製造社會的不安與紛亂。這種作爲，實在辜負了過去臺灣先賢們提倡「鄉土文學」的苦心深意了！

三、我國傳統的鄉土文學

「鄉土文學」的名稱，雖然由自外來；但因我國幅員遼闊，風物各異，種族複雜，民性不同，富有地方色彩的鄉土文學與鄉土藝術，在我國早已存在。

周朝的詩歌，周南、召南、邶、鄘、衛、王、鄭、齊、魏、唐、秦、陳、檜、曹、幽十五國風，都是流行各地的民謠，吟詠的是各地的風土人情，生活情狀，社會形態；而且也可以想見這些歌謠是用各地方言不同的腔調來歌唱的。這些流行各地的歌謠，是周朝天子派遣行人，乘坐輕快的輶軒車，搖著木鐸，前往各地採擇來的，然後由樂師主持，在朝廷上演奏歌唱。從這些作品的內容可以看到各地的風物習俗，人民生活，政教得失。這些作品就是我國最早的鄉土文學，表現了各地不同的色彩。譬如鄭國人比較熱情浪漫，青年男女喜歡談情說愛，孔子說：「鄭詩淫。」鄭風中愛情詩比較多；秦國人強悍尚武，秦風中戰爭狩獵詩比較多。在語言上，由於時代悠隔，已不易分出這十五國風謠不同的地方；這尚要等待語言學者們去研究了。

研究中國文學的人，都知道我國南北文學有很大的差異，北方氣候寒冷，土地磽瘠，景象蕭條，物產稀少，生活艱苦；南方氣候適宜，土地肥沃，風光明媚，物產豐饒，生活安樂；所以表現於作品中的意味也就不同。《詩經》是代表北方的文學，《楚辭》是代表南方的文學。黃伯思在《翼騷・序》中，說：「屈原、宋玉諸〈騷〉皆書楚語，作楚聲，紀楚地，名楚物，故謂之《楚辭》。」《楚辭》在當日也是十足的鄉土文學，與《詩經》在形式、風格、內容上，都呈現著不同的色彩：《詩經》文字簡樸，多造實境；《楚辭》文采華美，想像豐富。不管怎樣，《詩經》與《楚辭》都是我中華民族的文學，表現著我中華民族文化的特色。所以鄉土文學的提倡，應該爲發揚中華民族文化而努力，才是。

四、鄉土文學的兩個特點

鄉土文學是怎麼樣的一種文學？有人以爲作家專寫自己故鄉情事的文字是鄉土文學；有人以爲凡是描述一個地方的風物人情的作品都是鄉土文學；也有人以爲只要用俚語方言來寫的作品，就叫做鄉土文學。既標名鄉土，應該像野草，要粗率簡樸；有的說應該像仙人掌，帶些刺味兒，才好；有人說要像路邊花，要有情有趣，能娛人開心；也許要像松竹梅三君子，無形中教人一些道理；也許要像合歡，專唱情啊愛呀；要像杜鵑，專抒鄉哪愁哇；也許要像村儒野老講古說故事。大家都描述這鄉土文學的形象。我卻覺得鄉土文學應該有兩個特點，是最主要的；具備了其中一點，才能目之爲鄉土文學。因爲鄉土文學是帶有濃厚的地方色彩的；這兩點都是在表現或包容地方色彩的。

第一，應用俚語方言來寫：我們寫文章用普通話，當然缺乏「鄉土」的情味。民間的俗文學，採用方言俚語，富地方色彩。像《楚辭》用楚語，《海上花列傳》用吳語，福建的「評話」用福州話，廣東的「木魚書」用廣州話，北方的「鼓子曲」多採南陽土詞，南方的「彈詞」多採蘇白嗲語，臺灣的「歌仔戲」用閩南話，多哭調兒，各有其方言不同的特性，自然形成不同的鄉土文學的情味。譬如梁山伯與祝英台的愛情故事，用廣州話來寫唱詞，和用臺灣話來寫唱詞，自然形成兩種意味不同色彩不同的「鄉土文學」。用太多方言俚語，成了方言文學，讀者侷限於一個地方，自然少了許多；不是這地方的人，看不太懂，自然減低了讀興。韓子雲的《海上花列傳》，描寫上海妓院的事，很是生動；但因書中純用吳儂軟語，他省人未能盡解，以致銷路平平。現在雖有人作了注釋，我還是無法將他讀過一遍。如果間雜採用部份的土語俚詞，而且用得自然靈活，質樸可愛，自然也會有親切新鮮的好處。例如鼓子曲裏用的「你在這裏裝的什麼憨」；「王三姐手提菜籃跑得歡」，「你笑笑，奴纔已」；「明知有屈，不敢坑腔」；「從今後再莫學這樣下渣」。憨，愚癡；歡，快；已，答應；坑腔，出聲；下渣，喻無品格。你能瞭解這些河南南陽一帶的土詞的意思，也就會覺得它有「涼調豆腐，生拌黃瓜」的清新味兒。要是平日說話，嘴裏沒有這類詞兒，勉強湊合來用，一定不自然，反要惹人厭的。這就像「陽春白雪」的唱法，不能用來唱下里巴之歌的；所以鄉土文學並不是人人都能做得好的，也不是人人都能做的。

第二、要多描寫風土事物：這地方與那地方不同，是因爲那地方的風土事物跟這地方的風土事物不同。假使一個作家能夠用他的妙筆，描繪出這地方的景物，刻畫他們生活，敍述他們故事，吐說他們情懷；這由作品的內容，就釀製了鄉土的氣息，塗抹出地方的色彩。像杜牧是陝西長安附近的人，到過揚州、湖州一帶。他作〈清明詩〉：

清明時節雨紛紛，路上行人欲斷魂。借問酒家何處有？牧童遙指杏花村。

自然令人感受到江南風光，即在眼前。又如劉禹錫做夔州刺史時，作〈竹枝詞〉：

楊柳青青江水平，聞郎江上唱歌聲；東邊日出西邊雨，道是無晴還有晴。

他表現了四川人唱答情歌的習俗。杜牧、劉禹錫寫的雖然不是自己故鄉的事物，也不是用土語俚詞來寫，但由作品的內容來看，卻正是鄉土文學。當然，這些有名的文人用普通文字，來描寫一個地方的風土人情，是不如當地人寫得自然有情致；所以各地無名的作家，也有許多好作品流傳下來。現在，我們就抄幾首南北朝時民歌來看看吧：

春林花多媚，春鳥意多哀；春風復多情，吹我羅裳開。（〈子夜歌〉）

宿昔不梳頭，絲髮被兩肩。婉伸郎膝上，何處不可憐！（〈子夜歌〉）

敕勒川，陰山下，天似穹廬，籠蓋四野。天蒼蒼，野茫茫，風吹草低見牛羊。（〈敕勒歌〉）

側側力力，念郎無極，枕郎左臂，隨郎轉側。（〈地驅樂歌〉）

前兩首表現的是江南的明媚春光，溫柔少女，纏綿情愛，快樂生活；後兩首描寫的是北方遼闊的大草原，放牧牛羊的情形，以及直率熱烈的男女愛情。從這些作品，我們也可以看出鄉土文學常常用來反映大衆的生活，無論客觀的、主觀的，大多走寫實的路子。

五、結　語

今天，我們在臺灣的生活是那麼富裕安樂，這是大家所公認的。電視節目所反映就是今天我們生活的眞面貌，唱的是快樂的情歌，演的是歡笑的短劇，講的是時裝之新，烹飪之鮮，化粧之美，舞蹈之姿，體操運動的方法，在在都顯示繁榮安定的情況。我們若要寫作鄉土文學，所要表現的，當然就是寶島的芬芳、美麗、進步與繁榮吧！

（七十年八月三日青年戰士報）

談「諷刺文學」

諷刺與寄託

我國諷刺的文學，似乎很早就已經存在。

「諷刺」最早大概是用於詩歌中，所以《詩經》中的風體有的就含有「諷刺」的意味了。《詩・序》的作者衛宏提出了「下以風刺上」；下民歌詠一首詩，來發洩心中鬱積不平的怨氣，或者用來指責他認爲不好的時政，只要他用的是委婉含蓄的言語，就行了；這就叫做「譎諫」。因爲委婉含蓄，不大刺耳難聽，所以這是可以容忍接受的；所以說的不犯法，聽的也可自引爲戒了。

但怎樣才能作得這樣的妥帖，達到「譎諫」、「諷刺」的效果呢？也許你覺得話已經說得夠委婉含蓄了，但聽的人可能仍覺得難聽，不堪入耳，甚至因此發起脾氣來，那就不好辦了！民間聰明的詩人當然知道這一點處世道理，不但不要說話得罪人；就是說話不留心，而得罪了人，也絕不可讓人揪住你的「辮子」，來狠狠摔得你眼青鼻腫。因此，這些小心翼翼的詩人，認爲最好的諷刺的作法，莫過於借「比」、「興」來寄託他的心聲了。「興發於此，義歸於彼」，文字的表面說的是這事，裏面講的卻是那事，另有文章；這種曲折婉轉的諷刺，你又怎能夠抓得住他罪證，說他該死的呢？

因此，詩歌中運用比興，暗寄諷刺的作品，也就很盛了。白居易認爲周詩三百篇中，許多嘲弄風雪花草的文字，多是屬於這一類的諷刺。像「北風其涼」，據說是衛國人民借寒冷的北風，來諷刺時政的暴虐；「雨雪霏霏」，是由大雪紛飛，而自寄出征遠役的悲哀；「常棣之花」，因常棣花的始背終合，燦然可觀，勸做兄弟的應該相親目愛；「采采芣苢」，因爲芣苢這種草可以強陰益精，女人服了，宜於生子，就借這草讚美有子的快樂，所以要「採呀採芣苢」。白居易認爲詩，理應爲著時事而作，難於「明說」的，都可以借詩歌的諷刺性的絃外音來表達了。所以歷代產生了許多「諷喻詩」。

唐朝朱慶餘的〈宮詞〉：

寂寂花時閉院門，美人相並立瓊軒。含情欲說宮中事，鸚鵡前頭不敢言。

這就是一首絕佳的諷刺的作品，寫花時深宮寂寞，失寵的女人卻不止一個；但她們滿腔的幽怨，卻不敢說了出來；隱隱露出當時宮人不幸的遭遇，以及敢怨不敢言的感情。

但諷喻詩也不一定只用於諷刺勸戒，也有用於自寄情懷的。如朱慶餘的另一首〈近試上張籍水部詩〉：

洞房昨夜停紅燭，待曉堂前拜舅姑。妝罷低聲問夫婿：「畫眉深淺入時無？」

慶餘是借這首詩去請託張籍，意說像我這樣的文章是否合適？參加考試能不能考得上呢？卻藉「新娘子畫眉毛入時嗎？」來寄託他的喻意。像這種的諷喻詩，是把自己的正意隱藏了起來；明詠一件事，卻借這事來暗寄自己的情意。說它是暗示，是譬況，是象徵，都可以的。這樣的作品是要讀者自己慢慢去咀嚼，去體會，意味未盡，自然覺得情深語長得很了。

諢語與笑話

記得小時候看戲，我最喜歡看的是丑角與花旦的戲，因爲他們除了唱曲做工外，還常常穿插一些令人發噱的對話和滑稽的動作，教我忍不住要捧著肚子大笑。這就是演戲人說的「插科打諢」。像時遷偷雞、尼姑思凡，都是這種雅俗同歡的好戲，就像看卓別林的電影一樣的過癮；但卓別林的默片，只有「插科」，而沒有「打諢」。

什麼叫做「打諢」，就是儘找些詼諧滑稽的話來說。過去的說書先生也會這一套；宋人的平話小說中就有說諢話的一類。抗戰期間，我的家鄉許多說平話先生講的雖是抗日的故事，卻並非一味的嚴肅激昂慷慨，卻也時時說些滑稽話，在哄堂的笑聲中，收到鼓舞士氣，振奮人心的效果。

爲什麼大家都不愛聽正經古板的莊論，多愛聽滑稽幽默的諢話？諢話妙在說得冷雋有趣，所以意味無窮；這就跟嚼清橄欖一樣，越嚼越覺得滿口生津，香甜留頰，很有些妙緒，值得回味。這種富有深味的諢話妙語，多見於我國的戲曲彈詞小說筆記中。最近讀《獅吼記》，中有一節寫怕老婆的陳季常偷看悍妻柳氏梳粧後，他發表一段觀感說：

「我看娘子鏡子中的影兒，好像——」

「像哪一個？」

「好像對門張家的媳婦。」

「吓！你原來看上了什麼張家媳婦，竟自來比我麼？」

不必說了，柳氏氣的把菱花鏡都摔碎了，恨猶未消。怨不得，要將這個「郎」拴在閨房裏，變成了一隻羊。這裏四句對話，吐露出兩人不同的心理，自然有深意。

過去的文人也喜歡說笑話。那些笑話當然也是很有趣味的。漢代滑稽名家東方朔，就是一個富機智會說話的人。有一天，漢武帝說：「根據相書：人中一寸，壽長一百。」東方朔聽了，就在朝廷上哈哈大笑了起來。有人要辦他不敬皇帝的罪。東方朔說：「我不敢笑陛下，我是笑彭祖的臉好長。傳說彭祖活到八百歲，果然像陛下說的，那麼彭祖的人中要長達八寸囉！臉要長一丈多呢！」像這樣嘻笑詼諧的話，妙在近「俗」；俗中卻現出「雅」來，而且很顯明含有教訓，使人自己覺悟。這眞是最妙的滑稽者的笑話了。「我本無心說笑話，誰知笑話自己逼人來」。好笑話的好處在自然有趣。就像：

陸宅之說：「我很喜歡蘇東坡。」有人問他說：「你喜歡東坡的文章呢？詩詞呢？還是他的字畫呢？」他說：「我只喜歡吃慢火煮的稀爛的東坡肉！」

我們寫文章也是一樣的，要有情趣。「須作得有情趣，才有情趣；若作得沒有情趣，就沒有情趣了」，那就不容易「引人入迷」了。

有一天，黃麗貞對我說：「《晉書・王祥傳》說：王祥非常孝順後母；後母要吃鮮活魚，那時天寒結冰，王祥就要脫衣服打開冰去抓魚。結果呢，有一個地方，冰忽然稍稍解凍了，有一對鯉魚自動跳了上來作『紅燒魚』啦。後來郭居敬編二十四孝就有了『臥冰取魚』的故事。這種故事實在不合理；我學生都不大贊成。他們說：『下雪結冰天，脫光了衣服捉魚，不患肺炎，已夠幸運；若再躺在冰上，想用體溫來化冰求魚，不凍僵凍死才怪呢！像這樣的愚孝，寫進歷史或傳說中去，簡直是一種笑話呀。』我也不知道該怎樣答覆他們才對呢！」我想王祥的故事，恐怕還是在諷諭做後母的人，不可苛待前妻的孩子吧！只是後人不理解作者的含意，反而特別去強調這種孝道，民間再添油加醋，就成了「臥冰取鯉」了。於是「割股療病」「戲綵娛親」，從現代人的眼光看來，卻都成了幾近愚昧滑稽的「笑話」了。

諢語笑話都不太容易寫得好。「詼諧言笑，入耳娛心」，談何容易！「喜笑怒罵，皆成文章」，更是難達的境界。大多數的諢語笑話兒，就像固殊士的《珍珠塔彈詞》中所寫：

油臉：「一路行來，已到店家門首。呔，酒保在那裏？」

丑：「來了！來了！酒酒酒，有有有，賖賖賖，走走走。呵唷！好怕人的面孔，嚇死人了呢！」

油臉：「你不要害怕，咱天生就的這副相貌。」

丑：「吓！天生一副強盜相。」

油臉：「呸！將軍相。快拿酒來。」

丑：「來了，來了！」

油臉：「待咱嘗一嘗這酒，淡，淡！」

丑：「淡未加鹽。」

油臉：「你店中可有上等的燒刀？」

丑：「上陣的腰刀，沒得。」

油臉：「呔，可有那個燒酒？」

丑：「燒酒是有的。」

油臉：「快拿來，快拿來！」

丑：「來了，來了！這個燒刀如何？」

油臉：「算了！可有下酒的東西？」

丑：「有得多呢！糟嫩雞，醃肥鴨，炒青魚，薰黃雀，香而脆，甜而辣，蝦米拌韮菜，木耳燉鱉甲。」

油臉：「都不用，你店中可有豬首？拿一個來。」

丑：「豬只有四隻脚，一個頭，心肝肚肺，大腸腰子；有了『手』，沒就是妖怪呢！」

油臉：「噯！你不懂，豬首就是豬頭，豬頭就是豬首。」

丑：「這個沒有，我去買來。」

這種的「滑稽」，就是舞臺上「插科打諢」的滑稽戲；這裏只是利用諧音的臺詞，好笑的動作，以博觀衆一笑罷了，並沒有什麼深刻的含意。這種滑稽，若再低級一點，就不免流於輕薄、猥褻、油腔滑調的了。現在雜誌上有一些消遣性作品，寫的輕輕鬆鬆的，讀來雖然很有趣味，有時卻也不免要流於俳優的滑稽了。

幽默、嘲笑與諷刺

一

「幽」人一「默」的「幽默」，是無傷大雅的玩笑打趣。

但爲什麼你要幽他一默，要開他玩笑，說他一兩句取趣玩笑的話。這當然是因爲你發現某一個人有了一些可笑的缺陷，或做了一些可笑的事情，或說了一些可笑的話兒，你覺得它滑稽而有趣，荒謬卻又屬於喜劇性的，你忍不住要笑他，於是你就找話「幽」他幾句，取笑他幾句。譬如你看見一個禿頂的老朋友，在陽光照射之下，像極了一盞反光燈。你覺得這現象很滑稽，從心裏就要笑著打趣他：「好亮啊！」這話大概就是幽默吧！又如一個人娶了一個富婆，不自覺趾高氣揚，連走路說話都不一樣了，而且還笑別的男人沒有用，不會選老婆。你覺得這事很喜劇；假使這時有人幫著打趣說：「這是吃到了甜葡萄的婚姻。」大概也就是幽默話吧。

我過去讀到前人的一節筆記，說有一貴人喜歡到寺廟裏拜訪和尚，喝酒談天，作方外之遊。有一天，他酒醉飯飽，逸興大發，朗誦起唐朝詩人李涉〈題鶴林寺詩〉說：

> 因過竹院逢僧話，又得浮生半日閒。

那個老和尚聽了，卻忍不住笑出聲來，說道：「尊駕享得半日清閒，老僧卻忙了三天呢！」這位老和尚可說也善於說幽默的話。

幽默是用含蘊著笑意的語言，來誇張或評價人們無害的缺點，稍許的醜陋，表現他滑稽有趣的地方。

二

幽默再進一步，就是「嘲笑」，那便是惡意的刻薄的語言。這大都是出於對人的缺點與醜惡，難以忍受，產生蔑視心理，強烈反感，甚至生氣憤怒，於是就用帶有嘲笑性的冷言冷語，去譏刺人。這種言語多半含有尖刻的刀鋒，冰冷的笑意，聽來是很使人難受的。譬如《水滸傳》第七回，寫開封府尹雖明知林沖受冤，但因爲高太尉的交待，一定要判林沖「手執利刃」，意圖「殺害本官」的罪；他的屬吏孫定很感不平，當時就說：「這南衙開封府不是朝廷的，是高太尉家的。」這就是尖刺的冷嘲了。

嘲笑是常帶有荊棘般的尖刺，不是鞭打人的肌膚，而是鞭撻人的心靈。

三

諷刺，和嘲笑是一類的，都是在現實生活中對人的重大的缺點或醜陋的一種批評。嘲笑是在心情激動的狀態之下的批評；諷刺卻是在心情冷靜狀態之下的批評，態度嚴肅而客觀，言語冷雋而有味，同時還帶有剖析的意味在內，而使讀者對被諷刺的對象，感到厭惡可憎。所以諷刺不是賞心可喜的幽默，也不是以刺人為快的嘲笑，而是將他所痛惡的人事物的缺點醜態，不合理的現象，很客觀地暴露描述了出來，令人類認清醜惡，自我反省，因而顯示作者的理想。

「諷刺」在小說來說，大都是寫實的作品。吳敬梓的《儒林外史》，就是一部以諷刺筆調著名的小說。譬如第四十八回寫的「王三姑娘的死」。先寫三姑娘的父親王玉輝是個迂拙的秀才，喜講舊禮教；次寫王三姑娘因為丈夫病死了，擔憂將來的生活不能解決，父親是寒士，公婆也老了。不能連累依靠他們，所以打算絕食，跟著丈夫一處去。王玉輝就將它說做「殉節」，認為這樣死可以立貞節牌坊，是絕好題目的死，不但不去勸阻她，反而贊成她。於是在他的女兒絕食的時候，他卻安心在家裏看書寫字，等著女兒的死訊。因此，王三姑娘終於絕食而死。可是年紀輕輕的三姑娘死了，縣裏人都以為是「烈婦殉夫」，要加表揚，於是製主入祠，門首建坊。到了入祠那天，知縣鄉紳，親友族人都來祭她。大家都說王先生生這樣好女兒，為倫紀生色。——作者只是將這事的前後經過的情節，客觀地描述了出來，沒有一句贊美，也沒有一句貶斥，但卻使我們看清楚了這事情可笑虛假的一面。在我們的現實的社會上有許多人是極醜惡卑鄙的，卻也往往受到世俗的贊美與推崇，因為人往往只看到表面的文章，而不能看到內裏的實情。所以諷刺小說作家常常能夠將社會的各種現象，衆生的各種形相，就像外科醫生一樣，能將病人的臟腑剖開；將內裏的肚腸心肝，都挖了出來，呈現面前，看出毛病來。

現在，我們再讀一段《儒林外史》吧！譬如第三回寫「范進中舉」。范進考了二十多年，鬍子都花白了，連秀才也未中一個，家境窮困得很。所以他的岳丈胡屠戶根本瞧不起他。范進好不容易中了個秀才，胡屠戶還是瞧不起他，說：「我自倒運，把個女兒嫁與你這現世寶窮鬼，歷年以來，不知累了我多少？」後來范進想去參加鄉試，跑去跟岳丈借盤費，結果卻被胡屠戶罵了個狗血噴頭：「你只中了一個相公，就『癩蝦蟆想吃起天鵝肉來』。」又說「這些舉人老爺，都是天上文曲星，一個個方面大耳；像你這樣尖嘴猴腮，也該撒泡尿自己照照，不三不四，就想天鵝屁吃。」但到了范進中了舉人。這時胡屠戶卻說范進是「天上的文曲星」，稱他做「賢壻老爺」，說他自己不要再殺豬，「有我賢壻老爺，還怕後半世靠不著麼？」又說：「我這個賢壻才學又高，品貌又好。」又說他自己「一雙眼睛認得人，所以能夠將女兒嫁與個好老爺呢！」——作者只是由胡屠戶前後對范進不同的說話，刻畫出胡屠戶的勢利眼。這些都是絕佳的諷刺文字。

記人的文字

劉知幾《史通·人物篇》說：「夫天下善人少而惡人多，其書名竹帛者，蓋惟記善而已。」一般說來，因為人有善有惡，所以史傳記人是善惡並錄。但是史傳的主旨多半是在表揚人的大善；記人的嘉言懿德，高風異節，卓行偉績，忠烈貞義，慈孝友悌，仁智賢明，才力技藝，……是要把它發揚光大，使它和日月山川一樣的長存宇宙，目的在飭勵風俗，使人慕德感化，向風行善。至於記述那些凶厲邪惡，姦佞不肖，干紀亂常，叛逆賣國，為禍人類的人物，則是因為這些人多是有關一國一代的存滅興亡的，不能不記他，目的在記其極惡窮凶的行跡，以作誡示世人的鏡子。這可以說是記人的文字的另一種作用。所以像我國歷史上的董卓、李林甫、安祿山、秦檜、洪承疇之徒，也都有傳；造成第二次世界大戰的希特勒和墨索里尼之流的魔鬼，也都有專史傳世。

在這社會上，有些人為人作傳記、作墓誌，往往將人的片善微功，高捧入天；細德小才，大加張揚；如此，就難免人家不來一個「妄珍燕石」的譏評，或「因財善諛」的嫌疑了。也有些人專以暴露人瑕疵，揭發人陰私，流傳人鄙陋為能事；如此，就是有一桿生花的妙筆，也夠不上稱作「善於記人」的了。所以記人的文字，在記善方面，唯有出類拔萃，超群絕世，可以作人典範的人，才可以給他作記作傳。記惡方面，凡是「其惡不足以曝揚，其罪不足以懲戒」，記之亦無補於世道人心的人，也就不必浪費筆墨了。

民眾文學的遊戲性

一

讀多了古文墳籍，連自己都覺得古老了起來；提筆寫文章，高簡的味道很濃，也顯得呆板，缺乏情趣。欣賞流傳民間的通俗文學，就沒有這個缺點。

什麼是民衆通俗文學呢？像戲曲啦，小說啦，歌謠啦，故事啦，諺語啦，謎語啦，都是民間的作家與大衆智慧的結晶。當我端坐凝神，讀名家文集，疲倦了，就拿它們作「笑氣」，調劑一下綳緊的情性。大抵民衆通俗文學都是偏重靈活的口頭語，充滿著娛樂教化與諷刺性。從前鄉下的婦孺並不認識幾個斗大的字，他們仍可聽懂草臺戲、評話；忠孝節義的故事，也就深深感動了她們，發出笑聲，掉下淚珠。

但我對民衆通俗文學最欣賞的，卻是它們有許多非常詼諧巧慧和風趣俏皮的諷刺味道。這好比小時候吃中藥，母親總給我一兩塊冰糖甜甜口，使我忘卻了良藥的苦味。不，這個譬況還不是頂妥當的，還不能說出它的特點。也許看電視「葛力森劇場」，看到幾個丑腳隨口戲謔，滑稽突梯的精彩表演，教人禁不住要笑出聲來；這才可以體會得到這個意味。其實通俗文學大都帶有幾分遊戲性的靈巧智慧，那俏皮的語花和深妙的諷刺，高度表現了民衆藝術遊戲的特性，在難能之處表現它的精巧。

二

過去讀太史公所寫：漢高祖平定了天下，回故鄉沛郡——

置酒沛宮，悉召故人父老子弟縱酒。酒酣，高祖擊筑，自爲歌詩曰：

大風起兮雲飛揚，

威加海內兮歸故鄉；

安得猛士兮守四方！

令沛中兒童一百二十人習而和之。高祖乃起舞，慷慨傷懷，泣數行下，謂沛父兄曰：

游子悲故鄉！吾雖都關中，萬歲後吾魂魄猶樂思沛！

每讀這段文字寫漢高祖榮歸還鄉，與父兄老友放懷飲酒，張目四顧，群雄盡滅，諸將盡誅；他不禁有蒼茫寂寥的悲哀，我也就深深感觸到霸氣縱橫的漢高祖那樂極而悲的心境。但近來讀睢景臣寫的《漢高祖還鄉》一節戲文所得到的情味，卻與讀《史記》大大不同了。他先寫社長排門告示，說車駕今日還鄉，接著由沛郡鄉親父老的眼中，看漢高祖還鄉的種種情景。這是透過民衆的觀點來寫的。現在抄一些在下面：

〔耍孩兒〕瞎王留引定夥喬（妝飾）男女，胡踢蹬吹笛擂鼓。見一彪人馬到莊門，匹頭裏當前幾面旗舒：一面旗，白胡蘭套住個迎霜兔；一面旗，紅曲連打著畢月烏；一面旗，雞學舞；一面旗，狗生雙翅；一面旗，蛇纏葫蘆。

〔五煞〕紅漆了叉，銀錚了斧；甜瓜苦瓜黃金鍍；明晃晃馬鐙，鎗尖上挑；白雪雪鵝毛，扇上鋪：這幾個喬人物，拿著些不曾見的器仗，穿著些大作怪的衣服！

〔四煞〕轅條上都是馬，套頭上不見驢；黃羅傘柄天生曲；車前八個天曹判，車後若干遞送夫；更幾個多嬌女，一般穿著，一樣粧梳。

〔三煞〕那大漢下的車，眾人施禮數。那大漢覷得人如無物。眾鄉老屈腳舒腰拜；那大漢挪身著手扶。猛可里擡頭覷，覷多時，認得熟，氣破我胸脯！

且看他的先描寫皇帝出行的好看的儀制：月、日、飛鳳、插翅虎、雲龍五面旗；眞的在沒見過世面的鄉下老，龍成蛇，虎類狗，飛鳳變成了雞學舞。又寫兵仗：戟、鉞、鎚、钂、掌扇，雖說都未曾見過，但也沒什麼希奇，金瓜鎚不過是將鄉下土產的甜瓜苦瓜，用値錢的金字鍍成；掃扇更不過是拔下些雪白的鵝毛鋪成的。再寫御林軍，都不過是祭神賽會，簇擁在神道前後鄉愚所扮的天曹判、遞送夫；還有宮女也不過是大遊行隊伍裏的多嬌美女罷了。由此可見通俗文學的民衆文藝，善於應用生活上常見熟知的事物，作爲比喻描寫的基礎，讀來旣親切又生動。

這裏寫得最妙的一段，是漢高祖下了車，接見父老，眞是謔而不虐，幽默滑稽，饒有趣味，極盡諷刺。「那大漢覷得人如無物」，直描畫盡一般人得志忘形的嘴臉。人譏楚人沐猴而冠，我們讀了這一段文字，也該要深自反省了：做人的長官上司，時時刻刻別忘了以謙沖的態度對待下層，親近人民而不要讓人擡頭覷看，免得他們「認得熟」而氣炸了肺，氣破了胸脯！

三

通俗文學的民衆文藝作品，常有這一類的妙文，在詼諧之中，有諷刺的意味；在充滿戲謔玩笑的筆調裏，含著莊嚴的題材和微妙的規勸。那些在舞臺下看戲的鄉老村婦，聽到這一段戲文，心裏當然不免要高興一大陣子；就像我抄寫那段戲文的時候，自然而然產生了一種極單純的美感妙趣。這就是民衆通俗文學遊戲性的好處，也是我們值得特別注意的一種寫作技巧。它在文學上是一味「冰糖」，一劑「亞氧化氮」，能使「逆耳的忠言」爲人樂意接受，也能使人「笑靨花」常開！

遊戲文字

我國的文人喜歡寫作遊戲文字，像謎語、對聯、酒令。這些文字大都是爲了添加生活的情趣而作，在作品中另成一類，就是特別講究技巧；作者鉤心鬥角，務逞巧思，多用來炫耀個人的才學。我們無以名之，就叫它做「技巧文學」，也有人稱之「遊戲筆墨」。現在，就這幾種「戲墨」，加以介紹吧！

(1)謎語：是由「隱語」演變而來的，用譬喻暗示事理，隱語透露心意。像楚莊王做了三年國君，只知日夜享樂，又怕大臣看不慣，在耳根邊嘮叨，就下了一道命令，說：「敢諫者死。」伍舉也就不敢明著勸他，只好用隱語說：「山上有一隻大鳥，三年來不飛也不叫。這是什麼鳥哇？」楚莊王也用隱語來答覆伍舉的問話，說：「三年不飛，一飛就要沖天，三年不鳴，一鳴就要驚人。」這種借隱語巧譬，來諷勸對方，來表示接受忠告的意思；我們讀了也就猜了出來。到漢朝東方朔作「射覆」語，就漸漸用於遊戲了。曹魏以後演化成了「謎語」，製作優美短俏、曲折昏迷的文字，教人猜測。文字雖然通俗淺顯，卻頗費人心思。像曹操經過曹娥碑下，看見背上題著：「黃絹幼婦外孫齏臼」八個字，想了三十里路，才猜到「黃絹是色絲，幼婦是少女，外孫是女子，齏臼是受辛，合起來是『絕妙好辭』

四個字呀！」後人將謎語用於元宵燈夜，張貼花燈上，讓大家猜測，叫做「燈謎」，又叫「燈虎」，純粹成了遊戲賞樂的事了，做謎語要做得有趣貼切，比較容易猜中，這才是好謎；浮泛晦闇，就比較難猜。蘇東坡因爲陳季常非常怕老婆，就用《史記》中韓信的故事，做了兩句謎語：

蒯通勸韓信反，韓信不肯反。

你猜猜看，原來是取意「怕負漢」三個字。利用「負」與「婦」同音，成了「怕婦漢」，的確有趣得很！又有人作了一謎，說：

「嫁個丈夫是烏龜」，打孔子一事。

原來《論語．公冶長篇》有「臧文仲居蔡」的話。居是藏；蔡是大龜，因出自蔡地，故名。「嫁個丈夫是烏龜」，就是「適蔡」，也新鮮有趣。

李汝珍在《鏡花緣》中也做了許多謎語，來增加小說的趣味。其中有一謎「直把官場作劇場」，謎底是「仕而優」，截取《論語》「仕而優則學」一句中三個字，做的非常精巧，而有深意。現在常見小孩子猜的謎語，像：

「奇巧奇巧眞奇巧，站著沒有坐著高。」

這種「物謎」，大抵就物的特徵來製作，叫做「對景掛畫格」。這則謎語，就是把握「狗坐」的特徵做成功的。

「字謎」，大都利用「拆字格」，分析字的形音義來製作的。譬如「用」字謎：

一月復一月，兩月共半邊；上有可耕之田，下有長流之川；六口共一室，兩口不團圓。

就是根據字形來做的，而且「邊」、「川」、「圓」押韻。可知謎語是講究技巧的遊戲筆墨。

(2)對聯：相傳起於五代，後蜀主孟昶於除夕，在寢門桃符板上，寫了一副對聯：「新年納餘慶，嘉節號長春。」舊俗元旦在大門兩邊掛桃符板，長兩三尺，寬四五寸，上畫門神，左爲神荼，右爲鬱壘，用以鎮邪。到孟昶在上面寫吉祥的春詞，慢慢形成一種新風俗，就是宋人的春帖子，明人的春聯。春帖子也有用絕句，後來專以對語；我認爲這跟舊文學喜歡作對偶句有很大的關連。尤以唐朝盛行的律詩，八句中間兩聯，必須是對句，講究辭意的對偶，音律的平仄。對聯也就是這種專講對偶音律的聯語，多用五言、七言的對句，也有用散文式的對句。對聯的用途很廣，用於各種場合。現在寫在紅紙上，年初一貼在大門兩邊的，叫做春聯；寫在木板上，掛在楹柱上，叫做楹聯；寫在宣紙上，裱了起來，掛在字畫兩邊的，叫做對聯；有用於慶賀壽誕，叫做壽聯；哀輓死者，叫做輓聯；有自我勉勵，有贈人嘉言；有題名勝，也有發議論；有格言，也有集句。作者寫作對聯，大多用來表現自己的才藝，不但要人欣賞他妙味無窮的對語，還要人欣賞他龍飛鳳舞的書法，作爲對於建築物的一種裝飾。作者多半是文章名家，也往往是書法名家。像元趙子昂過揚州迎月樓，題了一副對聯：

春風閬苑三千客，

明月揚州第一樓。

是對語與書法兼美的傑作。又像清鄭板橋在揚州馬氏小玲瓏山館中所撰一副楹聯：

藏定幾句有用書，可忘飲食；
養成數竿新生竹，直似兒孫。

不但文義佳妙；據梁章鉅說，字也寫得極奇偉。

(3)酒令：在宴會時候，推舉一人主持，監酒勸飲，安排節目，增加歡樂的情興；這種習俗，大概在周朝就已存在。《詩．小雅．賓之初筵篇》所寫衛武公「立監佐史」，就是這種勸人飲酒的令官。我們知道春秋時公卿參加宴會，有賦詩言志的故事；後來演化成即席作歌。像漢高祖衣錦還鄉，大宴故人父老子弟；他自己在酒酣時曾擊筑作歌說：

大風起兮雲飛揚，威加海內兮歸故鄉，安得猛士兮守四方！

後來的人在集會飲宴時，又做各種遊戲，有投壺比射，有猜枚划拳，有唱歌起舞，有吹笛彈琴，有吟誦詩文，有作詩倡和，有繞口令，講笑話，說故事，增加宴集的歡樂。文士宴集，又有規定製作酒令的特別形式，來表現文思巧捷，才學淵博。像蘇東坡作「顛倒令」，規定上面兩字要顛倒來說，下面接著作一句七言詩，跟上句叶韻，而且發揮它的意思。東坡作的是：

閒似忙，蝴蝶紛紛過短牆；忙似閒，白鷺飢時立小灘。

有一個客人接著照作了一首說：

悲似樂，送葬之家喧鼓樂；樂似悲，嫁女之家日日啼。

黃庭堅出一酒令說：

虱去乙爲蟲，添几卻是風；風暖鳥聲碎，日高花影重。

這則酒令的作法，是很複雜而困難的。他先用「離合體」，將「虱」字去了「乙」，拆成「虫」字；添「几」，再合成「風」字。後兩句引用一聯對句，而且起頭的一字，要承接第二句末的「風」字；一二四三句還要押韻，上下的意思還要相貫連。這種酒令當然是很難做的，也可見作者技巧的高超。當時其他的賓客都沒有辦法照著做。後來有人告訴了蘇東坡。東坡照樣作了一首，說：

江去水爲工，添系即是紅；紅旗開向日，白馬驟迎風。

前人所作的酒令，可說五花八門，各體咸備。這類的文字雖然很講究技巧，但在平日生活上說，是沒有什麼用處，只是大家宴集時一種幫助賞心快意的作品罷了。

我國文人喜歡借作品，來表現他們運用文字的高度技巧，因此產生了各種各式的遊戲文字，除了謎語、對聯、酒令之外，還有講究詞序往復的「回文體」；將特定文字嵌入句中的「嵌字格」；每句文字，依次遞增，形如寶塔狀的「寶塔詩」；說來也都是遊戲性質的作品吧。現在各舉一例如下：

夢長隨永漏，吟苦雜疏鐘；動蓋荷風勁，沾裳菊露濃。（王安石〈回文詩〉）

倒讀就成另一首詩：

濃露菊裳沾，勁風荷蓋動；鐘疏雜苦吟，漏永隨長夢。

老「景差」可惜，無花可留得。繞屋「褚先生」，蕭「蕭何」所直？每嫌「柳渾」青，追悵「李太白」。多「謝安石」榴，向人紅蕊坼。（王安石〈老景〉，哀古人名）

景差（一作春）、褚先生、蕭何、柳渾、李太白、謝安石都是古人的名字，作者把它嵌入詩中。

癡！適之！勿讀書，香煙一支！單做白話詩！說時快，做時遲；一做就是三小時！（胡明復寄給胡適之的〈寶塔詩〉）

每句押韻：將它橫排起來，就成寶塔形狀。

癡
適之
勿讀書
香煙一支
單做白話詩
說時快做時遲
一做就是三小時

讀了前人這許多遊戲筆墨，的確饒有趣味。當然，這些都是他們偶爾興會，隨手拈來的作品，在前人的集子中，也並不多見。

（六十九年七月十九日青年戰士報）

楹聯藝術

一談到「楹聯」，大家就會聯想起正月初一大門上所貼紅紙寫的「春聯」。據說春聯是從「桃符」的風俗轉變來的。秦漢時候相傳在大海中度朔山上有仙人種的桃木，「鬼門」就在它東北，守門的神將叫做神荼、鬱壘；他們常用葦索綑了惡鬼去餵老虎；因此民間在除夕就用桃木板掛在大門的兩邊，叫做「桃符」，左畫神荼，右畫鬱壘，用以鎭邪。俗稱這種風俗爲「貼門神」。後來風雅的人士就用吉祥的文字來代替門神，在桃符上題一副聯語，於是產生了「春聯」。由此，可見我國民族的愛好文雅。五代蜀主孟昶曾命學士辛寅遜題聯桃符，因爲寫得不太好，就自己題了一聯云：

新年納餘慶，
嘉節號長春。

成了我國流傳下來最古的一副聯語了。

宋人寫春聯多用五言、七言的對句，接著又產生散文式的對聯。元明清以來，對聯日見發達，逐漸由春聯，應用於宮殿寺廟，廳堂齋寺，亭園樓閣，戲院店鋪種種場所。文人自我勉勵，或贈人嘉言，或應制廟祀，或遊覽名勝，或慶賀開張，或哀輓親友，常常大書一聯，表示他的情意。現在，一般人聯語多半寫於宣紙，也有許多書寫在木板或竹子上的，像寺廟中所懸掛的就是。寫在竹子上，是由清李笠翁所創製的，叫做「此君聯」。他將一個竹筒剖爲兩半，內劃竹節，外去青皮，磨得光光亮亮的，然後寫上聯句，再令名手雕刻，摻入石青（或石綠），掛在圓柱上最適合不過了。他又作「蕉葉聯」，木板製成，綠蕉色，黑筋紋，石黃乳金字，陸離可愛，掛在粉壁上，稱「雪裏芭蕉」，顏色非常的顯眼，成爲藝術的裝飾品。

楹聯純粹是我國風味的產物，完全是由我國人講究生活的雅趣，建築對稱的結構，詩文駢儷的形式，以及名家美妙的書法會合而成的一種藝術品。表現作者的巧智才藝；快速對語的妙味，往往使人拍案叫絕；龍飛鳳舞的法書，更耐人欣賞；而作爲建築物的裝潢壁飾，好像西方人懸掛名家的油畫一樣的。此外聯語的含義，還要配合所掛的人物與場合，常常餘韻深長。譬如清揚州太守伊秉綬（墨卿）題江蘇江都縣蜀岡大明寺邊的「平山堂」一聯云：

銜遠山，呑長江，其西南諸峯，林壑尤美；
送夕陽，迎素月，當春夏之交，草木際天。

平山堂，宋歐陽修所建。《輿地紀勝》說：「負堂而望，江南諸山，拱列簷下，故名『平山堂』。」由此，可知此聯直寫盡了平山堂前面的美景了，確能添加遊人的雅興。又如清兩江總督孫玉庭（寄圃）所書一聯云：

甘守清貧，力行克己；

厭觀流俗，奮勉修身。

清史說他「清操碩德」，由這類似格言的聯語，也可以嚮慕他的高風。後來又有集前人的詩句爲聯的，如《老殘遊記》中所錄大明湖的「歷下亭」一聯云：

歷下此亭古；

濟南名士多。

這一聯就是集「杜工部（甫）陪李北海（邕）遊歷下亭詩」中的兩句而成的，由清代有名的何紹基書聯。又有全用疊字寫成聯語的，如清謝默卿所錄蘇州葑門瞿氏的「網師園」中的一聯云：

風風雨雨，暖暖寒寒，處處尋尋覓覓，

鶯鶯燕燕，花花葉葉，卿卿暮暮朝朝。

寫當日青衫鬢影，釵扇如雲，冶游名園的艷景，自是極纖巧妙麗的聯對了。

（六十三年九月一日中央月刊）

文藝的道路

楊朱認爲在人生的大道中，有許多歧路，可以引人向南，也可以引人向北；文學與藝術，對人情性的陶冶與思想的影響，都非常大；它就好像一條道路，可以教人走向正道，也可以教人走向邪徑。從事文藝工作的人，在這人生的旅途上，就像一個帶路的嚮導者。他走那一條路，對於跟隨在他後面的人們，關係極爲重大。他若帶領大衆走上險邪的窄路，那就不免要車子顚覆，人馬仆僵；他若帶領大衆走入康莊的大道，自然就會到達理想的境域；所以當我們充當大衆的嚮導，一定要謹愼地帶領人們走向正道。因此，一個作家在創作的時候，要堅守兩個原則：

一、要別闢畦徑：文學與藝術都特別著重創意。要是一位書法家，只知學古，而不知蛻變，人就譏之爲「書奴」。有名的畫家在布局畫形，敷彩設色，都特別用心，創造新意；惟有創新，方能自成一家。清代畫家戴熙描繪常見的風景，但一畫到絹紙上，就成了奇畫；就因爲他仿己比仿古多，富有創造性，故列於神品。我們寫作也應該持如是的態度，拾人牙慧，雜湊成篇，勦襲舊說，滿紙套語，既不能感動自己，當然也不能感動讀者了。我們常聽人說：「路是人自己走出來的。」這原教人自己努力去開創一條新的路，以達成人生的理想。文學與藝術的創作，更要立意開闢新道路；因此，前代的文學家藝術家都特別強調要別闢畦徑。像唐代李賀嘔心作詩，辭尚新奇，就是要絕去一般人的寫法；因此所得詩句，人皆驚奇。杜甫寫詩也是「語不驚人死不休」，因此能做到「好語如珠」；像「留連戲蝶時時舞，自在嬌鶯恰恰啼」，都是人所愛讀。樓鑰也說：「筆墨超然絕畦徑。」也就是說藝術要有創意，這樣才能歷久常新啊！

二、要有益世道：文藝作品大都用來表現人生，反映社會的。現實的社會常常存在著許多問題，如何促使它改進？這也是文藝作家的任務。人生在世上，面對著生老病死、悲離歡合的境遇；如何自處？如何克服？也都有待文藝作家描述與指引。所以有人說作家好像一盞明燈，一粒星光，要燭照幽暗，要放出光亮。文藝作家要像一個悲天憫人的哲學家，莫不有一套人生哲學，作爲他自己生活的原則，也用來引導人，啓發人，提高人們生命的境界，增進人們生活的樂趣。文藝作家要像一個入世服務的社會工作者，他要教人分辨是非，認清善惡，標示正確的方向，指出理想的道路，以創造完美的社會。假使一個作家自己都迷不知西東，不辨是非，不分善惡，不知方向，又怎能幫助讀者呢？顧炎武說：「作文必須有益於天下」，「有益天下，有益將來的作品，多一篇就多一篇的益處」。異端邪說，會毒害人思想；頽廢淫亂，會敗壞人心性，「有害自己，無益別人的作品，多一篇就多一篇的害處了」。我們從事文藝工作的人，都應該走有益於人的道路，寫有益世道的作品吧！

因此，文藝作家若能在我們人生的道路上，處處立下指標，時時扶助著我們，帶領著我們前進，替我們解決問題，克服困難，又能讓我們看到各種新奇美麗的風光，愉悅我心靈，喚醒我理想，淨化我情性，堅強我精神，開滿了燦爛繁花，遍種了濃蔭高樹，在我們人生旅途上，我們實在願意憩息在這樣的作品中，成爲他忠實讀者。

（國魂）

短篇小說的佈局

大家愛看小說，是因爲小說大都具有動人的情節。小說家寫作小說，必須預先有計畫去安排情節。這種安排就叫做「佈局」。蓋每一篇小說都是由許多事件組合成的，這些事件必須依據一定中心，也就是作者所要表達的某一種意念，在必然而合理的情況之下，巧妙地把這些事件結合、聯系成一篇完整的作品，這就是所謂小說的佈局。

亞里斯多德說：「所謂完整，乃指有開始，中間和結束。」小說的格局，若照亞氏的規定，可以分做開始、中部、結尾三部份。現在將這三部份的作用與結構，說明如下：

一、開始：有稱最初衝動或最初事件，作者寫這個事件，是用來引發全篇小說動作的一種起動力，或純粹作爲一個故事的開端，有時可以寫得很長，有時僅寥寥數語。

二、中部：我們研究戲劇，知道一部戲，總是在兩種勢力發生爭鬥或糾紛的情形下而產生的。所謂「爭鬥」，就是克服困難，或除去障礙，或戰勝對方，或解決了問題。但爭鬥的情況很多，有人與人爭鬥，有人與命運爭鬥，有人與自己心靈的爭鬥，有人與環境的爭鬥。例如海明威的《老人與海》

表現人類與自然的搏鬥，描述人性的勇敢與堅強，但終戰不勝自然的力量。瞭解了這些道理，再來說明小說中部的內容的安排，自然就容易多了。

一篇小說的中部，包括的就是爭鬥或糾葛的各步驟，至轉捩點（戲劇頂點）之間的一段過程。在最初事件開始之後，作者就必須安排種種步驟，使情節發展成一個爭鬥的局面或糾葛的狀況。這種種步驟，是步步上升，使情節顯得非常緊湊。因此，讀者的閱讀興味也被引得步步升高。所謂戲劇頂點，就是指爭鬥或糾葛之後，兩種勢力分出消長的一點，所以叫作轉捩點，爲產生某種結局作準備；也就是一般人所謂戲劇高潮。例如：莫泊桑的〈二漁夫〉，寫巴黎兩個法國人，在普法戰爭時，相遇結伴到恩瑟河邊釣魚，正釣得快活，結果被普軍逮捕，當做奸細，要他們說出進出法軍防地的暗號，就可以放他們回去。這兩個法國人不肯說出，終被普軍槍殺。從他們兩人相遇之後，一起去釣魚，到被普軍槍殺，這過程就是這篇小說的中部。二人被普軍槍殺，是這篇小說的高潮。要是他們說出了暗號，結局自然不同，他們可以保全性命，但也成爲賣國賊；結局如何，由此而定；所以戲劇頂點，又叫轉捩點。

三、結尾：也就是結局或收場。戲劇高潮過後，也就是小說緊張時間過去了，問題解決了，故事就需要結束了，情節成下降的狀態。一般短篇小說的結尾，都是戲劇頂點一過去，很快就結束的。譬如二漁夫被普軍槍斃後，他們的屍體被普軍扔進河裏，他們所釣的魚也歸普軍享用了。這就是莫泊桑在〈二漁夫〉中所安排的結局的部分。

小說與現實

有人說：「小說是人類生活及風俗的繪畫」。也有人說：「小說可以反映人生與社會」。所以我認爲政府要瞭解民情民隱，最好鼓勵小說家去觀察生活，觀察社會，讓他們盡情去描寫我們現實的生活與社會的現象。尤其是在今天國家著重建設，政治講求革新的時代，更需要作家來反映現實，批評現實。小說家散佈在各個角落，多半有完美的理想，敏銳的透視力；可以借重他們寫出所見所聞，寫出人性的光輝與社會的理想，寫出人性的弱點與社會的黑暗面；這樣，才能知道我們的社會還有那些地方需要改革，應該加強建設。

或許有人認爲小說家一味描寫社會的黑暗，會對社會產生不良的影響。其實，每一個時代的社會，都有黑暗的一面；今日有些弊端，也不足爲恥，只要能夠找出病根，及時醫治，當可獲得進步。所以我們今後的文藝作品，一方面要倡導描寫社會的光明與人性的光輝，以收薰陶感化之效；一方面要揭露社會的種種弊端，俾能及時求醫，對症下藥，徹底根治。

就理論上來說，今日我國小說的創作，應爲我國小說傳統的再發揚，和西方小說長處的擷取與融會，是無疑的。果能如此，亦纔算我國小說的再生與新生。

我國小說的優良傳統，在本質上能一貫地表現出中華文化的理性，洋溢著道德的情操；其在形式上，又能呈現出簡潔明麗的風格。今日我國的小說家們，應該保持與發展這種優良傳統，以奠定新小說的基礎。

小說爲綜合的藝術，既須綜合散文、詩、戲劇的藝術，又可綜合音樂、舞蹈、繪畫、雕刻、建築的藝術。所以，今後文藝小說必須巧爲運用這些藝術，綜合融會，其在內容選材方面，更與社會動態相結合，配合當前的國家建設和政治革新，將那些發揮人性光華的感人故事，將那些可歌可泣、可圈可點的事事物物寫了出來，以作爲促進社會進步的指標。

（六十二年五月四日）

民族文藝裏的小說創作

文學與藝術都是民族文化的產物，總表現一個民族傳統獨有的特色。像國畫與西畫，國樂與西樂，都有極其顯明不同的地方。小說因清末以來大量翻譯外國的名著進來，吸收了西方小說的長處，又發揮了我國古典小說的優點，形成了「新小說」，發展至今已經有五六十年了，確也產生了許多成功的作品。不過，回顧我國古典小說還有些優點爲我們所忽略，故特在此提了出來。

㈠形式方面：過去我國長篇的章回小說，每一章（回）作者常作有對句聯語式的標題，來標示這一章（回）故事的中心。這跟現在的許多長篇小說只用一、二、三、四來分章，不另加「標題」的不同。這種每一章都加標題，對作家來說，也許是一種麻煩，一種限制；但對讀者卻有許多好處。有了標題，讀過了，再去翻查，就非常方便；尤其是歷史小說，標題對人的幫助更大。像《東周列國志》第十六回的標題是：

釋檻囚鮑叔薦仲，戰長勺曹劌敗齊。

看了這個標題，就可以知道這回的上半是寫鮑叔牙向齊桓公推薦管仲爲相，下半是寫曹劌論作戰

「三鼓氣衰」的故事。還有我們讀了一部動人風雅的小說，過了許久，還想重溫其中的某一段文字，有了標題，找起來就容易了；如果沒有標題，因翻查不便，也可能就減低了再讀的興趣了。《老殘遊記》第二章「歷山山下古帝遺蹤，明湖湖邊美人絕調」，這個標題雖然不大出色顯眼；但我們若想再品賞劉鶚描寫「大明湖」風光，「明湖居聽白妞說書」的生動的文字，看看這標題，也就能很快找到了。西方一些名著，如《戰爭與和平》，除分章之外，也另附有標題。所以長篇小說每一章都給加標題，是有其必要的。當然現代人作標題，可以不必用什麼對句；同時標題標得動人，也是一種藝術；所以標題不但要作得切題概括，還要優美有味。

㈡內容方面：我國古典小說家常藉作品來表現他自己對人對事的觀點，寄託他自己的情感與思想，指出眞理之所在；所以舊小說常常用以發揚忠孝節義與倫理道德。我們要改良社會，淨化人性，必自小說的內容開始。譬如清人李汝珍就在小說《鏡花鏡》中，透過有趣的故事，生動的描寫，提出他對當日社會問題的批評，如婦女纏足、男子納妾、算命合婚的不合理；以及提出他的理想，如提倡女子受教育、考試、參政的權利。作者這種正確進步的思想，對社會是有指導的作用。民國八年五四新文化運動，澈底革除了舊的陋俗，如纏足、納妾、合婚；興辦女子學校，使女子參政，提倡男女自由戀愛；這不能說不是《鏡花緣》的影響。社會上有一些毛病，作家可以透過適當的文字，使人們知道錯誤，而加以改正；有好的方面，也要加以發揚，作爲典範，以促進社會的進步。譬如今日十項建設，要使國家現代化；在這建設過程中，必有許多感人的故事，值得小說作家深入去採訪、觀察、體驗、擷取，寫成動人的小說。總之，小說家必須將崇高的思想，貫穿作品中，這樣才能激勵人心向上。

㈢寫作技巧方面：我國成功的古典小說，文字都極流暢，寫作技巧都極高超，讀了之後，可以提高人寫作文章的能力。據說當年胡適之等人提倡白話文運動，許多人翕然風從，學寫白話文，就是從讀明清的白話小說下手。我們文字能寫得通順，也多半靠過去多讀小說。小說作家對自己的文字修養，實應自我努力，不斷提高，以求能作一般人寫作的模範。寫作時候更千萬不可爲著標新立異，譁衆取寵，故意創「怪字」，作「怪詞」，造成語文教育上許多不必要的「後遺症」，增加學生寫錯別字的次數，增加國文教師批改作文時的負擔。顚倒其詞的用法，在善於舞文弄字的作者來說，也許用來並無什麼不當，但若讓一般讀者模仿著來寫，便會發生問題了，除了製造混亂，實無是處。前人所以成功，實在有值得我們重視效法的地方。

最後希望大家都能用生花妙筆創作出更成功的作品，使我們的小說能夠在世界上發出更絢爛的光輝。